워렌 버핏처럼 재무제표 읽는 법

* 《워렌 버핏처럼 재무제표 읽는 법》은
  2007년 삼성언론재단 저술지원 도서로 선정되었습니다.

워렌 버핏처럼 재무제표 읽는 법

꼭 사야 할 기업과 절대 사지 말아야 할 기업

이민주 지음 | 공인회계사 김경모 감수

살림Biz

| 들어가며 |

재무제표는 가치투자의 언어다

2008년 1월 출판 시장에 내놓은 《워렌 버핏, 한국의 가치투자를 말하다》에 독자들이 보내준 반응은 기대 이상이었다. 나의 졸저가 가치투자에서는 물론이고 주식·증권 분야를 통틀어 베스트셀러 목록에 당당히 오르는 것을 보면서 개인적으로 보람을 느꼈고 한국의 주식시장의 가능성을 확인했다. 정말로 많은 분들이 메일을 보내주셨고 격려해주셨다.

그런데 독자들께서는 투자자에게 필요한 재무회계 지식을 정리한 책도 있었으면 좋겠다는 의견을 많이 보내주었다. 실제로 독자들로부터 받은 문의 메일 가운데 재무 회계에 관련된 것들이 가장 많았다. 이 책은 이 같은 배경에서 기획됐다.

이 책은 철저하게 투자자(주주)의 입장에서 재무제표를 뜯어봤다. 투자자는 최고경영자(CEO), 임직원 등 내부 관계자와는 기업을 보는 관점이 근본적으로 다르다. 재무제표를 해석하는 시각도 다를 수밖에 없다. 아쉽게도 시중의 재무제표 책들을 살펴보니 한결같이 내부 관계자들끼리 사용하는 언어를 가르치고 있다. 나는 투자자들이 이런 차이를 알지 못해 적지 않은 혼란을 겪고 있음을 알게 됐다.

대차대조표와 손익계산서가 주주에게 어떤 의미를 갖고 있는지, 기업의 내부 관계자가 투자자를 비롯한 외부인에게 감추려고 하는 게 무엇이고, 이것을 어떻게 찾아내는지를 설명했다. 이 과정에서 투자자들을 두렵게 만드는 분식회계의 원리와 분식회계를 가려내는 법도 소개했다. 아울러 실제 기업의 재무제표 사례를 바탕으로 투자 기회를 어떻게 찾아내는지 정리했다.

세상에 다양한 언어가 있듯이 투자의 세계에서도 엄청나게 많은 투자 언어들이 존재한다. 내가 이 책에서 소개하는 투자 언어는 가치투자(value investing)라는 언어다. 워렌 버핏, 피터 린치, 존 네프, 마이클 프라이스 등은 전술은 다르지만 결국 가치투자가 수익을 내는 최선의 방법임을 입증한 인물들이다. 이들이 재무제표를 이용해 수익을 내는 원리를 소개했다.

재무제표를 다룬 것이니만큼 소설처럼 쉽게 읽히지는 않을 것이다. 재무제표는 어려울 수밖에 없다. 그렇지만 재무제표는 고생해서 공부한 만큼 얻는 게 값지다. 이게 세상의 경쟁의 원리다. 세상은 노력하는 소수에게만 보답한다.

주식 직접 투자는 어려운 만큼 도전해볼 만한 가치가 있는 일이다. 주식투자의 성공에 이르는 길은 멀고도 험하지만 목적지에 도달했을 때의 성취감은 직접 겪어보지 않으면 가늠하기 어렵다. 인생이 결국은 여행이듯이 투자도 알고 보면 여행이다. 여행이 즐겁기 위해서는 시행착오가 견딜 만해야 하고 비용이 적게 들어야 한다. 책장을 덮고 나면 투자자들이 훨씬 여유롭게 기업을 마주할 수 있게 되기를 바란다.

2008년 5월
이민주

| 들어가며 | 재무제표는 가치투자의 언어다   004

001 워렌 버핏은 재무제표만을 신뢰한다

재무제표, 아는 만큼 투자에 성공한다   011
증시 분석가가 아니라 기업 분석가가 되라   016
워렌 버핏이 약세장에서 유망 기업을 찾는 법   025

002 투자자의 관점으로 재무제표 읽기

투자자가 알아야 할 재무제표의 원리   033
삼성전자 재무제표도 알고 보면 단순하다   047
대차대조표, 손익계산서, 현금흐름표로 우량 기업 찾기   059
| 사례연구 ❶ | 삼성전자   066
가치투자의 산실 전자공시시스템   072

003 대차대조표로 사업의 건전성을 검증하라

대차대조표의 큰 그림을 그려라   084
현금이 많은 기업을 우선적으로 살펴라   093
| 사례연구 ❷ | 세종공업   096
유가증권이 풍부한 기업이 투자가치도 높다   102
| 사례연구 ❸ | 호남석유화학   105
주주의 눈을 속일 수 있는 유가증권   108
| 사례연구 ❹ | 기아자동차   117
| 사례연구 ❺ | 동양메이저   124
기업의 필요악, 매출채권   129
너무 많아도, 적어도 문제가 되는 재고자산   134
숨겨진 프리미엄, 유형자산과 부동산 가치   144
| 사례연구 ❻ | 대한유화   146
기업의 수익을 올리는 유형자산의 활용 찾기   151
감가상각 너머 기업의 진짜 수익 찾아내기   157
개발비 속에 숨어 있는 분식회계와 역분식회계   161

C O N T E N T S

004 투자자에게 좋은 부채와 나쁜 부채

자산 조달 방법에 투자의 적격성이 있다	171
부채의 레버리지 효과	177
기업 신용도가 궁금하면 발행 채권을 보라	182
알아두면 돈이 되는 사채 수익의 원리	190
주식투자자에게 해로운 채권의 종류	198
│ 사례연구 ❼ │ 현대건설	205
막차 탄 기업이 발행하는 ABS와 MBS	211
이자 부담이 없는 기업의 채무란	215
대차대조표에도 기재돼 있지 않은 부채	217

005 건강한 방법으로 자본을 늘린 기업을 골라라

자본이란 무엇인가	225
유상증자의 숨은 비밀	227
│ 사례연구 ❽ │ 현대상선	231
이익잉여금과 배당 사이의 함수	236

006 손익계산서에 담긴 주가 상승 불변의 테마

손익계산서의 개념과 원리	245
매출액 부풀리기 수법 잡아내기	251
│ 사례연구 ❾ │ 한통데이타	257
재고자산 부풀리기 수법 잡아내기	261
│ 사례연구 ❿ │ 신양전기	266
워렌 버핏을 전율케 하는 EBITDA	272
주주 가치를 증대하는 이익의 활용	278

007 현금흐름을 알면 우량 기업이 보인다

도산의 징후를 알아낼 수 있는 현금흐름표	291
현금흐름표에는 기업의 유형이 나타난다	297
잉여현금흐름이란 무엇인가	299

008 투자자를 위한 주가의 적정 가치 계산

할인율과 복리, 시간이 가치에 미치는 영향	305
기업의 내재가치와 적정 주가 계산법	313
화폐의 미래가치와 복리의 마법	318
한국 기업의 분식회계, 얼마나 줄었나	323
알아야 피하는 한국 기업의 분식회계 유형	326

009 경영성과에 대한 냉철한 시각, 지표 분석법

지표 분석을 제대로 해야 투자 고수	335
모든 지표의 기본인 총자산이익률	338
기업의 내실 있는 성장을 알려주는 ROE	340
기업의 부채 상환능력을 파악할 수 있는 지표들	345
주식투자와 직접 관련이 있는 지표들	350

001

워렌 버핏은
재무제표만을 신뢰한다

재무제표, 아는 만큼 투자에 성공한다
증시 분석가가 아니라 기업 분석가가 되라
워렌 버핏이 약세장에서 유망 기업을 찾는 법

재무제표,
아는 만큼 투자에 성공한다

001

● 이 책의 독자 가운데는 주식투자가 뭔지 잘 알고 있는 경우도 있을 테고, 실제로 주식시장에서 상당한 성과를 거두고 있는 분도 있을 것이다. 반면 오랫동안 주식투자를 해왔음에도 만족할 만한 성과를 거두지 못해 답답함을 느끼거나, 주식시장의 수없이 많은 투자 방법론 가운데 과연 어떤 게 실제적인 수익을 가져다주는지를 알고 싶어하는 분도 있을 것이다. 그래서 바쁜 시간을 쪼개 투자 설명회에도 참석해보고, 서점에 들러 이런저런 주식 책을 뒤적여보았을 것이다.

한 가지 확실한 것은 이 책을 집어 들었다면 일봉이나 주봉, 이동평균선 같은 기술적 데이터로는 주가 움직임을 예측하는 데 한계가 있다는 사실을 어렴풋하게나마 느꼈을 것이라는 점이다

(그렇지 않다면 재무제표 책에 관심을 가질 이유가 없다).

이 분들은 막연하게나마 길을 제대로 찾아왔다. 왜 그런지 설명해보겠다.

주식투자자들이 수익을 내는 데 어려움을 겪는 이유를 살펴보면 주식이 뭔지 짚어보지 않은 데서 비롯되고 있음을 알 수 있다. 다시 말해 주식이 어떤 과정을 거쳐 자신의 손에 들어오게 됐는지를 생각해보지 않은 탓이다. 이런 견지에서 그 의미를 되짚어보면 주식은 기업이 설비 투자나 사업 확장에 필요한 자금을 조달하기 위해 투자자들을 모집하는 증서다.

나는 오랫동안 주식투자의 대상이 되는 한국의 기업들을 출입해왔다. 창업가, 기업가, 최고경영자(CEO) 등 경영자들과 직접 얼굴을 맞대면서 그들의 고민과 생각을 들어봤고, 이들이 창업기의 어려운 시절을 이겨내고 성공을 거두는 과정을 지켜봐왔다. 이들 경영자는 수없이 많은 실패자의 무덤에서 딛고 일어선 선택받은 소수의 사람들이다. 이들의 성공 스토리는 언제 들어도 흥미진진하다.

그런데 이들에게는 창업 단계를 지나 성장의 본궤도에 막 들어서면서 부닥치는 문제가 꼭 한 가지가 있다. 바로 자금 부족이다. 소비자 니즈는 확실히 존재하는데 당장 공장을 짓고 직원을 늘리는 데 필요한 자금이 부족한 것이다.

이때 이들이 택하는 방법 중 하나가 기업 공개(IPO, initial public offering)다. 다시 말해 거래소나 코스닥에 기업을 공개해

지분의 일부를 내다 팔아 자금을 조달하는 것이었다. 이처럼 주식이나 채권(유가증권)을 매개로 발행주체(기업)와 투자자들 사이에서 거래가 이뤄지는 시장을 증권시장이라고 한다.

이들은 주식시장에서 조달한 돈으로 공장을 짓고, 종업원을 채용하고, 물건을 만들어냈다. 그리고 물건을 시장에 내다팔아 수익을 창출해 주주(주식투자자)들에게 배당을 지급했다. 기업 실적이 좋아지자 주가도 올랐다. 결국 이 기업의 주식을 매입한 투자자들은 배당을 받아 돈을 벌었고 기업 실적이 개선된 것에 따른 주가 상승으로 다시 돈을 벌었다. 물론 모든 기업 경영자들이 이런 식으로 좋은 성과를 거둔 것은 아니다.

일부는 주식시장에서 조달한 자금을 제대로 활용하지 못해 실적을 개선하지 못했다. 이들은 주주에게 배당도 지급할 수 없었고 주가도 떨어졌다. 극소수의 기업은 실적이 회복할 수 없을 정도로 나빠져 주식시장에서 퇴출됐다. 이런 기업의 주식을 매입한 투자자는 손해를 봤다.

내가 이런 이야기를 늘어놓는 이유는 주식시장(증권시장)이란 게 애초에 왜 만들어졌고, 어떤 기능을 갖고 있는지를 설명하기 위해서다.

기업은 공장 증설이나 종업원 채용 등 사업을 영위하기 위해 자금이 필요하며, 주식시장에서 주식을 유통시킴으로써 이 문제를 해결한다. 다시 말해 주식시장에 나와 있는 주식은 기업이 시장 참여자들에게 "우리 기업에 투자해달라(자금을 공급해달라)"는 요청서나 다름없다.

주식시장의 수많은 요청서들 가운데 어떤 것을 골라야 할까. 당연히 향후에 경영을 잘해서 배당도 많이 주고 주가도 끌어올릴 수 있는 기업의 주식을 매입해야 한다. 기업의 대차대조표와 손익계산서를 꼼꼼히 따져서 이 기업이 실적을 개선시킬 수 있는지, 아니면 그냥 돈 먹는 하마로 끝날 것인지를 따져봐야 한다는 뜻이다. 이건 너무나 당연한 이야기다.

그런데 주식시장을 둘러보면 이처럼 명백한 증권시장의 원리를 간과하거나 부정하는 분위기가 팽배해 있다. 이들은 주식을 고스톱의 판권이나 경마장의 마권과 다를 게 없다고 주장한다. 이들이 관심을 갖는 것은 시장 참여자들의 심리 변화라든가, 세력이라든가, 수급 요인이라든가, 일봉 주봉 차트 들이다. 주식이 어떤 과정을 거쳐 자신의 손에 들어왔는지, 주식이라는 게 애초에 왜 만들어졌는지는 관심 바깥의 일이다. 당연히 주식투자를 할 때 기업 분석은 안중에도 없다.

나는 이들이 주식시장에만 평생 머물러 있다 보니 주식시장 너머의 전체 경제 시스템을 느끼지 못하는 우물 안 개구리가 아닐까 생각해본다. 인간은 아는 만큼 볼 수 있는 존재이자, 경험한 만큼만 이해할 수밖에 없는 존재이기 때문이다.

이들은 엉뚱한 곳에서 주식투자 성공의 해법을 찾고 있다. 물론 주가가 단기적으로는 이런 요인들의 영향을 받을 수 있지만 장기적으로 지켜보면 실적과 정비례해 움직이는 것을 확인할 수 있다.

지난 수년 동안 포스코가 어떻게 그렇게 큰 폭의 주가 상승을 이룩할 수 있었는가. 포스코 이전의 삼성전자의 주가 상승의 원동력은 무엇인가. 1990년대 후반 외환위기 이후의 롯데칠성음료와 태평양의 주가는 왜 수직 상승했는가. 이들 기업의 주가상승의 배경에는 한결같이 실적 개선이 뒷받침돼 있었던 것이다. 여기에는 예외가 없다.

결론적으로 주식 매입이란 기업에 자금을 대는 행위이고, 주가는 기업 실적에 비례해 움직인다. 그러므로 좋은 실적을 낼 수 있는 기업을 찾아내 주식을 매입하는 것이 주식투자 성공에 이르는 지름길이다. 이 간단한 사실만 받아들여도 주식투자에서 성공할 확률은 높아진다.

그런데 주식시장을 둘러보면 이 사실이 제대로 받아들여지지 않고 있는데, 몇 가지 이유가 있다는 사실을 알 수 있다. 왜 그런지를 살펴보자.

증시 분석가가 아니라 기업 분석가가 되라

002

● 주식투자 입문서나 증권사 홈페이지의 투자 코너를 둘러보면 주식투자의 순서를 개념도를 그려가며 안내하고 있다. 약간의 차이가 있지만 가장 먼저 거시 경제 분석(장세 분석)이 있고, 맨 나중에 기업 분석이 나오는 것은 똑같다.

이런 개념도는 우리의 상식과도 일치한다. 향후 주식시장의 큰 그림이 어떻게 그려질 것인가를 전망하고 나서 기업 분석에 들어가는 게 자연스러워 보이기 때문이다. 그런데 이게 바로 주식투자의 수익률을 떨어뜨리는 것임을 아는 투자자가 많지 않다. 주식투자의 성공을 위해 가장 먼저 해야 하는 것은 실은 기업 분석이다. 기업의 대차대조표와 손익계산서를 뒤적여가며 실적이 개선될 것인지 따져보는 일을 가장 먼저 해야 한다는 뜻이다. 그러다 보면 장세 문제는 저절로 풀리게 돼 있다.

장세 분석(증시 전망)을 가장 먼저 했을 경우에 부닥치는 문제들을 살펴보자. 투자자라면 누구나 한번쯤 알게 모르게 실감했을 문제들이다.

먼저, 향후 장세가 강세장으로 전개될지, 약세장으로 반전할지는 누구도 알 수 없는 일이다(물론 향후 장세를 맞출 수 있다고 주장하는 사람도 있다. 세상은 다양한 생각을 가진 사람들이 모여 사는 곳이다). 장세를 예측할 수만 있다면 주식투자로 돈을 버는 것은 너무나 쉬워진다. 그러다 보니 주식시장의 역사를 돌아보면 정말로 많은 사람들이 장세를 예측하려는 시도를 했다. 문제는 장세 예측의 대부분이 실패했다는 사실이다.

노벨상 수상자들의 집합소로 불렸고 한때 미국 최대의 헤지펀드로 군림했던 롱텀캐피털매니지먼트(LTCM)는 출범 후 한동안 제법 수익을 올렸지만 1990년대 말 아시아 경제 위기를 예측하지 못해 천문학적인 손실을 기록하며 파산했다. 마이런 숄스(Myron Scholes)와 로버트 C. 머턴(Robert C. Merton) 등 두 명의 노벨경제학상 수상자와 일본의 저명한 과학자인 키오시 이토(Kioshi Ito)가 참여한 세계 최고의 두뇌 집단도 눈앞의 위기를 예측하지 못했다.

헤지펀드의 황제로 불리는 퀀텀펀드의 조지 소로스(George Soros) 회장은 어떤가. 그는 1987년 미국의 주식시장이 블랙 먼데이로 폭락하기 한 달 전 《포춘》과의 인터뷰에서 "미국 주식시장이 과대평가되었다는 사실만으로 그 시장이 지속되지 못할 것이라는 의미는 성립되지 않는다"면서 미국의 증시 상승이 지속될 것이라고 예측했다. 폭락 1주일 전에는 《파이낸셜 타임즈》에 미국 증시의 강세장 도래를 전망하는 의견을 제시했다. 1주일 뒤 소로스의 퀀텀펀드는 3억 5,000만 달러 이상의 손실을 입었다. 이 밖에도 조 그랜빌(Joe Granville)이라든가 하는 애당초 능력도 없으면서 향후 장세 전망에 의지해 반짝 스타로 떠올랐다가 사라진 사람은 널려 있다.

그렇다면 장세 예측은 왜 번번이 빗나가는 걸까.

나는 장세 예측을 언급할 때면 20세기 초반을 살다간 미국의 경제학자 어빙 피셔(Irving Fisher)를 떠올린다.

그 유명한 피셔 방정식과 필립스 커브를 창안한 당대 최고의 경제학자. 계량 경제학을 창시한 석학이면서도 학문적 영역에 머물지 않고 사업가로도 성공한 다재다능한 인물이 바로 어빙 피셔다.

어빙 피셔(Irving Fisher, 1867~1947)
계량경제학의 창시자 중 한 사람으로 화폐 이론에 뛰어난 업적을 남기고 물가 문제에 대한 분석과 대책에 커다란 공헌을 했다.

만약 그가 1929년 10월 14일에 "주가는 영원히 하락하지 않을 고지대에 도달했다"고 말하지만 않았더라면 그는 지금도 위대한 경제학자로 추앙받고 있을 것이다. 불운하게도 그는 미국 대공황이 닥치기 2주 전에 문제의 발언을 함으로써 명예와 돈을 몽땅 잃었다.

"주가는 영원히 하락하지 않을 고지대에 도달했다. 어느 통계학자(로저 밥슨)가 근거도 없이 주식시장의 급격한 하락을 예측한다고 해서 우리가 앞 다퉈 주식을 매도할 이유는 없다. 주가가 하락할 수 있을지는 몰라도 증시 붕괴와 같은 사태는 터지지 않을 것이다."

피셔가 연설한 지 2주 후인 10월 29일, 주식시장은 대폭락을 시작했다. 피셔가 언급한 '내려가지 않을 고지대'는 알고 보니 '바닥을 모를 심연'이었다.

주식은 휴지 조각이 됐고 사람들은 파산하고, 직장을 잃고, 거리로 나앉았다. 대공황이 절정에 달했던 1933년에는 약 1,300만 명, 즉 노동인구 4명 가운데 1명이 실업자였다. 1938년에는 5명 가운데 1명꼴로 일자리가 없었다.

당시 파산자들 사이에 가장 인기 있었던 자살 방법은 호텔에서 뛰어내리는 것이었다. 호텔 프런트 직원은 손님이 찾아와 방이 있는지를 물어오면 "묵을 방을 찾는 겁니까, 뛰어내릴 방을 찾는 겁니까?"라고 되물었다. 뉴욕의 어느 호텔에서는 두 남자가 창문에서 서로 손을 잡고 뛰어내렸다. 그들은 공동 명의의 예금 계좌를 갖고 있었다.

증시가 추락을 거듭하던 그해 12월 피셔는 다시 한 번 자신의 주장이 옳다고 주장했다. 그는 《증시 붕괴, 그리고 그 후》라는 책에서 다음과 같이 밝혔다.

"적어도 가까운 장래의 증시 전망은 밝다. 주가가 약간 떨어졌지만 아직도 높은 수준에 있고, 시장은 건전하고 합당한 수익 기대로 호전될 것이다."

피셔는 단지 주장하는 것에 머무르지 않았다. 그는 자신의 돈은 물론이고 누이와 친척의 돈까지 빌려 주식을 추가로 매입했다. 결국 그는 완벽하게 파산했다. 빈털터리가 된 그는 말년에 모교인 예일대가 제공한 거처에서 어렵게 지내야 했다.

피셔의 전망은 왜 빗나갔을까. 그는 당대에 천재라는 평가를 받던 인물이었다. 그러나 피셔의 주장에는 나름의 확실한 근거가 있었다.

우선 피셔는 당시 미국의 45개 산업에 속해 있는 기업의 평균 주가수익비율(PER)이 14.1배라는 점에 주목했다.

표 본	시가총액(10억 달러)	PER	시가총액/GNP
S&P 50 지수	26.2	18.4	1.62
S&P 90 종합지수	43.3	19.0	1.67
fisher 45 지수	N/A	14.1	1.24

| 대공항 직전 미국 기업의 시가총액과 PER(1929년 10월 기준)

그가 제시한 주가수익비율 14.1배는 S&P 50의 18.4배나 S&P 90의 19.0배보다는 낮은 것이지만 우려할 만한 수치는 아니었다. PER을 근거로 향후 증시를 전망하는 것은 지금도 자주 쓰인다.

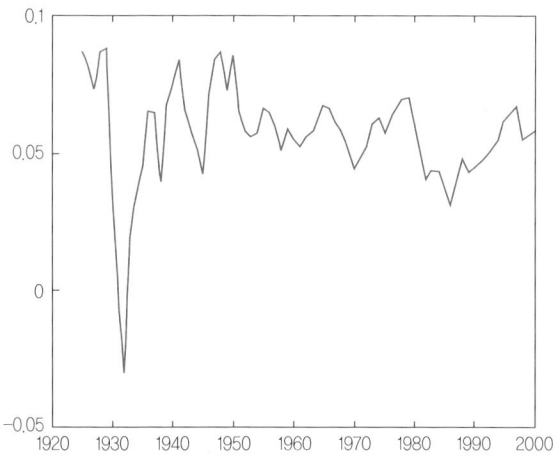

| 대공황 직전 기업 순이익 대비 GNP

다음으로 피셔는 국민총생산(GNP) 대비 기업의 순이익이 0.7이라는 사실도 강조했다. GNP 대비 기업의 순이익 0.7은 오늘날에도 깨기 힘든 수치로, 당시 미국의 기업들이 그만큼 수익성이 높았다는 뜻이다.

이 같은 점을 근거로 그는 "지속적인 추가 상승에 의해 현재의 높은 주가 수준을 정당화시켜줄 것인가의 여부는 시간이 지나야만 알 수 있다. 그렇지만 나는 추가 상승이 지속될 것을 기대한다"라고 말했다. 당시 피셔의 근거가 합리적이었다는 사실은 오늘날의 상당수 경제학자들 사이에서도 대체로 인정되는 분위기다. 대공황 직전의 미국 증시와 경제는 알려진 것처럼 버블이 잔뜩 끼어 있었던 것도, 기업 생산성이 떨어지고 있던 것도 아니었다. 오히려 반대였다. 기업들은 생산성 향상으로 수익을 내고 있었고, 주식시장의 주가는 여기에 합당하게 반응하고 있었다.

미국 경제학자 존 케네스 갤브레이스(John Kenneth Galbraith)는 1929년 증시 대폭락의 원인을 소득 격차의 확대, 주식 발행 및 유통과 관련된 기업의 구조적 문제, 취약한 은행 시스템, 금본위제에서의 국제수지의 불균형, 경제 지식 부족 등 5가지의 증시 외부 요인에서 찾고 있다.

펀더멘털은 건전했지만, 펀더멘털을 받쳐주는 외부 요인들에 문제가 있었던 것이다. 이것을 통계적으로 계산하면 이렇게 된다.

어떤 결과값을 얻기 위해 A, B, C, D, E, F, G의 7가지 변수를 고려해야 한다고 하자.

A, B의 2개 변수의 정확도는 100퍼센트이고 나머지 B, C, D, E, F의 5개 변수의 정확도는 각각 50퍼센트라고 하자. 이 7가지 변수를 고려한 결과값이 들어맞을 확률은 3퍼센트에 불과하다. 반면 결과값이 빗나갈 확률은 97퍼센트가 된다[1].

피셔는 주가수익비율(PER)과 국민총생산(GNP) 대비 기업의 순이익이라는 2개 변수는 정확하게 예측했지만 소득격차의 확대, 주식 발행 문제 등 5가지 변수는 고려하지 않았다. 그가 고려하지 않은 5가지 변수가 들어맞을 확률은 동전 던지기에서 앞면 혹은 뒷면이 나올 확률과 동일한 50퍼센트가 된다.

예측을 할 때 고려해야 할 변수가 많아질수록 예측이 들어맞

---

1. $1.0 \times 1.0 \times 0.5 \times 0.5 \times 0.5 \times 0.5 \times 0.5 = 0.031$.
   $1 - (0.5 \times 0.5 \times 0.5 \times 0.5 \times 0.5) = 0.0969$.

을 확률은 현저하게 줄어든다. 주식시장을 예측할 때 고려해야 할 변수는 얼추 따져도 100가지가 넘을 것이다. 이 정도면 아무리 똑똑한 사람이라도 맞출 수가 없게 된다. 그래서 피셔는 틀린 것이다. 증시를 전망한다는 게 얼마나 위험하고 부질없고 시간 낭비인지를 보여주는 사례다.

워렌 버핏, 피터 린치(Peter Lynch), 존 보글(John Bogle) 등 세계의 위대한 투자자들이 증시 전망에 기초한 투자가 위험하다고 한결같이 경고한 이유가 뭐겠는가. 증시 전망이 빗나갈 수밖에 없다는 사실을 너무나 잘 알고 있기 때문이다.

워렌 버핏은 "증시는 아주 오랜 기간 동안 가치와 상관없이 움직일 수 있다는 사실을 잊지 말아야 한다"고 말하고 있다. 또한 피터 린치는 "장세 예측에 의존해 주식투자를 할 바에는 차라리 도박을 하라"고 말한다. 그는 장세를 예측하려는 것은 부질없는 일이며, 펀드 매니저로 있는 동안에 아홉 번의 폭락장을 경험했지만 아무도 미리 말해주지 않았다고 회고하고 있다. 그리고 인덱스 펀드의 창시자 존 보글은 "오직 바보만이 증시 전망을 한다"고 말했다. 그는 증시에서 일어날 수 없는 일은 없다고 단언한다. 이런 주식 고수들이 한결같이 말했다면 믿어야 한다.

그런데 주식시장을 둘러보면 일부 전문가라는 사람들이 증시 움직임은 예측할 수 있으며, 이것을 적절히 활용하는 것이야말로 개미들이 큰돈을 버는 비결이라고 주장하고 있다. 주가가 오를 것으로 예상되면 주식을 매입하고, 내릴 것으로 예상되면 매도하라는 것이다. 증시를 예측할 수 있으니 공매도, 옵션, 선물도 당연히 추천 대상이다(공매도, 옵션, 선물을 설명하려면 복잡하므로 생략한다. 하여간 이런 것들은 미래의 주가를 예측할 수 있다는 것을 가정한 투자 방법이다). 이게 얼마나 위험한지는 설명할 필요가 없을 것이다.

스스로를 주식 전문가라고 주장하는 어떤 사람은 오랫동안 독학으로 주식을 공부했고, 주식시장에서 산전수전 겪었다는 개인적 경험을 내세우며 이런저런 장세를 예측하고 있다. 한마디로 전망을 팔아먹는 사람이다.

만에 하나, 장세를 예측할 수 있다고 해보자. 주식투자가 그것으로 끝나는가. 그게 아니다. 이제 당신은 어떤 주식을 매입해야 하느냐는 문제에 부닥친다. 어차피 기업을 분석해야 한다. 차라리 처음부터 기업 분석을 하는 게 낫았다.

2007년 한국 증시는 전인미답의 세계에 발을 디뎠다. 2007년의 종합주가지수(KOSPI)는 2006년 말에 비해 472.26포인트 상승하며 장을 마감했다. 올해의 주식 장세는 어떻게 전개될 것인가. 다시 한 번 상승할 것인가, 너무 올랐으니 하락세로 접어들 것인가. 내가 하고 싶은 말은 장세 예측에 매달릴 필요가 없다는 것이다. 기업 분석에 매달리면 장세 문제는 저절로 풀리게 되어 있다. 기업 분석을 하다 보면 약세장에서도 상승하는 주식을 찾아낼 수 있고, 강세장에서 하락하는 주식을 피해갈 수 있다.

워렌 버핏이 약세장에서
유망 기업을 찾는 법

003

- 이번에는 장세 예측 대신에 기업 분석에 집중했을 경우의 효용성을 살펴보자.

글로벌 증시에 약세장이 펼쳐지던 2008년 1월 워렌 버핏은 아주 훌륭한 기업 하나를 발견했다고 밝혔다. 철도 회사인 벌링턴 노던 산타 페(BNSF, burlington northern santa fe)였다. 이 시기에 버핏은 미국에서 두 번째로 큰 이 철도 회사의 주식 124만 6,100주를 주당 76.8달러에 매입해 최대 주주가 됐다고 발표했다.

그가 이 철도 회사 주식을 산 것은 이번이 처음이 아니다. 그는 2007년 4월에 이 회사 주식을 주당 81.80달러에 처음 매입했다. 이후 미국의 증시는 서브프라임 모기지(비우량주택담보대출) 위기로 하락세로 접어들었고, 버핏은 이 회사의 주가가 떨어질 때마다 지분을 꾸준히 늘렸다. 현재 지분율은 18.2퍼센트이며, 보유 주식 수 6,377만 5,118주로 주식시장의 시가로 환산하면 48억 9,700만 달러(약 4조 8,000억 원)다.

벌링턴 노던 산타 페를 분석해보면 약세장에서 오히려 수익을 내는 종목임을 알 수 있다. 이 기업을 분석해보자.

다음은 이 회사의 1996년 이후 실적 추이다. 벌링턴 노던 산타 페는 1995년 벌링턴 노던(Burlington Northern)과 산타 페 퍼시픽(Santa Fe Pacific)이라는 두 회사가 합병해 탄생했다(우리의 전자공시시스템에 해당하는 미국의 에드거를 검색하는 방법은 다음 장에 나온다).

	2006년	2005년	2004년	2003년	2002년	2001년	2000년	1999년	1998년	1997년	1996년
자산총계	31,643	30,304	28,925	26,947	25,767	24,721	24,375	23,700	22,646	21,266	19,846
부채총계	21,247	20,796	19,614	18,452	17,835	16,872	16,895	16,895	14,920	14,524	13,865
자본총계	10,396	9,508	9,311	8,495	7,932	7,849	7,480	7,480	7,784	6,822	5,981
매출액	14,985	12,987	10,946	9,413	8,979	9,208	9,207	9,207	8,941	8,370	8,109
영업이익	3,517	2,922	1,686	1,665	1,656	1,750	2,113	2,113	2,158	1,767	1,748
당기순이익	1,887	1,531	791	816	760	731	980	980	1,155	885	889

| 벌링턴 노던 산타 페의 EPS와 국제 유가 비교(1995년~2006년, 단위 : 달러)

매출액(revenue), 영업이익(operating income), 당기순이익(net income)이 단기적인 감소는 있지만 길게 보면 꾸준히 개선돼왔음을 알 수 있다. 특히 주목할 부분은 주당순이익(EPS)과 유가와의 관계다. 보다시피 유가가 오르면 이 회사의 주당순이익

이 뒤이어 개선되고 있다는 사실을 알 수 있다. 특히 2004년부터 유가가 가파르게 오르자 EPS가 여기에 정비례해 눈에 띄게 좋아지고 있다.

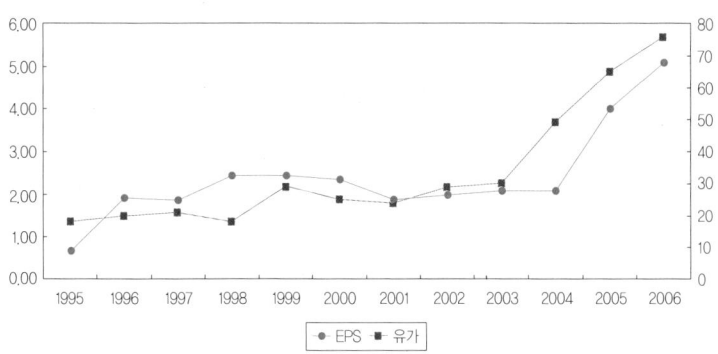

| 벌링턴 노던 산타 페의 EPS와 국제 유가 비교(1995~2006년, 단위 : 달러)

 통상적으로 유가 상승은 항공, 자동차 등 물류 업체에는 악재다. 유가가 오르면 운송 비용이 상승하기 때문이다. 그런데 철도 산업은 유가가 상승하면 오히려 실적이 개선되는 경향을 보인다. 철도는 트럭에 비해 에너지 효율이 3배나 된다. 동일한 에너지로 같은 거리를 3배나 더 달릴 수 있다는 뜻이다. 요즘 같은 고유가 시대에 빛날 수밖에 없다.
 철도가 왜 이런 경쟁력을 갖게 됐을까. 이제 미국의 철도 산업을 살펴보자.
 철도 산업은 한때 미국의 떠오르는 고성장 산업이었다. 영화 마니아라면 추억의 청춘스타 제임스 딘이 주연한 영화《에덴의 동쪽》에서 검은 기차가 우렁찬 굉음과 희뿌연 연기를 쏟아내며 미국 대륙을 질주하는 장면을 기억할 것이다. 캘리포니아에서 농장을 경영하는 제임스 딘의 아버지는 철도 위를 달리는 기차를 보면서 양배추를 뉴욕에 실어 보내 큰돈을 벌겠다는 생각을 한다.

당시에는 철도 말고는 미국 대륙을 가로질러 물건을 운송하는 수단이 없었다. 그래서 철도 기업들은 카르텔을 형성해 운행 구간을 조정하고 요금을 담합하는 등 독점적 지위를 이용해 막대한 수익을 거두었다. 1950년대까지 이런 상황은 이어졌다. 그런데 미국의 전역에 고속도로가 깔리면서 상황이 바뀌기 시작했다. 미 연방정부의 적극적인 고속도로 건설 정책으로 동부와 서부, 남부와 북부를 잇는 고속도로가 잇따라 건설되면서 그간 철도에 밀려 맥을 못 추던 운송 수단인 트럭이 빛을 발하기 시작한 것이다.

트럭은 기차의 정해진 구간을 달릴 필요가 없었고 어디든 소비자가 원하는 곳까지 화물을 배달했다. 이 시기에 트럭의 주요 부품인 타이어와 모터의 성능이 빠르게 개선되면서 트럭은 장거리 운송 시장에서 기차와 경쟁하기 시작했다.

시간이 흐를수록 그 격차는 더욱 벌어졌다. 독점적 지위에 젖어 있던 철도 회사들에게 이 같은 변화는 극복하기 어려운 것이었다. 미국의 6개 철도 회사가 파산을 신청한 것은 이런 배경을 깔고 있었다.

철도 회사들은 어떻게든 살아남을 수 있는 방법을 찾아야 했다. 그래서 생각해낸 방법이 인수합병(M&A)이었다. 철도 기업 간 인수합병을 통해서 고정비용도 줄이고 시너지 효과를 창출해 위기를 극복해보자는 것이다. 벌링턴 노던 산타 페는 이런 배경에서 벌링턴 노던과 산타 페 퍼시픽이라는 두 회사가 합병해 탄생했다.

이 회사는 합병과 함께 경영 혁신에 나섰다. 일반 승객 수송 등 돈이 되지 않는 서비스와 노선은 과감히 포기했다. 스태거 철도법(staggers rail act) 이전에는 공익성을 이유로 의무적으로 제공해야 했던 서비스였다. 대신에 곡물, 화물 등의 장거리 운송에 핵심 역량을 쏟아 부었다. 인공위성의 위치 추적 시스템을 도입해 객차 간 운행 시간대를 좁힘으로써 동일 시간대에 더 많은 기차를 운행할 수 있었다. 이런 뼈를 깎는 혁신을 거치면서 벌링턴 노던 산타 페는 서서히 경쟁력을 회복해왔던 것이다.

이 회사가 2007년 10월에 발표한 3분기 실적을 보면 순이익이 5억 3,000만 달러로 전년 동기 대비 8.4퍼센트 증가했고 매출도 전년 동기 대비 3.3퍼센트 늘어난 40억 7,000만 달러를 기록했다. 《월스트리트 저널》은 이를 두고 '어닝 서프라이즈(earning surprise)'라고 표현했다. 물류 제품 운송을 필요로 하는 기업들이 고유가로 트럭 운송 요금이 오르자 자연스럽게 철도를 찾고 있는 것이다. 요즘 같은 고유가 시대에 빛날 수밖에 없다.

워렌 버핏은 벌링턴 노던 산타 페의 재무제표를 분석을 통해 이 회사가 유가가 상승할수록 오히려 실적이 개선된다는 사실을 놓치지 않았다. 주식투자자들이 언제 주식시장이 강세장으로 반전할 것인가에 초조해하는 동안에 버핏은 기업 분석을 통해 약세장에서도 수익을 개선시키는 기업을 찾아낸 것이다. 기업 분석이 얼마나 성공 투자의 지름길인지를 짐작할 수 있을 것이다.

그러면 이제 기업 분석의 필수 지식인 재무제표를 학습해보자.

002

투자자의 관점으로
재무제표 읽기

투자자가 알아야 할 재무제표의 원리
삼성전자 재무제표도 알고 보면 단순하다
대차대조표, 손익계산서, 현금흐름표로 우량 기업 찾기
가치투자의 산실 전자공시시스템

투자자가 알아야 할
재무제표의 원리

001

- 이제 재무제표 이야기를 시작해보자. 투자자가 알아야 할 기업의 재무제표란 대차대조표, 손익계산서, 현금흐름표의 세 가지를 말한다. 한국의 기업회계 기준은 이 세 가지에 덧붙여 이익잉여금처분계산서(혹은 결손금처리계산서), 주기와 주석 등 모두 다섯 가지를 재무제표로 규정하고 있다. 투자자는 이 세 가지를 작성하는 방법까지 익힐 필요는 없다. 그렇지만 재무제표가 만들어지는 과정은 반드시 머릿속에 넣어둬야 한다.

다음은 기업이 재무제표를 만들기까지의 과정이다.

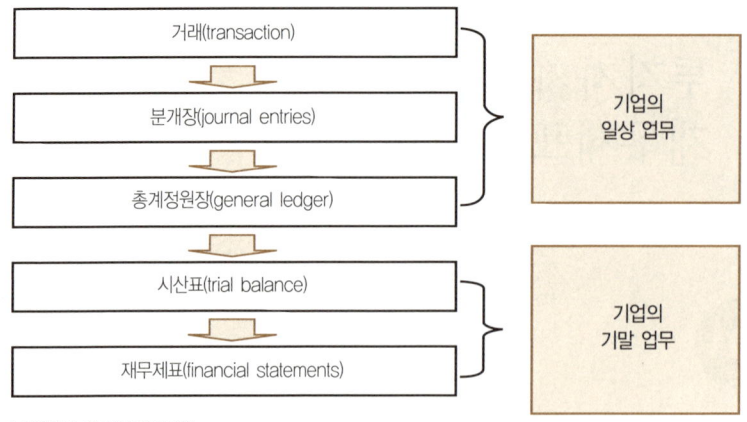

| 거래에서 재무제표까지 과정

여러 단계를 거쳐 재무제표가 만들어진다는 사실을 알 수 있다. 거래에서 시작해 분개장, 총계정원장, 시산표를 거쳐 최종적으로 생산되는 표가 재무제표다. 최근 전산 회계 시스템이 도입되면서 일부 단계가 축소되거나 생략되고 있지만 기본 원리는 변하지 않고 있다.

이제 이 단계들을 하나씩 뜯어보면서 재무회계의 원리와 개념을 알아보자.

거래(transaction)

거래는 기업 활동의 출발점이자 재무제표의 시작점이다. 재무회계에서는 기업을 '거래를 수행하는 조직'으로 정의할 정도로 거래를 중요시한다.

그런데 재무회계에서 말하는 거래는 우리가 상식적으로 생각하는 거래와는 조금 다르다. 재무회계에서 말하는 거래란 "재화나 용역의 변동을 발생시키는 사건"이다. 다시 말해 회계에서 거래가 성립되려면 반드시 물건이나 돈이 움직여야 한다. 그렇지 않으면 회계에서의 거래가 아니다.

예를 들어보자. 얼마 전 보도에 따르면 삼성전자의 어느 공장에 보관하고 있던 반도체 제품 수십억 원어치가 도난당했는데 일반인들은 이것을 거래라고 부르지 않는다. 그런데 재무회계에서는 재화의 변동이 발생했으므로 분명히 거래다. 신문 방송의 보도를 통해 이 사건을 접했다면 최종적으로 삼성전자의 기말 재무제표에도 영향을 미칠 것이라는 사실을 추론할 수 있어야 한다.

한편 상식적으로는 거래지만 재무회계에서는 거래로 인정하지 않는 경우도 있다. 삼성전자는 얼마 전 미국의 인텔과 수천억 달러어치의 로열티 관련 계약을 체결했다. 이는 일반인들의 상식으로는 거래지만 재무회계의 측면에서 보면 재화와 용역의 변동이 발생하지 않았으므로 거래가 아니다. 기업은 이 같은 거래를 일상적으로 수행한다. 삼성전자 같은 대기업은 하루에도 수천 건의 거래를 수행한다.

그런데 만약 기업이 거래를 수행하고 나서 이를 기록해두지 않으면 혼란에 빠질 것이다. 물건을 몇 개나 팔았고 얼마의 이윤을 남겼는지, 현금이 얼마나 남아 있는지 등을 파악할 수 없기 때문이다. 이 같은 필요에 따라 기업은 거래를 분개라는 형식을 통해 기록하게 된다.

분개(journal entries)

재무제표의 기원을 거슬러 올라가면 기원전 4세기 고대 메소포타미아 문명 시대의 상인들이 나온다. 이들은 보험에 관련된 업무를 수행하면서 거래가 발생하면 날짜와 내용을 시간 순서로 기록했다.

이렇게 연대기적으로 거래 날짜와 내용을 단순하게 기록한 것을 재무회계 용어로는 단식 부기(single-entry book keeping)라고 한다. 단식 부기는 지금도 우리 주변에서 흔히 사용된다. 동네 구멍가게 주인은 금액이 크지 않기 때문에 대학노트에 언제 얼마나 나오고 들어왔다고 적어놓는 것으로 충분하다.

그런데 중세 르네상스 시대에 들어와 국제적 규모의 상거래가 성행하고 거래 규모가 커지면서 사람들은 대충 언제 얼마가 들어오고 나갔다는 식으로 기록하는 방식이 불편하다는 사실을 깨닫고 좀더 나은 방식을 찾게 된다.

이 문제를 해결한 주인공이 르네상스 시대의 중심 국가였던 이탈리아의 베니스 상인들이었다(셰익스피어의《베니스 상인》에 나오는 바로 그 베니스 상인이다). 당시 이탈리아는 유럽의 르네상스를 주도하고 있었고, 특히 베니스 상인들은 유럽 각국과의 활발한 무역을 통해 부를 축적하고 있었다. 베니스 상인들은 보통의 상인들과 달리 무역을 하는 과정에서 발생하는 거래를 복식 부기(double-entry book keeping)라는 독특한 방식으로 기록했다.

이들의 복식 부기 방식을 눈여겨본 인물이 당시 이탈리아의 수도사이자 수학자이던 루카 파치올리(Luca Pacioli)였다. 파치올리는 1494년 베니스 상인들이 사용하던 복식 부기 방식을 《산술, 기하, 비례에 관한 모든 것》이라는 책을 통해 소개함으로써 세상에 알리게 된다.

이 책 덕분에 루카 파치올리는 복식 부기를 창안하지 않았음에도 지금까지 '회계의 아버지'로 추앙받고 있다. 혹자는 복식 부기를 인류 역사상 가장 위대한 발명품의 하나로까지 평가하고 있다. 복식 부기 덕분에 자본주의가 가능했고 인류가 풍요로운 삶을 누리게 됐다는 것이다.

루카 파치올리(Luca Pacioli, 1445~1510년)
이탈리아의 수학자로 그가 1494년에 지은 《산술, 기하, 비례에 관한 모든 것》은 유럽 전역에 복식 부기를 확산시키며 주식회사 출범과 근대적 자본의 축적을 이끌었다.

도대체 복식 부기가 얼마나 유용하기에 인류의 위대한 발명품으로까지 추앙받는 걸까.

예를 들어 보자. 홍길동 씨가 서울 용산에 컴퓨터 회사를 차려서 다음과 같은 거래를 했다.

- 9월 1일 : 홍길동 씨가 자신의 컴퓨터 회사에 현금 500만 원을 출자하다.
- 9월 8일 : 판매를 목적으로 컴퓨터를 70만 원에 외상으로 매입하다.

- 9월 15일 : 종업원에게 월급 100만 원을 현금으로 지급하다.
- 9월 17일 : 9월 8일에 매입한 컴퓨터를 고객에게 현금 110만 원을 받고 판매하다.

홍길동 씨의 거래를 복식 부기의 원리에 따라 분개장에 기록하면 다음과 같다.

	차변		대변	
9월 1일	현금	5,000,000	자본금	5,000,000
9월 8일	상품	700,000	외상매입금	700,000
9월 15일	급여	1,000,000	현금	1,000,000
9월 17일	현금	1,100,000	매출	1,100,000
	매출원가	700,000	상품	700,000
합계		8,500,000		8,500,000

| 홍길동 씨 컴퓨터 회사의 분개(단위 : 원)

분개장을 살펴보니 거래 내역이 차변(debit, 借邊)과 대변(credit, 貸邊)으로 나눠 기록돼 있다. 이렇게 거래가 두 쪽으로 나눠 기록된다는 점이 복식 부기의 가장 큰 특징이다. 복식이라는 용어도 여기에서 유리했다.

여기서 차변은 장부의 왼쪽을 말하고 대변은 장부의 오른쪽을 말한다[1].

얼핏 별것 아닌 것처럼 보이는 이 방법이 어떤 장점을 갖고 있는 걸까.

첫째, 복식 부기로 기록하면 거래의 원인과 결과, 재산의 증감과 원인을 파악할 수 있다. 이를 복식 부기의 양면성의 원리라고 한다. 9월 1일자를 보면 홍길동 씨가 현금 500만 원을 출자한 사실이 분개장에 현금(자산)의 증가와 자본금(자본)의 증가로 나타나 있다. 이렇게 기록하니 현금 500만 원의 출처가 외부에서 빌려온 부채가 아니라 홍길동 씨의 호주머니에서 나온 자본금이라는 사실을 알 수 있다.

동네 구멍가게의 주인아저씨가 대학노트에 그냥 "현금 500만 원 들어왔음"이라고 써놓았다면 나중에 이게 부채였는지 자본금이었는지를 확인할 수 없었을 것이다. 마찬가지로 9월 8일에는 판매를 목적으로 컴퓨터를 매입했는데, 외상으로 결재했다는 것을 알 수 있다.

둘째, 복식 부기에는 자기 검증의 기능이 있다.

분개장의 맨 아래 칸을 보라. 차변의 합계액과 대변의 합계액이 850만원으로 똑같다. 이것은 우연의 일치가 아니라 복식 부기의 대차평균의 원리(principle of equilibrium, 貸借平均原理) 때문이다. 대차평균의 원리란 모든 거래는 동일 사실의 양면, 즉 대차 관계이므로 각 계정의 잔액 또는 합계액을 표시하였을 때 반드시 대차가 똑같아야 한다는 것을 말한다. 만약 대변과 차변

---

1. 르네상스 시대 이탈리아 베니스 상인들은 차변과 대변을 각각 Per, A라고 표시했다. 이후 Per와 A를 편하게 부르기 위해 사람을 부르는 것처럼 각각 차인(debter)과 대인(creditor)로 바꿔 부르게 됐고, 이것이 오늘날의 차변(debit)과 대변(credit)으로 자리 잡은 것이다. 차변과 대변을 줄여서 'Dr.'과 'Cr.'로 표시하기도 한다.

의 합계가 다르게 나왔다면 기장 과정에서 오류가 있었다는 뜻이다. 오류를 알면 수정할 수 있다. 결론적으로 복식 부기를 하면 거래의 원인과 결과, 재산의 증감과 원인을 파악할 수 있고 기장에 오류가 있는지도 체크할 수 있다. 단식 부기로는 절대 확인할 수 없는 것들이다. 얼마나 유용한가.

거래의 8요소

한편, 분개장을 살펴보니 현금, 상품, 자본금, 외상매입금, 매출, 매출원가 같은 용어들이 나오는데, 이를 계정 과목(account name)이라고 한다. 계정 과목은 대차대조표 혹은 손익계산서의 항목들을 구성하게 된다. 예를 들면 현금은 대차대조표의 자산 항목에, 자본금은 대차대조표의 자본 항목에, 급여는 손익계산서의 비용 항목에 속한다. 홍길동 씨의 컴퓨터 회사의 거래를 자산, 부채, 자본, 비용, 수익의 관점에서 분류하면 다음과 같이 된다.

	차 변	대 변
9월 1일	자산의 증가(현금 5,000,000)	자본의 증가(자본금 5,000,000)
9월 8일	자산의 증가(상품 700,000)	부채의 증가(외상매입금 700,000)
9월 15일	비용의 발생(급여 1,000,000)	자산의 감소(현금 1,000,000)
9월 17일	자산의 증가(현금 1,100,000) 비용의 발생(매출원가 700,000)	수익의 발생(매출 1,100,000) 자산의 감소(상품 700,000)

| 홍길동 씨의 컴퓨터 회사 거래 분류

거래들이 제법 복잡해 보이지만 실은 자산, 부채, 자본, 비용, 수익이 늘거나, 줄거나, 발생했거나로 분류될 수 있음을 알 수 있다. 회계에서는 이를 거래 요소라고 하며, 거래요소에는 8가지가 있다. 이를 그 유명한 '거래의 8요소'라고 한다.

거래의 8요소를 그림으로 그려보면 다음과 같다. 이것은 너무나 중요한 개념이므로 머릿속에 확실하게 넣어둬야 한다. 거래의 8요소를 모른다면 재무제표를 안다고 말할 수 없다.

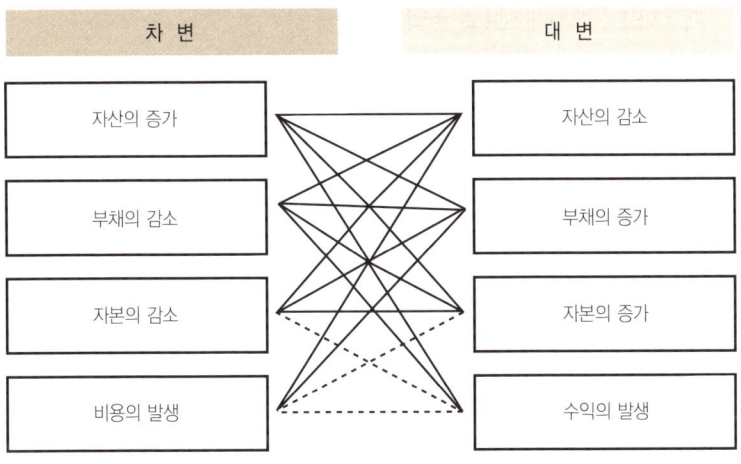

| 거래의 8요소

이 세상의 모든 거래는 위의 8가지 가운데 하나다. 위의 그림에서 실선과 점선이 있는데 점선 3가지(자본의 감소-수익의 발생, 비용의 발생-자본의 증가, 비용의 발생-수익의 발생)는 발생되는 경우가 매우 드물다. 결국 실선으로 표시된 13가지가 우리가 알아

야 하는 결합 형태다. 회계가 복잡하게 보이지만 실은 단순한 원리를 갖고 있다고 말하는 이유가 여기에 있다. 사족 하나. 초보자는 내가 지금 설명한 거래의 8요소가 쉽게 와닿지 않을 것이다. 자산, 부채, 자본, 비용, 수익의 개념이 아직 확실하게 와닿지 않기 때문이다. 회계는 이래서 어렵다. 재무회계를 자꾸 공부하다 보면 거래의 8요소가 뭐라는 게 느낌으로 다가올 때가 있다. 그때가 올 때까지 꾸준히 연습하는 수밖에 없다.

재무제표 : 대차대조표와 손익계산서

분개장이 있다면 곧바로 재무제표를 만들 수 있다. 기업 실무에서는 두 가지 사이에 총계정원장과 시산표의 단계가 있지만 여기서는 편의상 건너뛴다. 총계정원장과 시산표는 투자자 입장에서는 "이런 게 있다" 정도만 알아두면 된다.

오른 쪽 표는 기말(期末)에 홍길동 씨가 분개장의 거래 내역을 바탕으로 작성한 대차대조표와 손익계산서다.

대차대조표를 보니 홍길동 씨의 컴퓨터 회사는 자산 510만 원을 갖고 있고, 이것이 부채 70만 원과 자본 440만 원으로 구성돼 있음을 알 수 있다. 대차대조표는 특정 시점에 기업이 얼마의 자산을 갖고 있는데, 이 가운데 빚진 돈(부채)이 얼마이고 주주의 돈(자본)이 얼마인지를 알려주는 표다.

손익계산서를 보니 이 기간에 수익(매출액) 110만 원, 비용

	대차대조표				손익계산서		
	자산	부채	자본		수익	비용	이익(손실)
			기타	이익잉여금			
9월 1일	5,000,000		5,000,000				
9월 8일	700,000	700,000					
9월 15일	(1,000,000)		(1,000,000)				
9월 17일	1,100,000				1,100,000	1,000,000	(600,000)
	(700,000)		400,000			700,000	
	5,100,000		5,100,000		(600,000)		(600,000)

| 홍길동 씨 컴퓨터 회사의 대차대조표와 손익계산서
★ 괄호 안 숫자는 마이너스

170만 원이어서 당기순손실이 60만 원임을 알 수 있다(수익-비용=이익 혹은 손실이다. 110만 원-170만 원=-60만 원). 손익계산서는 기업이 회계 기간(대개 1년이다)에 얼마나 많은 회계상의 이익이나 손실을 냈는지를 알려주는 표다. 이게 실은 재무회계의 전부라고 해도 과언이 아니다. 거래에서 시작한 기업의 활동은 분개, 거래의 8요소를 거쳐 재무제표로 완성된다. 수년에 걸쳐 공부하게 되는 재무회계의 과정을 한눈에 들여다본 것이다.

우리나라의 거래소와 코스닥에서 거래되고 있는 모든 기업들은 이 과정을 거쳐 재무제표를 작성한다. 삼성전자나 포스코 같은 대기업은 거래의 횟수가 많고 액수가 크기 때문에 대차대조표와 손익계산서를 작성하는 과정이 복잡할 뿐이다. 작성 원리는 홍길동 씨의 컴퓨터 회사와 똑같다. 투자자들은 재무제표를 보고 이 회사가 어떤 유형의 자산을 갖고 있는지, 수익을 내고 있는지, 수익의 질은 괜찮은지를 파악할 수 있어야 한다. 이게 바로 기업 분석이다. 기업 분석이 생각하는 것만큼 어렵지는 않다는 사실을 알 수 있다.

| 잠깐! |
총계정원장과 시산표

총계정원장(總計定元帳, general ledger)

분개장이 날짜 순서대로 기록되는 장부인데 비해, 총계정원장은 계정 과목(account name)별로 정리되는 장부다. 총계정원장은 계정 과목별로 정리되기 때문에 각각의 계정과목의 과부족을 파악할 수 있는 자료가 된다. 총계정원장은 분개장과 마찬가지로 매일의 거래에 대하여 작성된다.

현금	
5/1　7,500	
5/15	100
5/17　　40	

자본금	
5/1	7,500

외상매입금	
5/8	2,500

| 총계정원장(단위 : 만 원)

시산표(試算表, trial balance)

총계정원장에 오류가 있는지를 검증하기 위해 만드는 일종의 수학적 검산표가 시산표다. 시산표 가운데 가장 널리 이용되는 합계잔액시산표(合計殘額試算表, compound trial balance)는 각 계정 과목의 금액을 한 표에 대조, 집계한 것으로 차변 금액과 대변 금액이 일치되고, 대차가 균형이 되면 총계정원장의 각 계정이 정확하다고 본다.

자산	부채
	자본
비용	수익
합계액	합계액

| 시산표 원리(차변의 합계액과 대변의 합계액은 일치해야 함)

삼성전자 재무제표도
알고 보면 단순하다

002

재무제표의 원리를 살펴봤으니 이번에는 우리나라의 대표 기업이라고 할 만한 삼성전자의 재무제표를 통해 다시 한 번 정리해보자. 삼성전자의 재무제표라고 해서 어렵게 생각할 필요가 없다. 액수만 클 뿐이지 원리는 앞서 말한 홍길동 씨의 컴퓨터 회사와 같다.

대차대조표(B/S, balance sheet)
먼저 삼성전자의 2005년 대차대조표다[2].

| 2005년 삼성전자 대차대조표(단위 : 억 원)

    2005년 12월 31일 현재 삼성전자는 50조 5,388억 원의 자산을 갖고 있다. 회계에서는 이를 자산총계(total asset)라고 표기한다. 자산총계는 유동자산(current asset)과 비유동자산(non current asset)의 두 가지로 나뉜다. 비유동자산은 2007년 이전에는 고정자산으로 불렸다. 두 가지를 구분하는 기준은 1년이다. 1년 이내에 현금화할 수 있으면 유동자산이고, 1년이 지나야 현금화할 수 있으면 비유동자산이다. 삼성전자는 50조 5,388억 원의 자산총계 가운데 유

  2. 대차대조표는 일정한 형식에 따라 기재된다. 맨 먼저 삼성전자라는 기업명이 기재되고, 그 아래에 대차대조표라는 명칭이 나온다. 그 아래에 나오는 제37기라는 용어는 이 회사가 사업을 시작한 지가 37년째라는 뜻이다. 기업의 업력(業力)이 30년이 넘었다면 해당 기업의 대차대조표의 유형자산 항목들을 살펴볼 필요가 있다. 왜냐하면 이렇게 오랜 역사를 가진 기업은 땅이라든가, 건물이라든가 하는 유형자산의 재무제표상의 가치와 시가와의 차이가 많이 벌어져 있을 가능성이 높기 때문이다.

동자산이 14조 2,233억 원, 비유동자산이 36조 3,155억 원이다.

삼성전자는 자산총계를 어떤 방법으로 마련했을까. 삼성전자는 자산총계 50조 5,388억 원 가운데 10조 8,821억 원은 부채로 조달했고, 나머지 39조 6,567억 원은 자본으로 마련했다. 다른 조달 방법은 없다. 기업이 자산을 외부에서 부채로 조달하거나, 주주들의 자본으로 조달하거나 둘 가운데 하나임을 알 수 있다.

부채는 다시 유동부채와 비유동부채로 나뉜다. 비유동부채는 2007년까지 고정부채로 표기됐다. 유동부채와 비유동부채의 기준도 1년이다. 다시 말해 1년 이내에 갚아야 하는 부채는 유동부채이고, 1년이 지나서 갚아야 하는 부채는 비유동부채로 분류된다.

여기까지가 대차대조표에 나온 가공되지 않은 자료(raw material)다. 이 자료는 누구에게나 공평하게 제공된다. 워렌 버핏이든, 이 책을 읽는 당신이든 공평하게 똑같은 자료가 제공된다는 뜻이다. 이제 이들 자료를 어떻게 해석하고, 어느 항목을 주목해야 하는가의 문제가 생긴다. 이를 지표 분석이라고 한다. 워렌 버핏처럼 뛰어난 투자가는 이 같은 가공되지 않은 자료를 바탕으로 여러 지표를 검토해 삼성전자의 기업 가치를 꿰뚫어볼 테고, 평범한 투자가는 아무것도 발견하지 못하거나 기업 가치를 잘못 판단할 것이다.

흔히 행해지는 지표 분석은 다음과 같다.

우선, 유동자산을 유동부채로 나눈 값을 유동비율[3]이라고 한다. 계산해보니 170.4퍼센트가 나온다. 이는 1년 내에 현금화할 수 있는 자산(유동자산)이 1년 내에 갚아야 하는 부채(유동부채) 보다 1.7배나 많다는 뜻이다. 삼성전자는 유동성 부족으로 부채를 상환하지 못하게 될 리스크가 크지 않다고 해석할 수 있다.

다음으로, 부채총계를 자본총계로 나누면 부채비율[4] 27.4퍼센트가 나온다. 이는 삼성전자의 부채총계가 자본총계의 27.4퍼센트에 불과하다는 것을 의미한다. 요즘 금융감독원은 우리나라의 기업들에게 부채비율을 200퍼센트 이하로 낮출 것을 강력하게 요구하고 있는데 삼성전자는 27.4퍼센트니까 아주 낮은 수치다. 부채가 적으니 이자 비용이 적어서 이익을 내기에 유리할 테고 주주의 이익을 높일 수 있다고 추론할 수 있다.

가치투자자들의 관심사인 안전마진(margin of safety)도 계산해볼 수 있다.

네이버 증권 등에 들어가면 삼성전자의 요즘 시가총액(market capitalization)이 85조 7,280억 원이라고 나와 있는데, 이는 이 회사 주가 58만 2,000원에 발행주식 수 1억 4,729만 9,000주를 곱한 값이다. 한편 순유동자산이란 유동자산에서 유동부채를 뺀 값이므로 삼성전자의 순유동자산은 5조 8,781억 원이다 (142.233−83.452=58.781). 삼성전자의 시가총액 82조 7,280억 원은 순유동자산 5조 8,781억 원의 3분의 2인 3조 9,187억 원을 훨씬 초과하므로, 삼성전자는 흔히 말하는 안전마진이 확보되지

---

3. 유동비율=유동자산/유동부채.
4. 부채비율=부채총계/자본총계.

않은 기업이다.

이런 식으로 계산하는 게 제대로 된 기업 분석법일까. 워렌 버핏이라면 삼성전자의 재무제표를 접하고 어떤 식으로 접근할까.

정답은 워렌 버핏은 삼성전자의 재무제표를 읽는 일에 시간을 허비하지 않는다는 것이다. 삼성전자는 워렌 버핏의 인지 범위(circle of competence)의 바깥에 위치한 기업이다. 인지 범위의 바깥에 위치한 기업에 시간을 허비하지 않는 것도 성공하는 투자자가 되기 위해 갖춰야 할 조건이다. 이 부분은 다음 장의 삼성전자 사례 분석에서 자세히 설명한다.

손익계산서(I/S, income statement)

이제는 삼성전자의 2006년 손익계산서다.

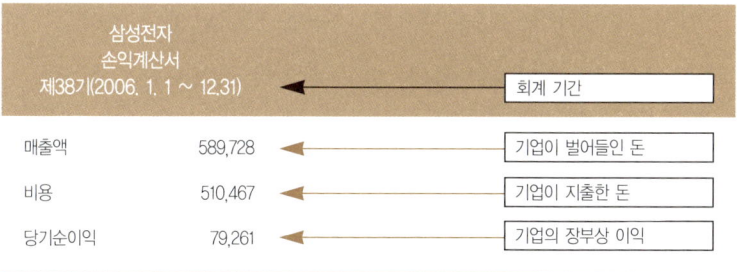

| 2006년 삼성전자 손익계산서(단위 : 억 원)

손익계산서는 기업이 회계기간 동안에 얼마의 매출을 올려서 얼마를 남겼는지 보여주는 표라고 앞서 설명했다.

손익계산서에 관한 한 기업 경영자나, 채권자나, 투자자나 관점이 동일하다. 다시 말해 기업 경영자건 채권자건 주주건 손익계산서를 통해 이 기업이 얼마를 팔았고 얼마나 남겼는지를 확인하면 되는 것이다. 대차대조표의 경우 읽는 사람이 기업 경영자냐, 채권자냐, 주주냐에 따라 접근 방법이 달라지는 것과 차이가 있다.

삼성전자가 얼마를 팔았고, 얼마를 남겼는지를 살펴보자.

이 회사는 2006년 한 해 동안에 58조 9,728억 원의 매출액을 기록했고 51조 467억 원의 비용을 지출했다. 매출액에서 비용을 빼니 7조 9,261억 원이 나왔다. 이 금액이 삼성전자가 2006년 한 해 동안에 벌어들인 수익(당기순이익)이다. 액수가 무려 8조 원에 육박하고 있다.

이 회사의 이익의 품질을 살펴보자.

먼저, 영업이익을 매출액으로 나누면 11.8퍼센트가 나오는데 이를 영업이익률이라고 한다. 한국 제조업체의 평균 영업이익률이 4~5퍼센트인 점을 감안하면 삼성전자의 영업이익률 11.8퍼센트는 매우 높은 수치다.

한편 손익계산서의 항목들끼리 혹은 대차대조표의 항목들끼리가 아니라 대차대조표의 항목과 손익계산서의 항목을 서로 비교할 수도 있다. 예를 들어 손익계산서에 나오는 항목인 당기순이익을 대차대조표에 있는 자본총계로 나누면 19.9퍼센트가 나온다[5]. 이를 자기자본이익률(ROE, return on equity)이라고 한다.

ROE는 기업이 주주의 돈(자본총계)으로 얼마를 벌었느냐(당기순이익)를 보여주는 지표라는 점에서 투자자에게 중요하다. 한국의 증권거래소 상장 기업의 평균 ROE가 14퍼센트를 오르내리는 것에 비하면 삼성전자의 ROE 19.9퍼센트는 꽤 높은 수치다.

영업이익률과 자기자본이익률은 주식투자자가 기업 분석을 할 때 항상 관심을 기울여야 한다. 영업이익률은 기업이 장사를 해서 얼마나 돈을 벌어들이는지를 보여주고, ROE는 기업이 주주의 이익을 얼마나 극대화하고 있느냐를 보여주기 때문이다. 이 밖에도 여러 가지 다른 지표를 생각해볼 수 있다.

예를 들어 당기순이익을 매출액으로 나누면 17.4퍼센트가 나오는데 이를 당기순이익률이라고 한다. 일반 제조업체의 당기순이익률이 3~4퍼센트 수준인 점을 고려하면 삼성전자의 당기순이익률은 매우 높은 수치다. 삼성전자가 비록 워렌 버핏의 인지 범위 바깥에 있지만 우량 회사라는 사실을 알 수 있다.

현금흐름표

현금흐름표는 앞서 홍길동 씨의 컴퓨터 회사의 사례에서는 등장하지 않았던 재무제표다. 갑자기 이게 어디에서 튀어 나왔을까. 현금흐름표를 이해하기 위해서는 재무제표의 작성 원칙인

---

5. ROE를 구하는 공식은 '당기순이익/{(기초 자본총계+기말 자본총계)/2)'으로 하는 게 정확하지만 여기서는 편의상 '당기순이익/기초 자기자본'으로 계산했다.

발생주의 회계(accrual accounting)를 이해해야 한다. 사실 발생주의 회계 원칙은 재무제표를 작성할 때에 반드시 필요하지만 이 때문에 발생하는 부작용이 적지 않다.

발생주의 회계란 기업이 실제 현금이 오가지 않더라도 비용과 수익에 해당하는 거래가 발생하면 이를 재무제표에 기록한다는 원칙을 말한다.

예를 들어 삼성전자가 미국의 전자 양판점 베스트바이에 100억 원어치의 노트북을 외상으로 판매했다면 삼성전자는 비록 현금이 들어오지는 않았지만 이 거래를 손익계산서에 매출로 기록한다. 왜냐하면 베스트바이는 장래의 약속한 기한에 삼성전자측에 대금을 지불할 것이기 때문이다.

삼성전자는 현금을 한 푼도 받지 않았는데도 손익계산서에는 매출액 100억 원이 기록되는 것이다. 그러고 보면 앞서 살펴본 삼성전자의 2006년 당기순이익 7조 9,260억 원은 현금 7조 9,260원은 아니라는 사실을 알 수 있다.

그렇다면 삼성전자가 2006년 12월 31일에 실제로 보유하고 있는 현금은 얼마인가.

이것을 알려주는 표가 바로 현금흐름표다. 오른 쪽의 표는 삼성전자의 2006년 현금흐름표다.

삼성전자가 2006년 12월 31일에 실제로 쥐고 있는 현금은 9,779억 원임을 알 수 있다. 손익계산서상의 당기순이익 7조 9,260억 원에 비하면 작은 액수지만 거의 1조 원에 가까운 현금

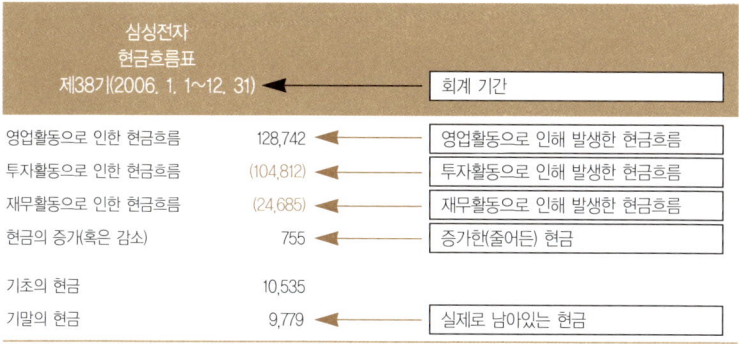

| 삼성전자 현금흐름표(단위 : 억 원)

 을 갖고 있으므로 현금유동성이 풍부하다고 말할 수 있다.

 현금의 종류는 영업활동으로 인한 현금흐름, 투자활동으로 인한 현금흐름, 재무활동으로 인한 현금흐름의 3가지로 구분돼 있다. 이는 현금을 성격에 따라 구분해놓은 것이다.

 영업활동으로 인한 현금흐름이 플러스이고, 투자활동으로 인한 현금흐름과 재무활동으로 인한 현금흐름이 각각 마이너스인데, 이 같은 플러스, 마이너스, 마이너스의 형태는 이 회사가 우량 기업임을 보여주는 징표다. 왜 그런지는 나중에 자세히 설명한다.

 현금흐름표는 손익계산서의 당기순이익을 기준으로 실제 현금이 오가지 않은 항목들을 더하고 빼는 방식으로 구한다. 이를 간접법(indirect method)이라고 한다. 간접법의 반대되는 방식으로 직접법이 있는데 한국의 기업들은 대부분 간접법을 채택하고 있다. 대차대조표와 손익계산서만 있으면 현금흐름표나 이익잉여금처분계산서 같은 나머지 재무제표를 만들 수 있다고 말한 배경이 이해가 됐을 것이다.

| 잠깐! |
발생주의 회계가 불러온
문제점과 기회요인

　발생주의 회계는 필요성을 인정받고 있지만 부작용과 문제점을 동시에 발생시킨다. 우선, 발생주의 회계는 분식회계(accounting fraud)의 가능성을 열어놓았다. 결산 시점을 앞두고 대규모 적자가 예상되는 기업은 감가상각비를 줄이려는 유혹에 빠지게 된다. 감가상각비는 비용에 해당하기 때문에 이것을 줄이면 이익은 늘어나게 된다('수익-비용(↓) = 이익(↑)'을 생각해보라. 감가상각비는 비용인데 이게 작아지면 이익이 늘어난다). 우리나라의 현행 기업회계 기준에 따르면 기업들은 합리적인 사유가 발생할 경우 감가상각 방법을 변경할 수 있다. 물론 감가상각 방법을 변경하는 것이 빈번하게 발생하는 것은 아니지만 만약 기업이 감가상각 방법을 바꾸었다면 일단 분식회계를 의심해봐야 하는 이유가 여기에 있다.

　감가상각비가 아닌 다른 방법으로도 재무제표상 이익을 늘릴 수 있다.

　예를 들어 기업이 외상 판매를 많이 하면 수익(매출)이 늘게 된다. 이 경우 비록 실제 현금은 들어오지 않았지만 수익에 해당하는 거래가 발생했기 때문에 재무제표에는 수익으로 기록된다(수익(↑)-비용 = 이익(↑)을 생각해보라. 외상매출금은 수익인데 수익이 늘어나면 이익도 덩달아 늘어난다).

다음으로, 발생주의 회계는 재무제표를 이해하기 어렵게 만든다. 발생주의 회계 원칙 때문에 이연(deferral), 배분(allocation), 상각(amortization), 실현(realization), 인식(recognition), 대응(matching) 같은 골치 아픈 개념들이 도입됐고, 회계재무 지식을 갖고 있지 않은 사람들에게는 재무제표가 장벽으로 다가오는 것이다. 주식투자자들이 재무제표를 읽기 위해서는 상당한 공부를 해야 한다. 그렇지만 이는 유용한 정보를 얻기 위한 투자라고 생각해야 한다. 투자 없이 소득이나 성과를 얻을 수는 없다.

대차대조표, 손익계산서, 현금흐름표로 우량 기업 찾기

003

- 앞서 설명했던 삼성전자의 대차대조표, 손익계산서, 현금흐름표의 관계를 정리해보자. 재무제표를 공부하는 사람들이 궁금해하고 어려워하는 부분이다. 이 관계를 완벽하게 이해해야 재무제표의 원리를 알고 있다고 할 수 있다.

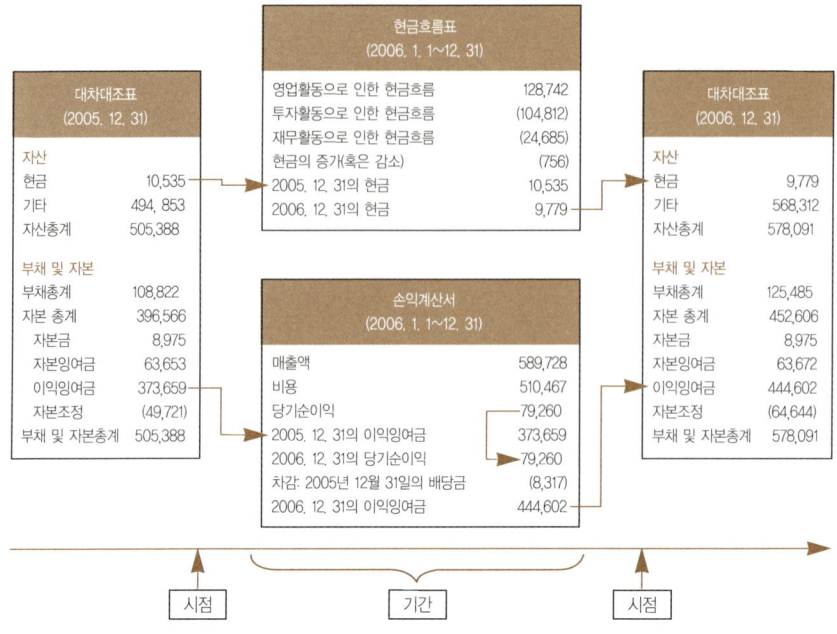

| 삼성전자 재무제표들 간의 관계(단위 : 억 원)

    기초(期初)의 대차대조표와 기말(期末)의 대차대조표, 손익계산서, 현금흐름표 등 4가지 재무제표는 서로 맞아떨어져야 하며, 회계학에서는 이를 맞추는 과정을 일치(articulation)라고 부른다.

    그림을 살펴보면 삼성전자는 기초 대차대조표(2005년 12월 31일의 대차대조표)에 나와 있는 자산을 활용해 손익계산서에 나와 있는 수익(당기순이익)을 창출했음을 알 수 있다. 이 당기순이익에서 일부는 주주에게 배당금으로 지급되고, 나머지가 차기 대차대조표의 이익잉여금으로 흘러간다는 사실을 알 수 있다(이것은 아주 중요한 개념이다!).

이렇게 되면 기말의 대차대조표는 기초의 대차대조표보다 자산 규모가 커지게 된다. 삼성전자는 이처럼 자산 규모가 커진 기말의 대조대조표를 활용해 다시 장사를 해서 다음 회계연도에는 더 많은 돈을 벌 수 있게 된다. 장사 밑천이 많으니 돈을 더 많이 벌 수 있는 것이다.

이게 바로 우량 기업의 재무제표의 모습이다. 우량기업의 재무제표는 전기 대차대조표를 통해 순이익이 창출되고, 이것이 다시 차기 대차대조표를 늘려주는 선순환의 고리를 형성하면서 기업 가치를 늘려가게 된다. 이를 그림으로 그려보면 다음과 같다(이 그림도 아주 중요하므로 항상 염두에 둬야 한다. 중요한 개념들이 계속 나오고 있다).

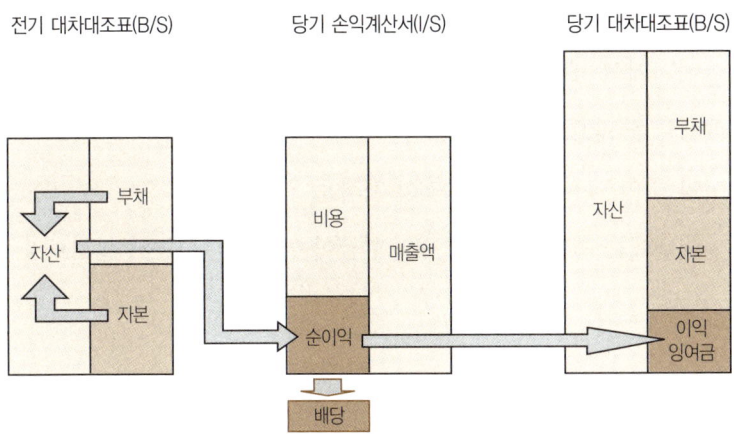

| 대차대조표(B/S)와 손익계산서(I/S)의 원리

그림에서 배당이 당기 손익계산서의 순이익에서 빠져나가는 것으로 설명했는데, 실은 당기 대차대조표의 이익잉여금에서 나가는 것으로 해야 정확하다. 그렇지만 편의상 그림처럼 이해해도 별다른 문제는 없다. 삼성전자의 기말 대차대조표의 이익잉여금 44조 4,602억 원이 어떻게 만들어졌는지 살펴보자. 앞의 그림을 염두에 두면 쉽게 이해할 수 있다.

당기순이익과 이익잉여금의 관계(삼성전자의 경우, 단위 : 억 원)

전기 대차대조표의 이익잉여금	373,659
+당기순이익	+79,260
−배당금	−8,317
=당기 대차대조표의 이익잉여금	=444,602

여기에서 배당금이란 전기 배당금을 말하며, 투자자(주주)가 배당금을 받으려면 12월 31일 이전까지 이 회사 주식을 갖고 있어야 하며, 3월에 주주의 주식 계좌로 입금된다.

이번에는 기말 대차대조표의 현금이 어떻게 나왔는지 살펴보자.

대차대조표와 현금흐름표의 관계(삼성전자의 경우, 단위 : 억 원)

전기 대차대조표의 현금	10,535
+당기 현금흐름표의 현금흐름의 증가(감소)	(756)
=당기 대차대조표의 현금	=9,779

이제 대차대조표, 손익계산서, 현금흐름표의 큰 그림이 이해 됐을 것이다. 다시 한 번 정리해보자. 기업 경영의 출발점은 기초 대차대조표다. 기업은 부채 혹은 자본을 끌어다 기초 대차대조표의 자산을 만든다. 기업은 기초 대차대조표의 자산을 활용해 손익계산서의 수익(당기순이익)을 창출한다. 당기순이익은 기말 대차대조표의 자본으로 편입되며 일부는 배당금 지급에 사용된다. 그러면 기말 대차대조표의 자산은 커지게 되고, 기업은 늘어난 자산으로 더 많은 순이익을 창출한다. 이게 흑자 기업의 비즈니스 사이클이다. 반면 적자 기업의 비즈니스 사이클은 다른 형태를 띠게 된다. 이런 기업은 자산을 제대로 활용하지 못해 적자(당기순손실)가 발생하게 되고, 이는 자본 감소를 초래한다. 자본이 줄어들었다는 것은 자산이 줄었음을 의미한다.

이 경우 기업은 자산을 확보하기 위해 부채를 늘려야 하는데, 이는 (이자) 비용을 발생시키기 때문에 적자폭을 늘리게 된다. 그러면 기업은 다시 부채를 늘려야 하는 악순환 끝에 결국 부도를 맞게 된다. 이익을 내지 못하는 기업은 결국 살아남을 수 없다는 사실을 알 수 있다.

| 잠깐! |
이익잉여금처분계산서, 자본변동표, 주석

기업의 재무제표에는 대차대조표, 손익계산서, 현금흐름표 말고도 몇 가지가 더 있다.

이익잉여금처분계산서(statement of appropriation of retained earnings)는 기업이 창출한 이익잉여금을 어디에 사용했는지, 배당을 어떻게 지급했는지를 보여주는 표다.

자본변동표(statement of stockholder's equity)는 자본의 크기와 그 변동에 관한 정보를 제공하는 재무제표다. 자본을 구성하고 있는 자본금, 자본잉여금, 자본조정, 기타 포괄손익누계액(이익잉여금 또는 결손금)의 변동에 관한 포괄적인 정보를 제공한다. 주석(footnotes)은 다음과 같은 사항을 포함한다.

1. 재무제표 작성기준 및 중요한 거래와 회계사건의 처리에 적용한 회계정책. 기업회계 기준에서 주석 공시를 요구하는 사항.
2. 대차대조표, 손익계산서, 이익잉여금처분계산서(또는 결손금 처리계산서), 현금흐름표 및 자본변동표의 본문에 표시되지 않은 사항으로서 재무제표를 이해하는 데 필요한 추가 정보.

주석은 경영자가 공시를 원하지 않는 불리한 정보가 남겨 있는 곳이다. 한국 기업의 사업보고서에 기재되는 주석은 부실한 편이다. 경영에 문제가 있는 기업들은 전문가들만이 발견할 수 있도록 정보를 주석에 숨기는 경향이 있다. 주식투자자라면 재무제표에 나타나는 숫자 못지않게 주석에 무슨 내용이 담겨 있는지를 꼼꼼히 체크해야 할 필요가 있다.

| 사례연구 ❶ |
삼성전자

　우리나라 국민 가운데 삼성전자를 모르는 사람이 있을까. 그렇지만 정작 삼성전자를 제대로 아는 사람은 과연 몇이나 될까. 삼성전자를 출입하면서 나는 이런 엉뚱한 질문을 스스로에게 던지곤 했다. 한국의 증권업계에는 1,000여 명의 애널리스트가 있고, 이 가운데 삼성전자만 분석하는 애널리스트가 수십 명이다. 수십 명의 전문 애널리스트들이 삼성전자의 일거수일투족을 주목하고 있는 것이다.

　그뿐인가. 서울 태평로의 삼성전자 기자실에 들러보면 이 회사를 출입하는 기자가 이렇게 많다는 사실에 깜짝 놀랄 것이다. 나 역시 삼성전자를 출입하면서 임직원들을 만나고 기사를 썼다. 언뜻 삼성전자는 모든 게 낱낱이 드러나 있는 기업처럼 보인다. 그런데 솔직히 삼성전자를 제대로 아는 사람이 과연 얼마나 될지 의문이다. 이상하게 들리겠지만 사실이다. 이유는 다음과 같다.

　우선, 삼성전자는 단일 기업이 아니라 반도체, LCD, 정보통신, 디지털미디어, 소프트웨어 기술 등 5개 사업 부문을 거느린 그룹으로 보는 게 정확하다.

　이 회사의 부회장이 일반 그룹의 회장 역할을 수행하고 있고,

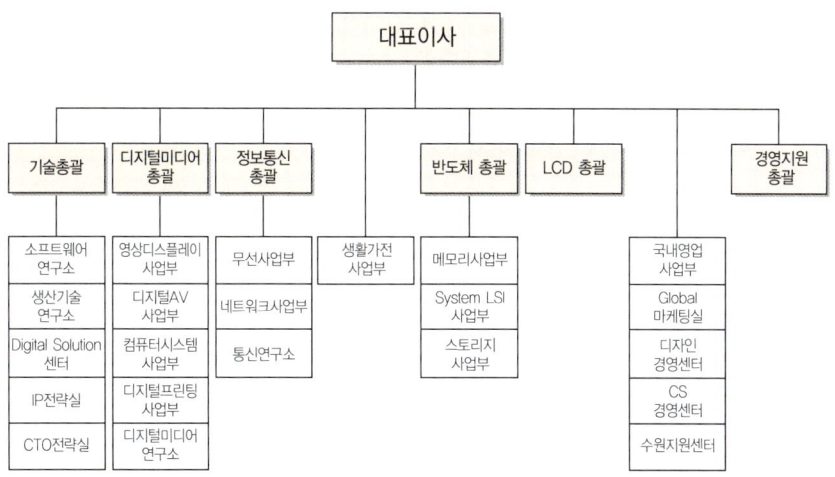

| 삼성전자 조직도

산하 5개 사업 부문에는 총괄 사장으로 불리는 전담 사장이 있다. 총괄 사장은 삼성그룹 내 계열사의 사장과 똑같은 지위와 권한을 갖고 있다. 이들은 해외 무대에서 삼성그룹의 계열사 사장과 똑같은 대우를 받는다.

이들 5개 사업 부문에서 생산해내는 제품으로는 D-RAM, S-RAM, 휴대전화, TV, 냉장고, 에어컨, 세탁기, 모니터, 프린터 등 대충 손으로 꼽아도 10가지가 넘는다. 결국 삼성전자라는 기업을 분석하기 위해서는 5개 사업 부문에 모두 정통해야 하고, 각각의 개별 제품의 특성과 소비자 니즈 등을 파악할 수 있어야 한다는 뜻이다.

이게 얼마나 어려운 일인지 알기 쉽게 설명해보겠다. 다음은 그간 내가 삼성전자에 관해 썼던 기사에서 발췌한 단어들이다.

MCP(multi chip package), XHT(expandable home theater), NGN(next generation network), CTF(charge trap flash), All-IP(all internet protocol), DSC(disk still camera), HSDPA(high speed downlink packet access), C-MOS(complementary-metal oxide semi-conductor)

독자 여러분들은 이 용어들이 무슨 뜻인지 이해하겠는가. 고백하건대 나는 이 용어들 가운데 절반 정도는 확실하게 이해하지 못한 상태에서 썼다. 담당 기자가 이 정도라면 일반 투자자들은 더 알기 어려울 것이다. 우리나라에서 이런 용어들을 완벽하게 이해하고 있는 사람은 손으로 꼽을 정도일 것이다.

주식투자에서 성공하는 비결은 리스크를 얼마나 줄이느냐에 달려 있다. 리스크는 어디에서 발생하는가. 바로 내가 알지 못하는 곳에서 발생한다. 기업 분석을 하면서 내가 모르는 단어가 많다는 것은 그만큼 리스크가 높다는 뜻이다.

워렌 버핏은 이것을 '인지 범위(circle of competence)'라는 개념으로 설명하고 있다. 인지 범위란 내가 잘 알고 있는 범위를 말한다. 워렌 버핏은 투자에 성공하기 위해서는 인지 범위 내에서 머무르는 게 중요하다고 강조한다. 원(circle)의 크기는 중요하지 않으며 내가 하려는 일이 원의 바깥에 있냐 그렇지 않냐를 아는 게 중요하다는 것이다.

다음은 그가 1998년 버크셔 해서웨이 주주미팅에서 했던 말이다.

"나는 다른 사람이 우위에 있는 게임에서 경기를 하고 싶지 않다. 내가 내년 한 해 동안 하루 종일 기술에 대해서 연구한다고 한들 미국에서 기술 비즈니스를 잘 아는 전문가 집단에서 100등은커녕 1,000등도 하지 못할 것이다. 이게 바로 내가 넘지 못하는 8피트 장애물이다. 이런 장애물이 날아온다면 찰리와 나는 스윙을 치는 게 낫다. 사람은 누구나 자신이 잘 이해하는 비즈니스가 따로 있다. 중요한 것은 당신이 어느 비즈니스를 더 잘 아는지를 알고 있는 것이며 당신의 인지 범위 안에 있는 게 무언지를 아는 것이다."

이 점에서 삼성전자는 개인투자자가 가까이 하기에는 쉽지 않은 기업이다. 이 회사는 개인투자자의 인지 범위를 벗어나 있다.

생각해보라. 당신은 담당 업체가 정해진 애널리스트도 아니고, 특정 업체만 출입해야 하는 기자도 아니다. 당신은 아무 기업이나 골라 분석할 수 있는 강점을 갖고 있다. 한국의 주식시장에는 삼성전자에 맞먹는 시가총액을 갖고 있으면서도 단순한 비즈니스 모델을 가진 기업이 상당하다. 예를 들어 포스코는 해외에서 철광석을 수입해 철이라는 딱 한 가지 제품만 생산해내고 있다. 포스코는 철강 산업 한 가지만 분석하면 된다. 삼성전자를 분석할 시간이라면 포스코 같은 기업 5개를 분석할 수 있는 것이다. 이게 바로 워렌 버핏이 포스코 주식에 관심을 갖게 된 이

유다.

워렌 버핏은 단순한 비즈니스를 가진 기업을 좋아한다. 코카콜라는 콜라만 생산하고, 안호이저 부시는 맥주만 생산한다. USG는 석고 보드만 생산하고, 시즈캔디는 캔디만 만든다.

예외도 있지 않느냐고 반문할지도 모르겠다. 예를 들면 워렌 버핏은 수만 가지 제품을 판매하는 월마트 주식을 보유하고 있지 않느냐는 것이다. 이는 비즈니스의 원리를 제대로 이해하지 못하는 데서 비롯되는 오해다. 월마트 스토어는 수만 가지의 제품을 팔지만, 실은 싸게 매입해 적당한 이윤을 붙여 판매하는 단순한 비즈니스 모델을 갖고 있다. 제품을 몇 종류를 판매하느냐는 중요하지 않다.

개인 투자자라면 삼성전자 대신에 단순한 비즈니스 모델을 가진 기업을 찾아 분석하는 게 훨씬 효과적이다. 이것이 개인 투자자의 강점이다. 물론 삼성전자를 제법 그럴듯해 보이도록 분석할 수도 있을 테지만 그렇다고 해서 삼성전자가 갖고 있는 본질적인 리스크를 피할 수 있는 것은 아니다.

2008년 1월의 시점에서 굳이 삼성전자를 분석하라면 나는 이 회사 주식이 저평가돼 있다고 본다. 왜냐하면 요즘 삼성전자의 시가총액 90조 3,000억 원은 경쟁 기업인 LG전자의 시가총액 13조 5,000억 원의 6.7배인데, 두 회사의 시가총액의 역사적 추이를 살펴보면 이렇게 격차가 줄어들었던 시기가 없었기 때문이다. 나는 시가총액 기준으로 삼성전자가 LG전자의 9배 이상은 돼야 적당하다고 생각한다.

시가총액은 이것저것 분석하기 골치 아플 경우 두 기업의 상대적인 저평가 여부를 비교해볼 수 있는 편리한 지표다. 삼성전자는 단기적인 부침은 있겠지만 넓게 보면 확실히 뛰어난 기업이다. IT기업의 성패를 좌우하는 변수는 경영 능력, 인적 자본 같은 무형자산인데, 삼성전자는 이 점에서 세계 최고 수준의 무형자산을 보유하고 있기 때문이다.

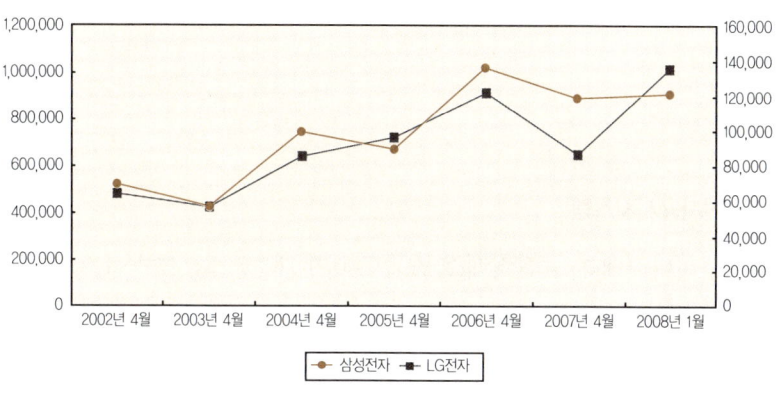

| 삼성전자와 LG전자의 시가총액 비교(2002년~2006년, 단위 : 억 원)
★ 왼쪽 숫자는 삼성전자, 오른쪽 숫자는 LG전자

무형가치가 중요한 기업의 경우 재무제표 분석은 별다른 의미가 없다. 삼성전자에 대한 투자에서 성공을 거둔 투자자들은 이 회사의 무형가치를 믿고 주가가 오르건 내리건 장기 보유하고 있었던 사람들이었다. 자주 사고 팔았던 투자자들은 재미를 못 봤다.

가치투자의 산실 전자공시시스템

004

● **전자공시시스템**

우리나라에는 증권거래소 종목 700여 개, 코스닥 종목 1,000여 개를 합쳐 모두 1,700개가량의 주식이 거래되고 있다. 우리나라보다 인구가 6배 많은 미국의 증시 거래 종목이 우리나라 거래종목의 약 6배인 1만여 개인 것을 감안하면 인구에 대비해 많지도, 적지 않은 숫자다.

이들 기업들은 3개월에 한 번씩 분기 보고서를 제출해야 하고, 6개월에 한 번씩 반기 보고서를, 1년에 한 번씩 연간 사업보고서를 제출해야 한다.

이런 보고서들을 찾아볼 수 있는 곳이 1999년 서비스를 시작한 전자공시시스템(http://dart.fss.or.kr)이다. 전자공시시스템은 한국의 가치투자를 확산시키는 데 결정적인 기여를 했다. 이 사이트에는 기업 공개 종목 1,700곳 말고도 자산 규모 70억 원 이상인 비상장 기업의 재무제표도 검색할 수 있다.

사업보고서와 반기, 분기 보고서가 발표되는 시기가 되면 기업체나 증권사를 출입하는 기자들은 바빠진다. 이를 어닝 시즌(earning season)이라고 한다. 물론 이 가운데 가장 중요한 것은 해마다 3월에 발표되는 연간 사업보고서다.

분 기	1분기(1~3월)	2분기(4~6월)	3분기(7~9월)	4분기(10~12월)	연간(1~12월)
어닝 시즌	3.31~5.15	6.30~8.15	9.30~11.15	12.31~2.15	1.1~3.31
발표 보고서	분기 보고서	반기 보고서	분기 보고서	분기 보고서	사업보고서

| 어닝 시즌(12월 결산 법인 기준)

증권사나 애널리스트들은 어닝 시즌에 앞서 기업의 실적을 예측하는데, 기업의 실적이 예측을 웃돌 경우 어닝 서프라이즈(earning surprise)라고 하고, 예측을 훨씬 밑돌 경우 어닝 쇼크(earning shock)라고 한다. 가치투자자는 어닝 서프라이즈 못지않게 어닝 쇼크를 눈여겨봐야 한다. 내재가치가 뛰어난 기업이 일시적인 이유로 시장의 기대를 밑도는 실적을 내면 주가가 떨어지는 경우가 있기 때문이다.

사업보고서

상장 법인과 코스닥 법인은 물론이고 전환사채(CB, convertible

bond), 무보증사채, 신주인수권부사채(BW, bond with warrents) 등 유가증권 발행법인 등은 사업보고서를 제출해야 한다. 사업보고서에 실리는 재무제표는 대차대조표, 손익계산서, 현금흐름표, 이익잉여금처분계산서(혹은 결손금처리계산서), 자본변동표, 주석이다.

사업보고서에는 기업의 경영 현황에 관련된 시시콜콜한 자료도 나와 있다. 예를 들어 지배구조 및 관계회사 현황, 기업의 이 회사 임원의 보수나 노조 전임자 수 등을 알 수 있다. 우리나라 기업들은 회계연도가 대부분 1월 1일~12월 31일이고, 사업보고서 제출마감 시한은 3월 31일이다.

감사 보고서

감사 보고서는 기업의 사업보고서를 회계법인이 감사한 내용을 담고 있다. 우리나라에서는 삼일, 딜로이트안진, 삼정, 한영 회계법인이 4대 회계법인이다. 최근 들어 금융감독원은 감사 보고서 내용에 오류가 발견될 경우 회계법인에 대해 책임을 묻는 편이어서 신뢰도가 높아지고 있다. 감사인은 감사 보고서에 다음의 4가지 의견 가운데 한 가지 의견을 표명하게 된다.

적정 의견	· 해당 기업 재무제표가 기업회계기준에 따라 적정하게 작성돼 신뢰할 수 있는 상태
한정 의견	· 기업회계 기준에 따르지 않은 몇 가지 사항이 있지만 해당 사항이 재무제표에 그다지 큰 영향을 미치지 않는 상태 · 기업 신용등급에 악영향, 감사범위 제한으로 인한 한정의견의 경우 관리 종목 지정
부적정 의견	· 기업회계 기준에 위배되는 사항이 재무제표에 중대한 영향을 미쳐 기업 경영상태가 전체적으로 왜곡돼 있는 상태 · 거래 정지 및 조회 공시, 이후 상장(등록) 폐지
의견 거절	· 기업의 존립에 의문을 제기할 만한 객관적인 사항이 중대하거나 감사인이 독립적인 감사업무를 수행할 수 없는 상태 · 거래 정지 및 조회 공시, 이후 상장(등록) 폐지

| 감사의견의 유형

부적정 의견과 의견 거절을 받은 기업은 곧바로 거래 정지 및 조회 공시에 들어가고, 조회 공시의 내용이 사실일 경우 상장(등록) 폐지 절차를 밟게 된다. 한정 의견을 받은 기업은 거래 정지나 조회 공시를 받지는 않지만, 금융기관으로부터 대출금 회수 압력을 받게 되고 신용등급이 떨어져 어려움을 겪게 된다. 감사 범위 제한으로 인한 한정 의견의 경우 관리종목으로 지정될 수 있다.

예를 들어 의견 거절의 경우 실제의 감사 보고서에는 "본 감사인은 위 문단에서 기술한 사항이 상기 재무제표에 미치는 영향의 중요성 때문에 동 재무제표에 대한 의견을 표명하지 아니 합니다"라는 식으로 기재된다.

반기, 분기 보고서

반기, 분기 보고서를 제출해야 하는 기업의 범위는 앞서 말한

사업보고서를 제출해야 하는 기업의 범위와 같다. 상장 법인과 코스닥 법인은 물론이고 전환사채 등 유가증권 발행법인 등은 사업보고서를 제출해야 한다. 5월 15일(반기 보고서), 8월 15일(분기 보고서), 11월 15일(반기 보고서)이 제출마감 시한이다.

기타

정기주주총회 결과, 기업설명회(IR) 개최, 조회공시 요구, 주요 경영사항 등 관련 내용 등이 수시로 올라온다.

에드거

우리나라의 전자공시시스템은 미국의 연방증권감독위원회(SEC)가 운영하는 전자공시 사이트 에드거(Edgar)를 벤치마킹한 것이다. 글로벌 시대가 개막되면서 한국의 투자자들도 이 사이트를 즐겨 찾고 있다. 에드거에 들어가면 미국 주식시장에서 거래되고 있는 모든 공개 기업(public company)의 재무제표를 얻을 수 있다.

에드거의 기업 서치로 곧바로 가는 인터넷 주소는 다음과 같다.

➜ http://www.sec.gov/edgar/searchedgar/companysearch.html

이 주소를 치면 다음과 같은 화면이 나타난다.

에드거에서 찾을 수 있는 기업 재무제표 자료는 다음과 같다.

| 에드거의 기업 서치

10-K(연례 사업보고서)

그냥 "텐 케이"로 읽는다. 우리의 사업보고서에 해당하며 전문 투자자들이 즐겨 찾는 재무제표다. 미국의 모든 공개 기업은 회계연도 마감 90일 전까지(대개 3월 30일 전까지) 10-K를 에드거에 제출해야 한다. 10-K는 우리의 사업보고서에 비해 내용이 훨씬 상세하다. 예를 들어 우리의 사업보고서에는 없는 경영진 회의록(MD&A)이 포함돼 있다. 10-K는 분량이 200~300페이지에 달해서 어지간해서는 읽을 엄두가 나지 않는데, 워렌 버핏은 10-K를 읽는 게 취미다.

| 테스코의 애뉴얼 리포트 표지

Annual report(약식 연례 사업보고서)

10-K가 분량이 너무 많다는 점을 감안해 만들어진 일종의 요약본이다. 애뉴얼 리포트는 에드거에는 공시되지 않으며, 미국의 기업들의 홈페이지에서 다운받을 수 있다. 일반 투자자들이 보기 편하도록 사진, 그림, 차트가 들어 있고 편집 디자인이 깔끔하고 화려하게 돼 있다. 옆의 사진은 영국계 할인점 테스코의 애뉴얼 리포트 표지다.

10-Q(분기 보고서)

미국 기업들이 분기별로 제출하는 보고서다. 분기가 끝난 후 45일 전까지 제출해야 한다. 10-K와 마찬가지로 대차대조표, 손익계산서, 현금흐름표, 주석, 경영진 회의록이 기록돼 있지만 포괄성이 떨어지고 보고서 내용에 대해 회계 감사를 받지 않는다는 특징이 있다.

Proxy statement(위임장 설명서)

주주들이 주주총회 같은 회의에서 투표권을 행사할 때 판단의 자료로 활용하는 데 필요한 정보를 담고 있다. 기업 경영진의 보수, 스톡 옵션, 회계 담당자의 변경 사항 등이 담겨 있다. DEF

14A라고도 한다.

8-K(수시 보고서)

대주주가 바뀌었다든가 대규모 증자를 했다든가 하는 임시적인 사건이 발생했을 때 제출해야 하는 문서다. 사건이 발생하고 나서 5일 내에 증권감독위원회에 제출해야 한다.

Form 144(내부자 거래 보고서)

회사의 내부 관계자(insider)가 주식을 사거나 팔았을 때 여기에 관련된 사항을 담은 문서다.

| 잠깐! |
알아두면 유용한 국내외 사이트

한국의 경제 관련 자료를 얻을 수 있는 사이트

- 통계청 www.nso.go.kr
- 한국은행 경제 통계 시스템 http://ecos.bok.or.kr
- 기획재정부 경제동향 뉴스 http://www.mofe.go.kr
- 한국개발연구원(KDI) 경제정책정보 서비스
  http://epic.kdi.re.kr
- 한국증권업협회 www.ksda.or.kr
- 중앙일보 제공 주요 경제지표
  http://biz.joongang.co.kr/market_index
- LG경제연구원 www.lgeri.com
- 삼성경제연구소 www.seri.org
- 대신경제연구소 www.deri.co.kr
- 대외경제정책연구원 www.kiep.go.kr
- 세계경제연구원 www.igenet.com
- 포스코경영연구소 www.posri.re.kr
- 한국경제연구원 www.keri.org

미국의 경제 동향과 기업 관련 자료를 얻을 수 있는 사이트

- 미국증권거래소 www.amex.com
- 뉴욕증권거래소 www.nyse.com
- 뉴욕상업거래소 www.nymex.com
- 후버스(Hoovers) www.hoovers.com
- 밸류라인(Value Line) www.valueline.com
- 야후 파이넌스(Yahoo Finance) finance.yahoo.com
- 모닝스타(Morningstar) www.morningstar.com
- 모틀리 풀(Motley Fool) www.fool.com
- 그래디언트(Gradient analytics) www.earningsquality.com
- 웨드부시(Wedbush Morgan Securities) www.wedbush.com
- 베어스턴스(Bear Stearns) www.bearstearns.com
- 로이터(Reuters) www.reuters.com

003

대차대조표로
사업의 건전성을 검증하라

대차대조표의 큰 그림을 그려라
현금이 많은 기업을 우선적으로 살펴라
유가증권이 풍부한 기업이 투자가치도 높다
주주의 눈을 속일 수 있는 유가증권
기업의 필요악, 매출채권
너무 많아도, 적어도 문제가 되는 재고자산
숨겨진 프리미엄, 유형자산과 부동산 가치
기업의 수익을 올리는 유형자산의 활용 찾기
감가상각 너머 기업의 진짜 수익 찾아내기
개발비 속에 숨어 있는 분식회계와 역분식회계

대차대조표의
큰 그림을 그려라

001

- 대차대조표는 기업이 활용할 수 있는 자산의 내역을 보여주는 표다. 다시 말해 대차대조표는 기업이 비즈니스를 위해 필요한 자산을 얼마나 많이 소유하고 있는지, 자산의 형태는 무엇인지, 이 가운데 얼마를 빚으로 충당했고 얼마를 주주의 돈으로 충당했는지를 보여주는 표이다. 한국회계기준원은 대차대조표를 "일정 시점 현재 기업이 보유하고 있는 경제적 자원인 자산과 경제적 의무인 부채, 그리고 자본에 대한 정보를 제공하는 재무보고서"라고 정의 내리고 있다.

대차대조표			
자산	asset	부채	liabilities
유동자산	current asset	유동부채	current liabilities
당좌자산	quick asset	비유동부채	longterm liabilities
재고자산	inventories	자본	shareholder's equity
비유동자산	non current asset	자본금	capital stock
투자자산	investments	자본잉여금	capital surplus
유형자산	PPE	자본조정	capital adjustment
무형자산	intangible asset	기타포괄손익누계액	
기타비유동자산	other non current asset	이익잉여금	retained earnings

| 대차대조표 형식

    대차대조표를 볼 때는 다음의 큰 그림을 유념해야 한다. 먼저, 왼쪽은 자산의 용도(use)다. 다시 말해 대차대조표의 왼쪽은 기업이 자산을 어떤 용도로 보유하고 있는지를 보여준다. 그것은 업무용 차량일 수도 있고, 현금일 수도 있고, 부동산일 수도 있고, 판매 직전의 상품일 수도 있다. 다음으로, 오른쪽은 자산의 출처(source)다. 다시 말해 대차대조표의 오른쪽은 자산 가운데 외부에서 끌어온 부채가 얼마인지, 주주에게서 출자받은 자본이 얼마인지를 보여준다.

    정리하면 대차대조표의 왼쪽과 오른쪽은 기업이 갖고 있는 자산을 관점을 달리해서 바라보고 있는 것이다. 그러므로 왼쪽 금액과 오른쪽의 금액은 같을 수밖에 없다. 너무나 당연한 이야기인데, 회계학에서는 이를 "대차평균의 원리(principle of equilibrium)"라고 말한다.

자산(asset)＝부채(liabilities)＋자본(equity)
자산의 용도＝자산의 출처

    이번 장에서는 차변(왼쪽)을 설명한다. 차변은 당좌자산, 재고자산, 투자자산, 유형자산, 무형자산, 기타비유동자산 등 6가지로 나뉜다. 이를 자산의 6대 유형이라고 하며 외우는 게 좋다. 맨 마지막의 기타비유동자산은 2007년에 새로 추가된 항목이다. 이 가운데 당좌자산과 재고자산은 1년 이내에 현금화할 수 있으므로 유동자산이라고 하고, 나머지 투자자산, 유형자산, 무형자산, 기타비유동자산은 1년이 지나야 현금화가 가능하므로 비유동자산이라고 한다.

    자산의 6대 유형은 아무렇게나 나열된 것이 아니고 유동성(liquidity) 배열법에 따라 순서대로 배열된 것이다. 유동성이란 얼마나 빨리 현금화가 가능하느냐는 것을 말하는데, 유동성이 높은 것을 위쪽에 표시하고 유동성이 낮은 것은 아래쪽에 표시하게 된다. 당좌자산은 유동성이 가장 높으므로 맨 위쪽에 놓이고 다음으로 재고자산, 투자자산 등의 순서가 된다.

    기업 분석을 제대로 하기 위해서는 자산의 6대 유형이 구체적으로 무엇을 의미하는지를 알고 있어야 한다. 예를 들어 당좌 자산은 "판매 과정을 거치지 않고 곧바로 현금화할 수 있는 자산"이고 현금및현금성자산, 예금, 유가증권, 받을어음, 미수금 등을 가리킨다. 자산의 6대 유형과 계정과목은 다음과 같다.

	정의 및 체크 포인트	대표 계정 과목
당좌자산 quick assets (유동자산)	· 판매 과정을 거치지 않고 곧바로 현금화할 수 있는 자산 · 매출채권(A/R, account receivable)의 현금 회수가 원활한가(collection)	현금및현금성자산(cash and cash equivalent), 단기금융상품(short term financial instrument), 단기매매증권(trading securities), 매출채권(trade receivable), 대손충당금(allowance for bad debts), 단기대여금(short-term loans), 미수금(non-trade receivables), 미수수익(accrued revenues), 선급금(prepaid payments), 선급비용(advance expenses)
재고자산 inventories (유동자산)	· 판매를 목적으로 보유하고 있는 자산 · 실제로 판매 가능한가(salability)	상품(merchandise), 제품(finished goods), 반제품(semi-finished goods), 재공품(work-in progress), 원재료(raw materials), 저장품(supplies), 부산물(by-products), 미착품(goods in transit)
투자자산 investment assets (비유동자산)	· 영업활동과 관련이 없이 장기적인 투자수익을 목적으로 취득한 자산 및 고정적인 성격을 지닌 자산 · 회수 가능한가(realization)	지분법적용투자주식(securities under equity method), 매도가능증권(available-for-sale securities), 장기금융상품(long-term financial instruments), 장기대여금(long-term loans), 현재가치할인차금, 투자부동산(investment in real estate), 이연법인세차(deferred income tax assets)
유형자산 PPE, property, plant, and equipments (비유동자산)	· 영업활동에 사용하기 위해 장기간 보유하는 실물 자산 · 진부화되지 않았는가(obsolescent)	토지(land), 건물(buildings), 구축물(structures), 기계장치(machinery), 선박(ships), 차량운반구(vehicles and transportation equipment), 비품(office equipment), 건설중인자산(construction in-progress)
무형자산 intangible assets (비유동자산)	· 영업활동 과정에서 장기에 걸쳐 기업에 경제적 효익을 가져다 줄 수 있는 비실물 자산 · 과대평가되지 않았는가(overstated)	영업권(goodwill), 산업재산권(intellectual proprietary rights), 광업권(mining rights), 어업권(fishing rights), 차지권(land use rights), 개발비(development costs)
기타비유동자산 other non current assets (비유동자산)	· 투자자산, 유형자산, 무형자산으로 분류하기 어려운 자산	장기성매출채권(long term trade receivable) 보증금(guarantee deposit) 부도어음(dishonored notes receivable)

| 자산의 6대 유형과 계정과목

기업은 당기의 대차대조표에 나열돼 있는 자산을 활용해 수익을 창출하게 되며, 이 수익은 손익계산서에 당기순이익의 형태로 나타난다. 당기순이익은 다음 회계연도의 대차대조표에 이익잉여금으로 전환된다. 그러면 다음 회계연도의 대차대조표에 나타나는 자산은 전년도 회계연도의 대차대조표에 나타나는 자산보다 커질 수밖에 없고, 기업은 더 많은 수익을 창출할 기회를 갖게 되는 것이다. 이런 선순환을 이루는 기업에 투자해야 고수익을 얻을 수 있다. 다시 말해 대차대조표의 자산은 기업이 수익을 창출하기 위한 장사 밑천인 것이다.

그런데 가치투자자의 창시자인 벤저민 그레이엄은 자산을 장사 밑천이 아니라 청산 가치의 관점에서 바라보았다. 그는 기업이 최악의 경우 파산했을 때 대차대조표에 나열돼 있는 자산을 팔아 치우면 남는 게 있다는 사실을 발견한 것이다. 예를 들어 대차대조표에 부동산을 많이 갖고 있는 기업은 파산하더라도 부동산을 팔아 치우면 채무자에게 부채를 갚고 투자자(주주)에게도 손해를 끼치지는 않을 것이라는 생각을 한 것이다.

그는 이 생각을 발전시켜 안전마진(margin of safety)이라는 개념을 창안했다. 안전마진은 투자자 입장에서 손해볼 수 없는 마지노선이다. 그가 말하는 안전마진은 시가총액과 순유동자산과의 차이를 말한다. 또한 순유동자산이란 유동자산 가운데 현금 및 현금성자산, 매출채권, 재고자산의 3개 항목의 합계에서 부채를 차감한 금액이다. 그는 시가총액이 순유동자산의 3분의

2 이하인 기업에만 투자하라고 조언했다(요즘 말하는 순유동자산은 유동자산에서 유동부채를 뺀 값이다).

1929년 대공황이 닥치면서 주식투자 손실을 겪었던 그는 안전마진의 관점으로 주식투자에 접근해 20년 동안 증시에서 높은 수익률을 거둘 수 있었다. 안전마진에 근거한 투자는 워렌 버핏도 초기에 실제로 구사했던 투자 방식이다. 벤저민 그레이엄이 살던 시대의 기업 환경과 지금의 기업 환경은 다르기 때문에 그가 제시한 공식을 그대로 따를 필요는 없다. 다만 안전마진의 개념은 이해하고 있어야 한다.

요즘에는 시가총액이 순자산(자산-부채)보다 낮은 기업을 안전마진을 가진 기업으로 본다. 순자산 가치를 청산 가치 혹은 장부 가치라고도 부른다. 시가총액이 순자산 가치보다 낮은가를 알려주는 지표가 주가순자산배수(PBR)이다.

주가순자산배수(PBR)＝시가총액/순자산＝시가총액/(자산 - 부채)

주가순자산배수는 가치투자의 3대 구성요소 가운데 하나인 자산가치를 평가하는 대표적인 기준으로 쓰인다. 요즘 우리나라의 주가순자산배수는 다른 나라에 비해 아주 낮은 편이다. 이는 한국 기업이 자산가치의 기준에서 저평가돼 있음을 보여준다.

자산가치를 좀더 깊게 들여다보면 투자의 기회가 무궁무진하

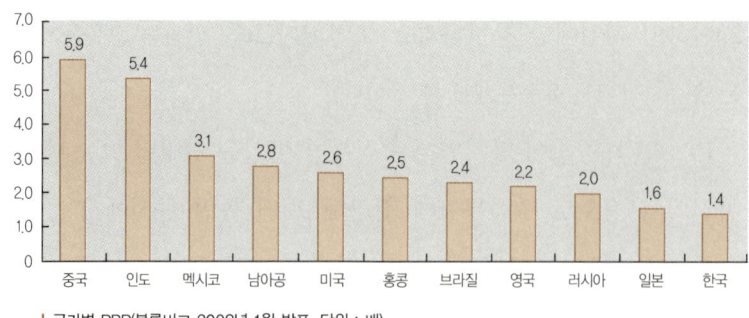
| 국가별 PBR(블룸버그 2008년 1월 발표, 단위 : 배)

다. 예를 들어 전설의 펀드 매니저 피터 린치는 대차대조표의 현금및현금성자산이 확실한 화폐라는 점에서 주식에 달려 있는 보이지 않는 프리미엄으로 생각했다. 그는 이 관점에서 포드 자동차 주식을 사고팔아 여러 번 10루타(10배의 수익을 남기는 것)를 쳤다고 고백하고 있다. 또 이런 관점에서 발전해 유가증권 가치, 지분법 가치, 부동산 가치 등이 생겼다.

한편 자산가치에는 프리미엄은커녕 장부 가격에도 못 미치는 지뢰밭도 있다는 사실을 유념해야 한다. 예를 들어 어느 패션 업체의 공장에는 아직 판매되지 않은 의류 제품(이를 재고자산이라고 한다) 300억 원어치가 쌓여 있다고 하자. 대차대조표에는 300억 원으로 기재돼 있지만 이게 실제로 시장에서 제값에 팔리기는 어려울 것이다. 패션은 유행이 지나면 가치가 급속히 떨어지기 때문이다. 이 경우 장부에 기재돼 있는 300억 원은 과대평가돼 있는 것이다.

물론 재고자산이 진부화와는 무관한 경우도 있다. 예를 들어 현대자동차의 공장에 쌓여 있는 재고자산(자동차)이 시간이 조금 지났다고 해서 가치가 떨어지지는 않을 것이다. 포스코의 공장의 철강 제품도 언제든지 제값을 받고 팔 수 있다.

대차대조표는 분식회계라는 최악의 문제를 안고 있기도 하다.

일부 기업은 물건을 팔지도 않았으면서 대차대조표에 매출채권으로 기재하기도 하고, 창고의 재고자산을 부풀리기도 한다. 분식회계를 저지르는 기업은 투자자 입장에서 피해가는 게 최선이다. 대차대조표의 이 같은 다양한 측면들을 하나씩 짚어보자.

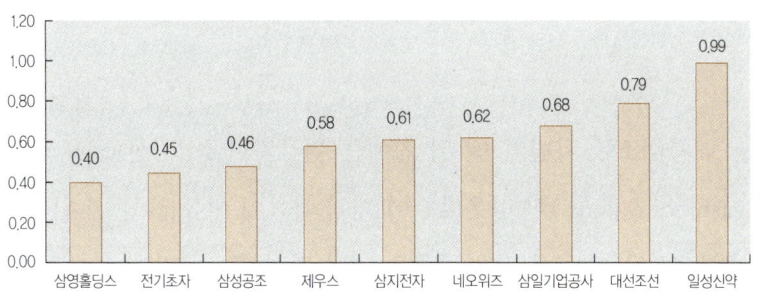

| PBR이 낮은 기업(2007년 1월 기준, 단위 : 배)

현금이 많은 기업을
우선적으로 살펴라

002

- 대차대조표 차변의 맨 위 칸에는 현금및현금성자산(cash and cash equivalents)이 나온다[1]. 이 계정 과목이 이유 없이 맨 위 칸에 놓여 있는 게 아니다. 주주든 기업 경영자든 이것을 우선적으로 눈여겨보라는 뜻이다. 현금및현금성자산이 많은 기업은 우량 기업이라고 생각해도 무리가 없다. 만약 현금및현금성자산이 지

---

1. 현금이란 일상 생활에서 사용되는 지폐나 동전을 말하며, 우리나라의 한국은행권뿐만 아니라 달러 등 외국 화폐도 여기에 포함된다. '현금성 자산'이란 큰 거래 비용 없이 현금으로 전환이 용이하고, 이자율 변동에 따른 가치변동의 위험이 중요하지 않은 금융상품으로서, 취득 당시 만기일(또는 상환일)이 3개월 이내인 것을 말한다. 현금성 자산은 2007년 회계기준 개정안 이전에는 현금 등가물로 불렸다. 현금성 자산은 사실상 현금과 동일하게 취급된다. 현금성 자산에는 지급은행 등에 요구했을 때 곧바로 현금화할 수 있는 타인발행의 당좌수표, 자기앞수표, 송금환 어음, 송금수표, 우편환 증서, 전신환권, 대체저금출납증서, 지급기일이 도래한 주식배당권과 공사채 이자표, 지급명령서 등이 포함된다. 당좌예금, 보통예금도 여기에 해당한다. 현금및현금성자산은 당좌자산(quick asset, 當座資産)에 속한다. 당좌자산이란 판매 과정을 거치지 않고 곧바로 현금화할 수 있는 자산을 말한다.

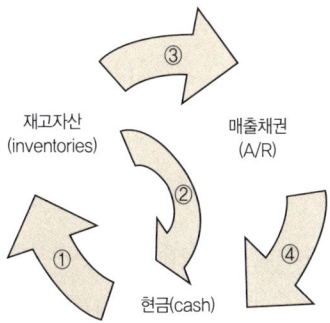

① 현금으로 원재료를 구입했을 때
② 제품을 현금으로 판매했을 때
③ 제품을 외상으로 판매했을 때
④ 외상으로 판매한 대금이 회수(collection)됐을 때

| 현금의 변화 과정

속적으로 늘어나는 기업이 있다면 번영하는 기업이라고 생각해도 된다.

왜냐하면 현금및현금성자산이 풍부하다는 것은 기업이 매출채권을 원활하게 현금으로 회수하고 있으며, 제품 제조에 필요한 원재료를 매입할 자금이 풍부하다는 것을 의미하기 때문이다. 무엇보다도 현금및현금성자산이 풍부하면 외부의 갑작스러운 지급 요청에도 대응할 수 있기 때문에 예기치 않은 도산의 위험이 없다. 반대로 현금및현금성자산이 부족한 기업은 단기 채무를 막지 못해 지급 불능에 빠질 수 있다.

현금및현금성자산은 주식투자자에게 각별한 의미가 있다. 현금및현금성자산을 비유동부채로 차감한 다음에 기업의 발행주식 수로 나눠보라. 이 값을 주당순현금[2]이라고 한다(유동부채를 감안하지 않고 비유동부채만으로 감안하는 이유는 유동부채는 재고자산 등으로 상쇄된다고 가정하기 때문이다).

주당순현금은 주식 1주당 붙어 있는 현금 보너스로 봐도 된다. 주당순현금은 주식투자자에게 다다익선이다. 주당순현금이 풍부한 종목은 실질 주가수익비율(PER)이 낮아지고 투자 가치는 높아진다. 예를 들어 어느 기업의 주가가 10만 원인데 주당순현금이 4만 원이라고 하자. 주식투자자는 이 주식을 매입하려면 10만 원을 지불하지만, 실제 매입 가격은 6만 원인 셈이다. 왜냐하면 이 주식에는 보이지 않는 현금 보너스 4만 원이 붙어 있기 때문이다[3].

이렇게 생각해볼 수도 있다. 2008년 1월 현재 어느 기업의 주당순이익(EPS)이 6,000원이고 주가가 12만 원이라면 이 기업의 주가수익비율(PER)은 20배가 된다[4]. PER이 20배이면 꽤 고평가됐다는 느낌이 든다. 그런데 만약 이 기업의 주당순현금이 6만 원이라면 실제 매입가격은 6만 원으로 낮춰지고, 실제적인 PER은 10배가 된다[5]. PER이 20배이면 꽤나 부담스럽지만 PER이 10배면 요즘 코스피 평균 PER이 14배인 것을 감안하면 고평가됐다고 보기 어렵다. 이럴 때는 이 기업을 자세히 분석해볼 필요가 있다. 다만 주당순현금 가치에 매력을 느껴 투자했다면 장기 투자를 하

2. 주당순현금=(현금및현금성자산-비유동부채)/발행주식 수.
3. 10만 원-4만 원=6만 원.
4. PER을 구하는 공식은 '시가총액/당기순이익' 혹은 '주가/주당순이익' 이다. 120,000/6,000 =20배.
5. 12만원-6만원=6만원. 6만원/6,000원=10배.

기는 어렵다. 주당순현금에 기반한 주가 상승은 일시적이므로 차익을 실현하면 곧바로 빠져나와야 한다. 주당순현금이 많은 것은 회사의 장기적인 전망과는 무관하게 일시적으로 벌어지는 일이며, 언제라도 주당순현금이 감소할 수 있다.

| 사례연구 ❷ |
세종공업

세종공업은 자동차 머플러(배기계)와 컨버터를 생산해 현대자동차 등에 공급하고 있는 거래소 기업이다. 자동차 머플러 시장에서는 점유율 1위를 차지하고 있다. 이 회사의 주당순현금 추이를 살펴보면 다음과 같다.

	2002년 12월	2003년 12월	2004년 12월	2005년 12월	2006년 12월	2007년 3분기
현금및현금성자산	181	154	192	194	560	463
비유동부채	139	94	77	112	142	198
현금-비유동부채	42	60	115	82	418	265
주당순현금(원)	12	303	580	414	2,108	1,336

| 세종공업의 주당순현금 추이(2002~2007년 3분기, 단위 : 억 원)

주당순현금이 고만고만하다가 2006년 12월 사업보고서에서 2,108원으로 전년 동기 대비 5배 이상 늘었다. 주당순이익이 늘어난 이유를 살펴보면 이는 영업이익과 계속사업이익의 증가에서 기인하고 있음을 알 수 있다. 실적 개선에 기반한 건전한 증가인 것이다.

방금 설명한 대로 주당순현금을 현금 보너스로 가정하고 실질적인 PER과 주가를 계산해보자. 2007년 3월말에 발표된 사업보고서(2006년 연간 사업보고서)를 기준으로 했다.

주가	5,850원
주당순현금	2,108원
주당순이익(EPS)	773원
주가수익비율(PER)	7.6배

　보다시피 이 회사의 주가는 5,850원이지만 주당순현금 2,108원을 감안하면 실제 매입가격은 5,850원이 아니라 3,742원인 셈이다. PER도 명목상으로는 7.6배이지만 실제로는 4.8배로 낮아진다[6]. PER이 4.8배라면 확실히 저평가돼 있는 종목이다. 이 회사의 과거 실적과 향후 전망은 어떤가.

　이 회사는 32년째 자동차 부품을 제조해왔고, 현금흐름이 지속적으로 양호한 상태를 보이고 있다. 하루 아침에 문을 닫을 회사는 아니라는 뜻이다. 이 회사의 실적에 결정적인 영향을 미치는 현대자동차는 미국 시장에서 저가 자동차의 이미지를 벗고 고급 자동차 메이커로서 시장을 넓혀가고 있고, 유럽과 인도 등 신규 시장을 개척하고 있다.

　지구 온난화에 대한 우려로 매연저감장치 시장이 확대되고 있는 것도 세종공업에게는 우호적인 촉매로 작용하고 있다. 실제로 이 회사의 주가는 2006년도 사업보고서가 발표된 2007년 3월 말 이후 주가가 제법 상승했음을 알 수 있다.

---

6. 5,850−2,108=3,742원. 3,742/773=4.8배.

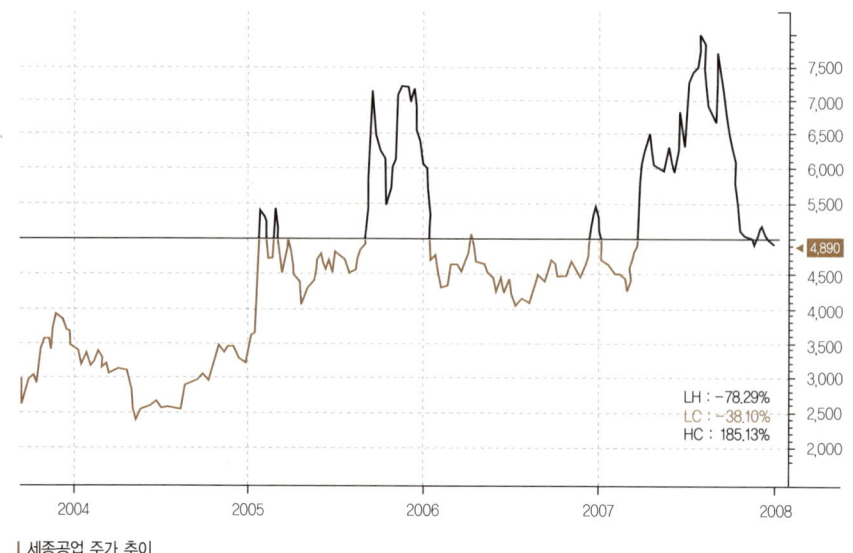

| 세종공업 주가 추이

그러다가 이 회사의 주가는 다시 하락했는데, 주당순현금에 기반한 주가 상승은 일시적이라고 앞서 설명했다.

이 회사의 향후 주가 추이는 어떨까. 내가 이 글을 쓰고 있는 2008년 1월 초의 시점에서 이 기업을 다시 분석해보자.

주가	4,795원
주당순현금	1,336원
주당순이익(EPS)	773원
주가수익비율(PER)	6.2배

이 회사의 주가는 4,795원이지만 주당순현금을 감안하면 실제

매입가격은 3,459원이다(4,795-1,336=3,459). PER은 6.2배에 머무르고 있는데, 이는 이 회사의 역사적 평균 PER 7.3배를 약간 밑도는 수준이다. 주당순현금을 감안한 실질적인 PER은 4.5배이다(3,459/773=4.5). 그런데 문제가 없는 게 아니다. 이 회사는 최대 주주가 68퍼센트의 주식을 소유하고 있어서 유통물량이 많지 않다. 그러다 보니 주식 거래량이 적다.

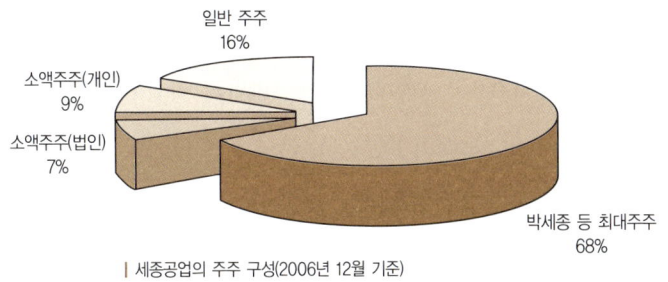

| 세종공업의 주주 구성(2006년 12월 기준)

영업이익률도 3~5퍼센트로 높지 않은데, 이는 자동차 부품 공급업체(하청 업체)의 전형적인 특징이다. 우리나라의 자동차 업계에서는 구매 업체가 가격 결정권을 갖고 있다.

이 회사의 지난 5년간의 평균 PER이 7.3배에 불과한 것은 이 같은 한계를 반영하고 있는 것으로 보인다.

이런저런 점을 감안하면 이 회사는 아직도 저평가돼 있지만 주가 상승은 제한적일 것으로 예측된다. 최대주주의 지분 구성이 바뀌지 않았고, 부품 공급 업체의 가격 결정력에 한계가 있는 점을 감안하면 실적이 급격히 개선되기는 어려울 것으로 보인다.

| 잠깐! |
단기금융상품

　기업의 대차대조표 차변을 보면 '현금및현금성자산'의 바로 아래 칸에 단기금융상품(short term financial instrument)이라는 계정과목이 나온다. 단기금융상품이란 1년 이내에 만기가 도래하는 정기적금, 정기예금, 양도성예금증서(CD, certificate of deposit), 기업어음(CP, commercial paper), 어음관리구좌(CMA, cash management account) 등을 말한다.

　언뜻 단기금융상품은 현금과 다름없어 보인다. 나는 그래서 단기금융상품을 현금및현금성자산과 별도로 취급하는 이유를 처음에는 이해하지 못했다. 그러다가 어느 코스닥 기업의 분식회계 사건을 취재하면서 이유를 알게 됐다.

　코스닥 등록 기업 터보테크는 2002년 회계연도 이전에 CD 690억 원어치를 갖고 있는 것으로 대차대조표에 허위 기재했다가 적발됐다. 실제로 있지도 않은 유동자산을 마치 있는 것처럼 재무제표에 기재한 것이다.

　또 다른 코스닥 등록 기업 우리기술도 2005년 실제 소유하지 않은 CD 등 180억 원가량을 허위로 계상했다가 적발됐다.

　단기금융상품은 이 같은 이유 때문에 현금및현금성자산과 분리해서 생각하는 게 합리적이다. CD와 CP도 분식회계의 수단으로 종종 악용되므로 주의해야 한다. 단기금융상품을 실제보다 많이 갖고 있는 것으로 기재하면 유동 비율과 당좌비율이 좋아지고 신용 등급 평가에 유리하다.

유가증권이 풍부한 기업이 투자가치도 높다

003

- 재무제표에 익숙하지 않다면 유가증권(marketable securities)이라는 게 뭔지 쉽게 와닿지 않을 것이다. 현금이 뭔지는 알겠는데 유가증권은 뭔가. 대차대조표나 손익계산서를 보면 유가증권이라는 계정과목이 없던데 어디에 숨어 있는 건가. 이게 주식투자에서는 어떤 의미가 있는 건가. 한 가지씩 궁금증을 풀어보자.

유가증권이란 주식(stock)과 채권(bond)을 말한다. 물론 여기서 말하는 주식과 채권은 자기 회사가 아닌 다른 회사의 주식과 채권을 말한다. 자기 회사의 주식과 채권은 대차대조표의 대변(오른쪽)에 각각 자본과 부채로 기재된다. 주식이 뭔지는 알 것이므로 여기서는 생략한다.

채권이란 주식회사가 발행하는 회사채, 정부가 발행하는 국채, 지방자치단체가 발행하는 지방채 등을 총칭한다. 유가증권에는 주식과 채권 말고 창고증권(warehouse bond)과 선하증권(B/L, bill of lading)을 포함하기도 하는데 개인 투자자는 이것을 알아도 그만 몰라도 그만이다.

유가증권은 기업이 어떤 목적으로 보유하느냐에 따라서 재무제표에 다음의 4가지의 상이한 계정과목(account name)으로 기재된다.

- 단기매매증권(trading securities)
- 매도가능증권(AFS, available for sale securities)
- 지분법적용투자주식(securities under equity method)
- 만기보유증권(held-to-maturity)

이 4가지가 각각 뭔지는 다음 장에서 자세히 설명한다. 투자자가 알아야 할 것은 유가증권이 풍부한 기업은 투자 가치가 높다는 사실이다. 이는 앞 장에서 현금이 풍부한 기업은 투자 가치가 높다고 설명한 것과 원리가 똑같다.

기업이 보유하고 있는 유가증권을 발행주식 수로 나눠보라. 이를 주당증권가치라고 한다. 주당증권가치는 주식 1주당 붙어 있는 유가증권이나 다름없다. 예를 들어 어느 회사의 주식이 주당 10만 원인데, 이 회사의 주당증권가치가 6만 원이라고 하자. 내가 이 회사의 주식을 10만 원에 매입하면 6만 원짜리 유가증권이 덤으로 딸려 오는 것이다. 언뜻 이해가 되지 않지만 이런 일은 주식시장에서 드물지 않게 벌어진다.

　유가증권을 많이 보유하고 있는 어느 기업의 주가가 일시적인 이유로 떨어진다면 분석해볼 필요가 있다. 실제 사례를 통해 증권 가치의 의미를 알아보자.

| 사례연구 ❸ |
호남석유화학

　호남석유화학은 나프타와 천연가스를 원료로 합성수지, 합성원료, 합성고무 등 각종 석유화학제품을 생산하는 거래소 기업이다. 일반 소비 제품을 판매하는 기업이 아니다 보니 대중에게 널리 알려져 있지 않지만 매출액이 2조 원대에 이르는 롯데그룹 계열 기업이다.
　눈여겨볼 점은 이 회사가 롯데건설, (주)씨텍, 롯데대산유화, 케이피케미칼 등 계열사의 지분(유가증권)을 많이 갖고 있다는 사실이다. 2006년 1월 현재 롯데그룹의 지배구조 현황은 다음과 같다.

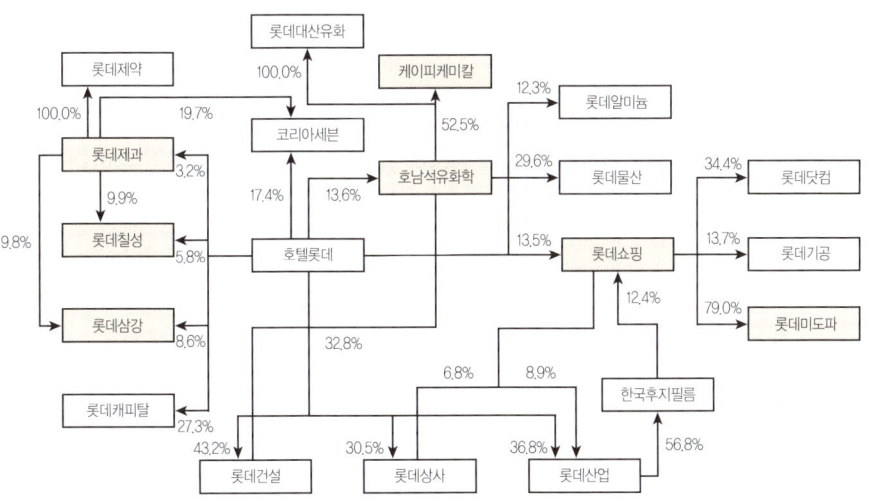

| 롯데그룹 지배 구조

대차대조표로 사업의 건전성을 검증하라　105

호남석유화학의 주당증권가치 추이는 다음과 같다.

시점 기준 자료	2008년 1월 2007년 3분기	2007년 4월 2006년 12월	2006년 4월 2005년 12월	2005년 4월 2004년 12월
롯데건설	4,191	3,534	2,570	1,825
롯데후레쉬델리카	26	25	25	30
씨텍	1,262	1,186	1,121	
롯데대산유화	8,752	7,787	482	6,206
케이피케미칼	2,951	2,690	649	2,057
대산엠엠에이	504	50	0	0
롯데로지스틱스	39	0	0	0
증권가치 합계	17,725	15,272	4,847	10,118
주당증권가치(원)	55,634	47,935	15,213	31,758

| 호남석유화학의 주당증권가치 추이(2005년~2008년, 단위 : 억 원)

이 회사의 주당증권가치는 2007년 4월에 4만 7,935원으로 전년 대비 3배 이상 늘었다. 그런데 당시 주가가 7만 3,000원이었다. 이는 내가 이 회사의 주식 1주를 7만 3,000원을 주고 매입하면 약 4만 8,000원짜리의 유가증권이 덤으로 딸려 온다는 뜻이다. 이건 공짜나 다름없는 주식이었다. 그렇다고 호남석유화학이 당장 문을 닫을 회사였던가. 실제로 2007년 3월 연간 실적 발표 이후(주당증권가치가 공개된 이후)이 회사의 주가는 7만 3,000원에서 한때 17만 원까지 가파르게 올랐다.

이제 2008년 4월의 시점에서 이 회사의 주가를 다시 분석해보자. 이 회사의 주가는 한때 6개월 전까지만 해도 17만 원이었다가 9만 원대로 뚝 떨어진 상태다. 주가가 떨어진 이유는 석유 화학 경

| 호남석유화학의 주가 추이

기 하강에 따른 수익성 악화로 향후 수년간 실적 개선을 기대하기 어려울 것으로 예상되기 때문이다. 실제로 2007년 사업보고서를 보면 주당순이익(EPS) 성장률이 마이너스로 돌아섰고 당기순이익도 감소했다. 그렇더라도 현재 주가 9만 원은 저평가된 것이다. 이 회사의 2007년 당기순이익 4,634억 원을 9퍼센트 할인율을 감안해 발행주식 수로 나누면 적정 주가가 16만 1,000원이 나온다.

게다가 주당증권가치는 5만 5,000원으로 2007년 4월의 4만 8,000원보다 오히려 늘었다. 이는 내가 이 회사의 주식을 10만 원을 주고 매입하면 5만 원 짜리 유가증권이 덤으로 굴러 들어오는 셈이다. 원자재 가격 상승으로 인한 실적 둔화를 감안해도 이 회사의 현재 주가 8만 9,900원은 확실히 낮은 것으로 보인다.

주주의 눈을 속일 수 있는 유가증권

004

유가증권에는 4가지 종류가 있다고 앞서 설명했다. 한 가지씩 구체적으로 살펴보자. 이 가운데 매도가능증권과 지분법적용투자주식에 특히 주목하자.

단기매매증권(trading securities)

단기매매증권이란 글자 그대로 기업이 단기 차익을 목적으로 언제든지 팔아 치우기 위한 목적으로 보유하는 유가증권이다. 단기매매증권은 기업이 보유하는 기간이 짧고, 대개 보유하는 양이 많지 않다는 점에서 투자자에게 중요성이 상대적으로 덜하다. 다만 기업이 단기매매증권을 매입했다가 매도한 경우에 재무제표에 어떤 영향을 초래하는지는 이해하고 있어야 한다(거래

계정 과목	분류(형태)	재무제표에 미치는 영향
단기매매증권 trading securities	유동자산/당좌자산 (주식, 채권)	· 처분 손익은 단기매매증권 처분손익으로 처리 · 단기매매증권 처분손익 및 평가손익은 손익계산서의 영업외손익에 기재 · 대차대조표, 손익계산서에영향을 미침
매도가능증권 AFS, available for sale securities	비유동자산/투자자산 (주식, 채권)	· 평가손익을 매도가능증권 평가손익으로 처리 · 매도가능증권 평가손익은 대차대조표의 자본조정 (기타포괄손익누계액, OCI, other comprehensive income)에 기재 · 대차대조표에만 영향을 미침, 법인세 비과세 대상
지분법적용투자주식 securities under equity method	비유동자산/투자자산 (주식)	· 지분법적용투자주식의 기업 주가가 상승(하락)하거나 배당금을 받았을 경우 지분율 만큼 지분법평가 손익으로 처리 · 지분법평가손익은 손익계산서의 영업외 손익(other income) · 대차대조표, 손익계산서에영향을 미침
만기보유증권 held-to-maturity	비유동자산/투자자산 (채권)	· 재무제표에 미치는 영향 사실상 없음

| 유가증권의 4대 유형

가 발생해, 분개장으로 옮겨지고, 최종적으로 재무제표로 이전되는 과정은 항상 머릿속에 염두에 두어야 한다). 기업이 단기매매증권을 매입했다가 매도한 경우에 재무제표에 미치는 영향을 사례로 설명하면 다음과 같다.

- 거래
  - 7월 2일: B사의 주식 50주를 단기 매매 차익을 목적으로 현금 750,000원(주당 15,000원)을 주고 매입하다.
  - 8월 12일: B사의 주식 30주를 주당 17,000원에 처분하고 대금은 현금으로 받다.

- 분개
    - 7월 2일: (차) 단기매매증권 750,000원
        (대) 현금 750,000원
    - 8월 12일: (차) 현금 510,000원
        (대) 단기매매증권 450,000원
        단기매매증권 처분이익 60,000원

- 재무제표

	자산		부채	자본		수익	비용	이익
	현금자산	비현금자산		기타	이익잉여금			
7월 2일	(750,000)	750,000						
8월 12일	510,000	(450,000)			60,000	60,000		60,000
	60,000			60,000		60,000		60,000

★ 괄호 안 숫자는 마이너스

    단기매매증권을 취득 가격보다 비싸게 팔았더니 대차대조표의 자산이 증가하고 손익계산서에 이익이 발생했음을 알 수 있다. 기업은 제품이나 서비스를 판매하지 않고도 수익을 낼 수 있음을 알 수 있다. 이 같은 이익을 영업외수익(other income)이라고 한다.

만기보유증권(held-to-maturity)

    만기보유증권이란 기업이 만기까지 보유할 목적으로 보유하는 유가증권을 말한다. 그런데 만기가 있는 유가증권은 채권뿐이므로, 만기보유증권은 오로지 채권이라고 생각하면 된다(주식에는 만기가 없다). 예를 들어 어느 기업이 국공채를 만기까지 보유할 목적으로 취득했다면 만기보유증권이 된다.

매도가능증권(AFS, available for sale securities)

매도가능증권이란 단기매매증권과 만기보유증권에 속하지 않는 유가증권을 말한다. 당장 현금화하기는 쉽지 않지만 경우에 따라서는 매도를 할 수도 있고 매도할 기회가 없어지면 만기까지 가지고 갈 수도 있는 유가증권이다.

지분법적용투자주식(securities under equity method)

지분법적용투자주식이란 기업이 경영권 행사를 목적으로 보유하고 있는 유가증권을 말한다. 지분법적용투자주식은 오로지 주식이다. 상대 기업에 대한 지분율이 20퍼센트를 넘으면 지분법적용투자주식으로 분류한다.

여기서 주의해야 할 것은 매도가능증권과 지분법적용투자주식의 차이점이다. 두 가지는 똑같이 투자자산에 속하지만 손익계산서에 미치는 영향이 다르다. 다시 말해 기업이 매도가능증권을 보유했다가 평가 이익이 발생하면 손익계산서에는 아무런 영향을 미치지 않지만, 기업이 지분법적용투자주식을 보유했다가 평가 이익이 발생하면 손익계산서의 수익으로 기록된다(정확히 말하면 세법상의 익금불산입益金不算入으로 처리돼 결과적으로 손익계산서의 수익을 늘리는 역할을 한다. 투자자가 이 부분까지 알 필요는 없다).

이게 무슨 말인지 어려울 수도 있는데, 기업 입장에서 생각해보면 이해하기 쉽다. 예를 들어 A기업이 유가증권(주식) 1,000만 원어치를 보유하고 있는데, 이게 주가가 올라 1,600만 원어치가 됐다고 하자. 600만 원의 평가 차익이 생긴 것이다. 기업 입장에서 평가 차익 600만 원이 손익계산서에 수익으로 기록되는 게 좋은가, 수익으로 기록되지 않는 게 좋은가.

상식적으로 생각하면 기업은 순이익이 늘어나는 게 좋기 때문에 손익계산서의 수익으로 기록되기를 바란다고 생각하기 쉽다. 그렇다면 기업은 유가증권을 지분법적용투자주식으로 회계 처리해야 한다. 게다가 현행 세법상 지분법적용투자주식의 지분법손익을 포함한 유가증권의 평가이익(손실 포함)은 과세소득에서 제외된다.

그런데 현실 비즈니스 세계를 들여다보면 기업은 오히려 평가 차익이 손익계산서의 수익으로 기록되지 않기를 바라는 경우가 의외로 많다. 기업이 외부에 수익을 숨기고 싶어하는 것이다. 이 경우 기업은 유가증권을 매도가능증권으로 처리하고 싶을 것이다. 기업은 왜 이익을 손익계산서에 기록하는 것을 꺼릴까.

당신이 기업의 오너라고 생각해보라. 기업의 당기순이익이 증가하면 기업은 주주들로부터 배당금을 늘려달라는 요구를 받게 되고, 노조로부터 임금 인상 요구를 받게 될 것이다. 맞는 말이다. 기업의 최고 경영자나 오너 입장에서 손익계산서의 순이익의 증가가 반드시 좋은 게 아니라는 사실을 알 수 있다.

이처럼 기업이 순이익을 줄이기 위해 재무제표를 조작하는 것을 역분식회계라고 한다. 역분식회계는 합법인 경우도 있고 불법인 경우도 있다. 역분식회계는 오너 경영 체제를 갖고 있는 기업에서 자주 발생한다[7]. 결국 유가증권을 매도가능증권과 지분법적용투자주식 가운데 어느 것으로 처리하기를 선호하느냐는 기업이 처한 입장에 따라 달라진다는 사실을 알 수 있다.

기업이 투자자들에게 실적을 가능한 한 좋아 보이게 하려는 기업은 지분법적용투자주식으로 처리하고 싶어한다. 반대로 실적을 줄여서 알리고 싶을 경우에 기업은 매도가능증권으로 회계 처리하고 싶어한다. 이때 기업은 법인세 비용을 낼 필요가 없다.

어떤 과정을 거쳐 이런 결과가 발생하는지를 알아보자. 앞서 말한 A기업이 유가증권 1,000만 원을 보유하고 있었는데, 기말에 600만 원의 평가 이익을 실현했다고 할 경우, 이를 각각 매도가능증권과 지분법적용투자주식으로 회계 처리하면 다음과 같다(이게 어렵다고 느껴지면 2장으로 돌아가 다시 꼼꼼히 읽어라).

---

[7]. 국내 대기업 S사는 1990년대 중반에 감가상각방법을 해마다 변경했다. 이 기업은 경기 호황을 타고 영업이익이 급격히 증가하자 "재무적 기초를 공고히 한다"는 이유를 내세워 감가상각 방법을 변경했다. 이는 그 해의 당기순이익을 줄이는 결과를 초래했다. 이렇게 함으로써 S사는 법인세를 줄이고 주주의 배당요구와 임금 인상 압력을 피해갈 수 있었다.

- 분개

매도가능증권의 경우

(차) 매도가능증권 6,000,000원

(대) 매도가능증권 평가이익 6,000,000원

지분법적용투자주식의 경우

(차) 지분법적용투자주식 6,000,000원

(대) 지분법평가이익 6,000,000원

- 재무제표

	대차대조표				손익계산서		
	자산		부채	자본		수익	비용	이익
	기타	투자자산		기타	이익잉여금			
매도가능증권의 경우		6,000,000		6,000,000 (기타포괄손익누계액)				
지분법적용투자주식의 경우		6,000,000			6,000,000 (이익잉여금)	6,000,000		6,000,000

　　재무제표를 보면 알 수 있듯이 매도가능증권은 손익계산서에 아무런 영향을 미치지 않는다. 기타포괄손익누계액은 2008년부터 개정된 규정에 따라 손익계산서에 내용을 주석으로 기재토록 돼 있다. 반면, 지분법적용투자주식은 손익계산서의 수익을 증가시킨다.

이제 정부(금융당국) 입장에서 생각해보자.

기업이 매도가능증권과 지분법적용투자주식 가운데 마음 내키는 대로 아무것이나 선택해 회계 처리할 수 있다면 문제가 이만저만이 아니다. 그래서 정부는 어떤 경우에 매도가능증권 혹은 지분법적용투자주식으로 회계 처리해야 하는지의 기준을 꼼꼼하게 마련해놓았다. 우선, 매도가능증권과 지분법적용투자주식을 구분하는 기준은 20퍼센트이다. 다시 말해 A기업(투자 회사)이 B기업(피투자 회사)의 주식의 20퍼센트 이상을 보유하고 있다면 지분법적용투자주식으로 분류해야 한다. 이때의 주식이란 의결권 있는 주식을 말하므로 대개 보통주(common stock)가 된다. 우선주(preferred stock)는 의결권이 없다.

20퍼센트 정도의 지분이면 투자 회사가 피투자회사에 중대한 영향력을 행사할 수 있다고 보는 것이다. 그런데 주식 지분이 20퍼센트에 미달하더라도 투자 회사가 피투자회사에 실제로 중대한 영향력을 행사할 수 있다면 지분법적용투자주식으로 분류하도록 하고 있다[8]. 그런데 이렇게 상세한 규정이 있음에도 현실 비즈니스 세계에서는 두 가지 가운데 어느 것으로 분류해야 할

---

[8] 투자회사의 피투자회사에 대한 의결권이 20퍼센트에 미달하더라도 다음의 어느 하나에 해당하면 중대한 영향력이 있는 것으로 본다. ① 투자회사가 피투자회사의 이사회 또는 이에 준하는 의사결정기구에서 의결권을 행사할 수 있는 경우. ② 투자회사가 피투자회사의 영업정책과 재무정책 등에 관한 의사결정과정에 참여할 수 있는 경우. ③ 피투자회사에게 중요한 거래가 주로 투자회사와 이루어질 경우. ④ 피투자회사의 영업정책과 재무정책 등에 관한 의사결정과정에 참여할 수 있는 임원을 투자회사가 피투자회사에 파견하는 경우. ⑤ 피투자회사에게 필수적인 기술정보를 투자회사가 당해 피투자회사에 제공하는 경우.

지 애매한 경우가 종종 발생하고 있다. 현실 비즈니스 세계는 그만큼 복잡하다. 기업은 이를 노리고 재무제표에 유리하게 회계처리를 하는 경우가 종종 있다.

실제 사례를 통해 이 문제가 주식투자자에게 어떤 기회를 가져다주는지 살펴보자.

| 사례연구 ❹ |
기아자동차

현대기아차그룹의 2006년 1월 현재 지배구조는 다음과 같다.

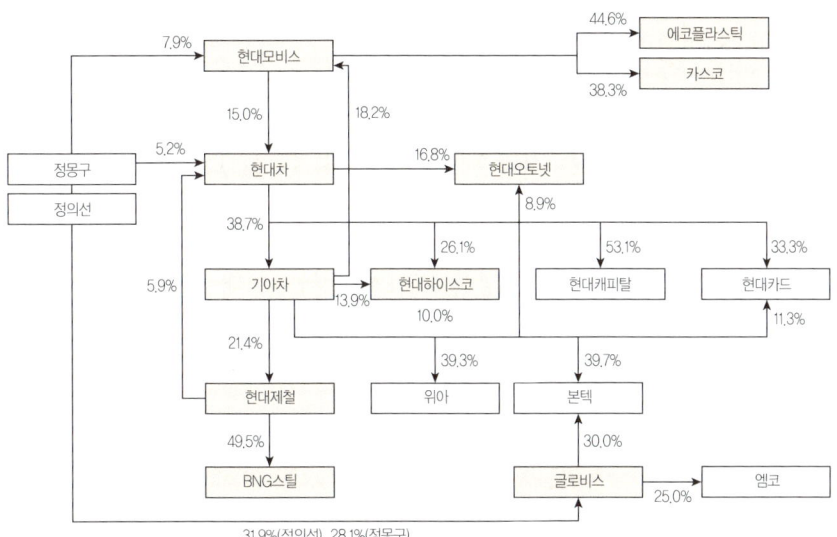

| 현대기아차 그룹의 지배 구조

현대기아차그룹 지분의 출발점은 정몽구 회장이 보유하고 있는 현대차의 지분 5.2퍼센트이며, 여기에서 출발해 현대차, 현대모비스, 기아차의 3개 회사가 순환출자를 하고 있다.

출자순환도를 꼼꼼히 살펴보면 기아차가 현대모비스 지분을 18.2퍼센트를 보유하고 있음을 알 수 있다.

기아차는 이게 문제가 된 적이 있다. 2003년 12월 당시 기아차는 현대모비스 지분 18.35퍼센트를 보유하고 있었는데, 이게 20퍼센트에 약간 미치기 못하기 때문에 지분법적용투자주식과 매도가능증권 가운데 어느 것으로 분류해야 할지 애매해진다(지분을 20퍼센트 이상 소유하고 있으면 당연히 지분법적용투자주식으로 회계 처리해야 하지만, 20퍼센트에 약간 미달하면 상황에 따라 회계 처리가 달라진다는 것은 앞서 설명했다).

한국에서 기아자동차가 현대모비스에 중대한 영향력을 미치고 있음을 부정하는 사람은 없을 것이다. 두 회사는 현대기아차 그룹에 속해 있다. 당연히 지분법적용투자주식으로 회계 처리해야 합리적이다. 그런데 당시 기아자동차는 현대모비스의 주식 18.35퍼센트를 매도가능증권으로 회계 처리를 해왔다.

연도	지분율(%)	취득원가	장부가액	평가차액	회계 처리
2003	18.35	1,190	9,972	8,782	매도가능증권
2002	16.26	700	3,021	2,320	매도가능증권
2001	17.55	700	2,619	1,918	매도가능증권

| 기아자동차의 현대모비스 지분율 추이(단위 : 억 원)

기아자동차는 2005년 3월 5일 이 사실을 자진공시했고 다음 달 20일 증권선물위원회로부터 주의 조치를 받았다. 기아자동차는 한국에서 손꼽히는 대기업이고, 이 회사가 해마다 발표하는 사업보고서는 회계 감사를 받게 돼 있다. 그럼에도 이 사실이 어

느 누구로부터도 지적을 받지 않은 것이다.

어쩌다 이런 일이 벌어졌을까. 당시 증권선물위원회는 기아차에 대해 낮은 수준의 제재에 해당하는 주의 조치를 내렸는데, 이는 이 사안이 고의가 아니었다고 판단한 듯하다. 실제로 증권선물위원회는 "기아차의 회계 오류는 그동안 회계기준이 명확하지 않았던 데서 비롯된 문제"라고 밝혔다.

기아차가 자진공시를 함으로써 재무제표는 이렇게 수정되었다.

첫째, 기아자동차의 2004년 당기순이익이 7,054억 원에서 7,693억 원으로 늘었다. 매도가능증권은 손익계산서에 영향을 미치지 않지만 지분법적용투자주식은 손익계산서의 수익을 증가시킨다고 앞서 설명했다.

뭔가 이상하지 않은가.

기아차가 자진공시를 하다 보니 이 회사의 당기순이익이 줄어든 것이 아니라 오히려 639억 원이나 늘어난 것이다. 알고 보면 이 사건은 기아차가 공시를 통해 순이익이 늘었다고 자진신고한 것이다. 이건 오히려 시장이 반겨야 할 사안이다. 투자자가 이 공시를 봤다면 이 회사 주식을 매입해야 하는 것이다. 그런데 기아자동차의 주가 추이를 보면 2005년 3월 5일 자진공시 이후 주가가 1만 5,000원에서 1만 2,000원으로 떨어졌음을 알 수 있다. 시장은 기아차의 자진공시를 하자 자진공시의 내용은 들여다보지 않고 문제 있는 일을 고백한 것으로 오해한 것이다!

물론 오해는 곧바로 풀렸고 기아자동차의 주가는 상승세로 반전했다. 이게 오히려 호재라는 사실을 뒤늦게 깨달은 것이다.

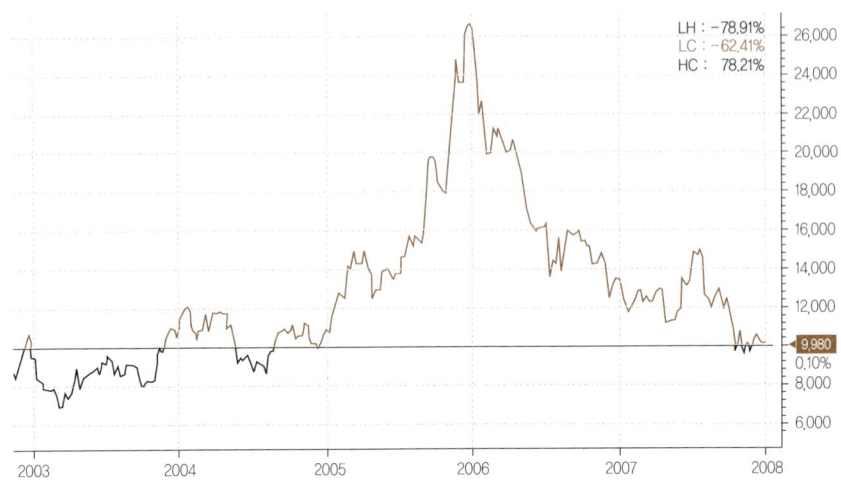

| 기아자동차 주가 추이

재무제표를 읽을 줄 아는 투자자였다면 당시 기아자동차의 자진공시에 대해 현명하게 대처할 수 있었을 것이다. 투자자가 재무제표를 제대로 읽을 줄 안다는 게 얼마나 중요한지를 알려주는 대목이다.

한편 기아자동차는 2006년 1월을 정점으로 바닥을 모른 채 추락하고 있다. 이 회사에서는 지금 어떤 일이 벌어지고 있는 걸까. 2008년 1월의 시점에서 이 회사 주가를 분석해보자.

자동차 제조업체의 비즈니스 모델은 알고 보면 단순하다. 자동차 판매량이 늘면 매출액과 순이익도 늘어나는 구조다. 그런데 기아자동차는 자동차 판매 대수는 지속적으로 늘고 있음에도 영업손익은 오히려 적자로 반전되는 추세를 보이고 있다.

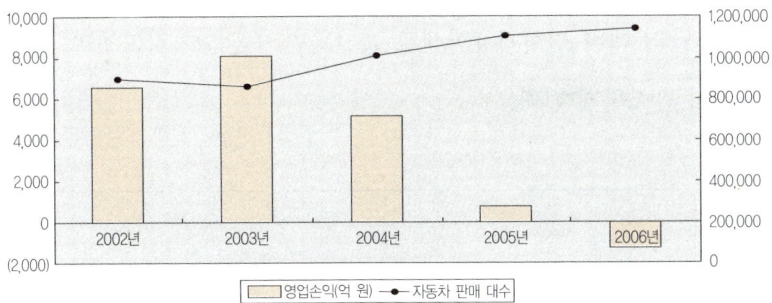

| 기아자동차의 영업손익과 자동차 판매 대수 추이(2002년~2006년)

왜 이런 일이 벌어지고 있는 걸까. 언뜻 이해되지 않지만 환율을 생각하면 궁금증이 확 풀린다.

이 회사의 매출액의 75퍼센트는 수출이다. 수출이 매출액의 대부분을 차지한다는 뜻이다.

우리나라의 환율은 2001년에 1,326원이었던 게 2007년에 938원으로 떨어졌다. 똑같은 물건을 예전에는 1,326원에 팔았는데, 이제는 938원에 팔고 있다는 뜻이다.

우리나라 제조업체 가운데 기아차만큼 환율에 완전히 노출된 기업도 드물 것이다.

한국의 조선 산업은 수주 단위가 크고 일부 원자재를 수입하기 때문에 환리스크를 어느 정도 흡수할 수 있지만 자동차 산업은 환율 움직임에 실시간으로 영향을 받는다. 현대자동차는 미국 앨라배마 공장을 통해 환율 영향을 일부 흡수할 수 있지만 기아자동차는 미국에 공장도 없다.

기아차는 매출액의 약 40퍼센트가 달러 수익으로 계상되고 있고, 달러 대비 원화가 1퍼센트 절상되면 주당순이익(EPS)이 114원이 감소하게 된다.

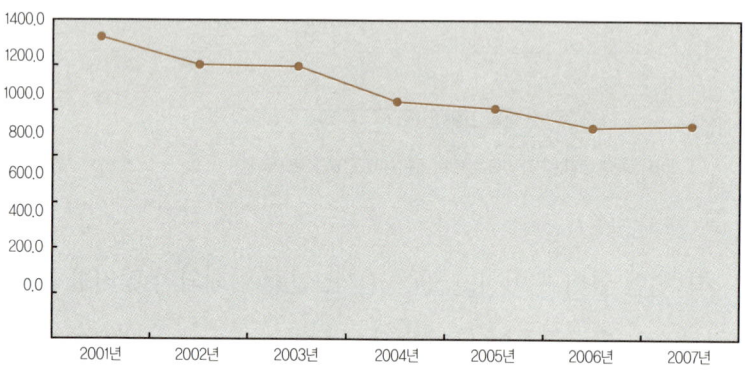

| 한국의 환율 추이(2001~2007년, 단위 : 원)

기아자동차는 환율이 오르지 않는 한 어떻게 해볼 도리가 없다고 봐도 된다[9]. 그런데 이 무렵 일부 증권사는 기아차의 이런 문제를 간과한 보고서를 냈다.

기아자동차 주가가 환율의 영향을 본격적으로 받기 시작한 2006년 1월 어느 증권사는 "기아자동차가 중국 자동차 시장의

---

9. 환율이 자동차 산업에 모든 업체에 나쁜 영향을 미치는 것은 아니다. 타이어 제조 업체는 수익보다 달러 단위 비용이 크기 때문에 오히려 원화 강세 수혜자다. 환율이 1퍼센트 상승하면 한국타이어는 주당순이익이 12원, 금호타이어는 10원이 늘어난다.

성장의 수혜주가 될 것"이라며 목표 주가를 3만 3,000원으로 제시했다. 이 증권사는 이후 주가가 떨어질 때마다 매수 기회라며 기아차를 추천했다. 개인 투자자가 이 증권사의 추천 보고서를 보고 기아자동차 주식을 매입했다면 지금쯤 원금의 대부분을 까먹었을 것이다.

중국 시장에서 얻게 될 이득과 환율로 인한 손실의 크기를 비교해봤다면 이런 보고서는 나오지 않았을 것이다.

| 사례연구 ❺ |
동양메이저

　기업이 지분법적용투자주식 평가이익을 손익계산서에 기재하지 않았다면 숨겨진 이익이나 다름없다. 이는 투자자에게 매수 기회를 제공한다. 기아자동차의 사례가 바로 그랬다.

　반대로 기업이 지분법적용투자주식 평가손실을 손익계산서에 기재하지 않는다면 숨겨진 손실이다. 이는 투자자에게 고스란히 피해로 돌아온다. 어떻게 이런 일이 벌어지는지 살펴보자.

　동양메이저는 레미콘 제조 및 건설업을 주요 비즈니스로 하고 있는 거래소 기업이다. 주식 지분 관계를 살펴보면 동양메이저는 동양그룹의 지주회사 역할을 하고 있음을 알 수 있다.

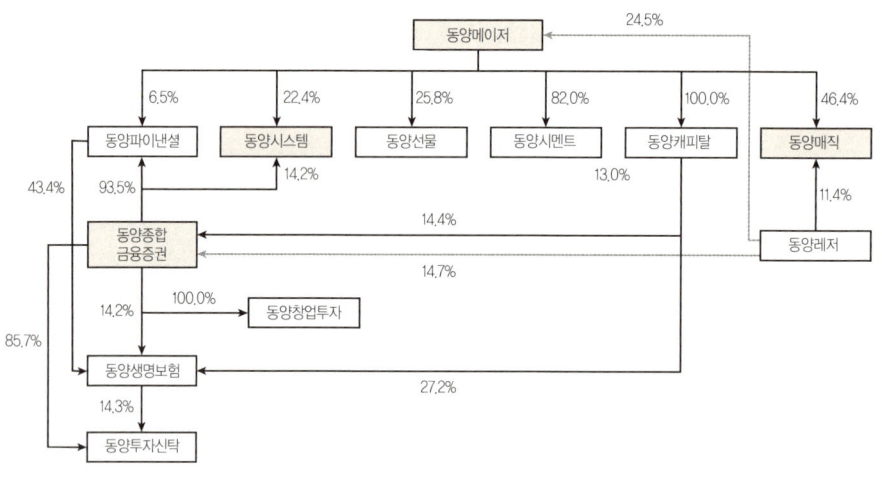

| 동양메이저 지배구조(2006년 1월 기준)

동양메이저는 2002년 12월 26일 증권선물위원회로부터 유가증권에 관련한 분식회계를 저지른 사실을 적발당해 유가증권 발행 제한과 임원해임권고상당 조치를 받았다. 분식회계의 주요 내용은 1999년, 2000년, 2001년 결산 시 해외 자회사인 J.H. 인베스트먼트에 대한 투자 주식을 과대계상했다는 것이었다.

어떻게 된 일인지 살펴보자.

1990년대 후반 동양메이저는 미국에 자본금 6,280만 달러(약 600억 원)를 투자해 J.H. 인베스트먼트를 설립하고 이 회사의 주식 100퍼센트를 보유하고 있었다. 지분율이 20퍼센트를 완벽하게 초과하기 때문에 당연히 이 주식은 동양메이저 재무제표에 지분법적용투자주식으로 분류됐다. 지분법적용투자주식으로 분류됐다는 것은 J.H. 인베스트먼트가 이익을 내거나 손실을 내면 동양메이저의 손익계산서에 증감분을 반영해야 한다는 뜻이다. 1999년 J.H. 인베스트먼트는 경영 부실로 사실상 사업 중단 상태에 이르게 됐고, 동양메이저는 이 손실분을 1999년도의 재무제표에 기재했어야 했다. 그런데 동양메이저는 손실분을 반영하지 않았다. 당시 동양메이저는 경영 악화로 회사채 신용등급이 투기등급에 해당하는 BB로 떨어지는 등 지표가 아주 나빴다. 이에 따라 자본 조달 금리가 12퍼센트에 이르게 된다. 이 기업의 주력 사업이던 시멘트 사업이 건설 경기침체로 부진했기 때문이었다.

이러한 어려움을 타개하기 위해 동양메이저는 해외 기업과 제휴해 시멘트 부문을 따로 떼어내 동양 시멘트로 분리하는 등 대규모 구조조정을 진행하고 있었다. 구조조정을 성공적으로 추진하기 위해서는 회사 신용등급을 안정적으로 유지할 필요가 있고, 이를 위해서는 경영 성과와 실적을 적절하게 유지할 필요가 있었던 것으로 보인다. 회사채 등급이 투기 등급으로 추락한 상태에서 기업이 지분법적용투자주식의 손실분을 재무제표에 반영하기란 쉽지 않았을 것이다. 동양메이저는 1999년에 발생한 지분법적용투자주식의 손실을 2001년까지 반영하지 않은 상태로 재무제표를 작성했다. 쉽게 말해 계열사의 경영 손실로 발생한 손실분을 재무제표에 기재하지 않은 것이다.

2002년 12월 증권선물위원회는 동양메이저의 분식회계를 적발하고 유가증권발행 제한과 임원해임권고상당 조치를 취했다. 적발 이전과 이후의 재무제표는 각각 다음과 같다.

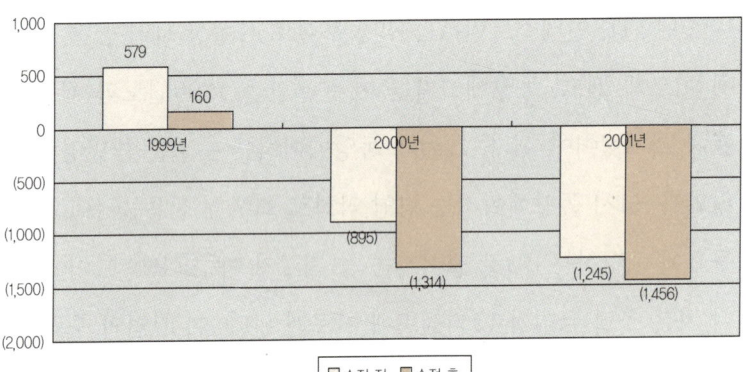

| 동양메이저의 분식회계 수정 전과 수정 후의 당기순손익(1999~2001년, 단위 : 억 원)
★ 괄호 안 숫자는 마이너스

손실이 드러난 만큼 주가는 떨어질 수밖에 없다. 동양메이저의 주가는 2002년 12월 분식회계가 적발되고 나서 1년 넘게 하락세를 벗어나지 못했다.

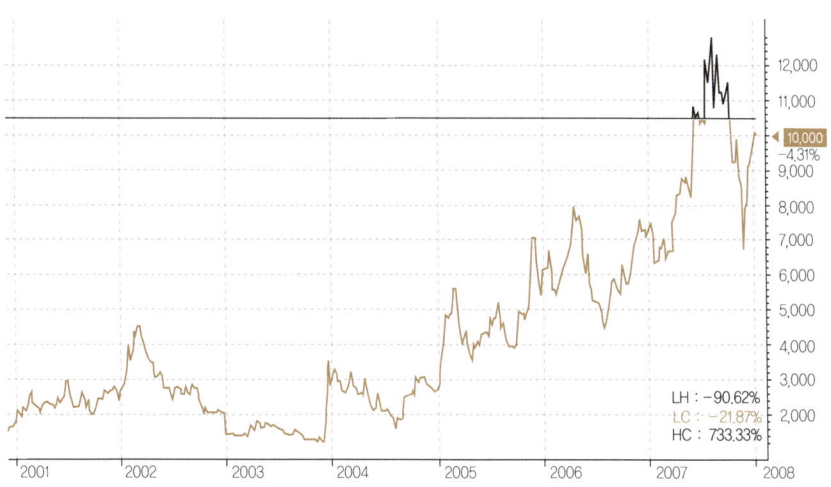

| 동양메이저 주가 추이

이 회사가 투자손실을 숨길 수 있었던 것은 J.H. 인베스트먼트가 해외의 비공개 기업(private company)이었기 때문인 것으로 보인다. 만약 피투자기업이 국내의 공개 기업이었다면 주가의 증감이 명확히 드러나기 때문에 분식회계가 사실상 불가능하다. 그렇지만 해외의 비공개 기업의 주식은 국내의 감사 담당자나 공인 회계사가 경영 실상을 파악할 방법이 사실상 없다. 해외에서 공사를 진행하는 기업에 투자할 때 조심해야 하는 이유가 여기에 있다. 지분법적용투자주식이나 매도가능증권이 해외의 비

공개 기업의 주식이라면 조심해야 한다.

동양메이저의 주가는 2007년 들어서 큰 폭으로 상승했는데, 이는 이 회사가 동양그룹 지주회사로의 변신을 추진하고 있기 때문이다. 앞의 지분 관계 그림에서 보듯이 동양메이저는 동양파이낸셜, 동양선물, 동양캐피털 등의 우량 금융기관을 거느리고 있다. 지주회사로의 성공적인 변신 가능성이 높아지면서 얼마 전에는 영국계 금융기관인 도이체방크런던이 이 회사 주식 7.58퍼센트를 매입하기도 했다. 그렇지만 동양메이저 재무제표에 나타나는 실적은 매우 부진하다.

기업의 필요악, 매출채권

005

우리나라든 미국이든 기업은 물건을 현금으로 판매하는 것보다는 외상으로 판매하는 경우가 많다. 이때 물건을 외상으로 팔고 어음을 받으면 받을어음(notes receivable)이고, 어음을 받지 않으면 외상매출금(A/R, account receivable)이다. 이 두 가지를 합쳐서 매출채권[10]이라고 한다. 실무에서는 두 가지가 구분돼 쓰이지만 재무제표에서는 두 가지를 합쳐서 그냥 매출채권으로 표시한다. 다시 말해 기업 실무에서는 두 가지를 구분해서 기장했다가 결산 시에만 합쳐서 표시하고 있다.

---

10. 기업의 영업활동에서 발생한 채권을 매출채권(trade receivable)이라고 하고, 기업의 영업 이외의 활동에서 발생한 채권을 미수금(non-trade receivable)이라고 한다. 예를 들어 포스코가 철을 외상으로 판매하면 매출채권이고, 공장을 이전하기 위해 부동산을 매각하고 어음을 받았다면 미수금이다. 매출채권과 미수금은 모두 당좌자산(quick asset)이다.

매출채권은 현금이 들어오지 않는 외상 거래라는 사실 때문에 문제가 된다. 매출채권이 많으면 손익계산서의 매출액은 늘지만 기업에 들어오는 현금은 없다. 장부상의 이익과 실제 현금 사이에 차이가 생기는 것이다.

손익계산서	대차대조표
매출액	자산
매출원가	현금
판매비 및 일반관리비	매출채권
법인세	재고자산
당기순이익	유형자산
	부채 및 자본
	유동부채
	고정부채
	자본금
	자본잉여금

| 매출채권과 손익계산서의 관계

기업 입장에서는 매출채권을 늘리면 장부상의 매출액이 늘어나므로 실적 발표 때 유리하고 주가에도 호재로 작용할 것이다. 이런 이유로 매출채권은 기업이 분식회계의 수단으로 빈번히 악용하고 있다(이 부분은 손익계산서의 '매출액 VS. 매출원가' 편에서 자세히 설명한다). 이는 투자자들에게 잘못된 판단을 하도록 만드는 원인이 되고 있다. 그렇지만 상거래 관행상 매출채권을 아예 없앨 수는 없는 일이다. 매출채권은 기업에게 필요악과 같은 존재이다.

주식투자자는 기업이 매출채권을 적절히 관리하고 있는지를 체크할 필요가 있다. 이때 유용한 지표가 매출채권회전율(ART, account receivable turnover)과 매출채권회수기간(DSO, days sales outstanding)이다[11].

매출채권회전율(ART) = 매출액 / 매출채권

매출채권회수기간(DSO) = 365 / 매출채권회전율

매출채권회수기간은 매출채권을 회수하는 데 평균 며칠이 걸리는가를 보여주는 지표이다. 매출채권회수기간은 당연히 짧을수록 좋다. 시간은 기업에게 대단히 중요하다. 매출채권회수기간은 매출채권회전율에 비해 투자자에게 더 와닿는다는 장점이 있다. 예를 들어 매출채권회수기간이 30일이라면 이 회사가 매출채권을 회수하는 데 30일이 걸린다는 뜻으로 쉽게 해석할 수 있다. 매출채권회수기간은 기업의 최고 경영자나 임원 등 내부 관계자들도 관심 있게 들여다보는 지표다.

다음은 2005년 초 우리나라와 미국의 주요 기업의 매출채권회수기간이다.

---

11. 매출채권회전율의 분모인 평균 매출채권은 기초 잔액과 기말 잔액의 평균치를 사용해도 되고, 기말 잔액을 그대로 사용해도 된다. 단, 일관되게 사용해야 한다. 한 번 기초 잔액과 기말 잔액의 평균치를 사용했다면 그대로 평균치를 사용해야 하고, 기말 잔액을 사용했다면 그대로 기말 잔액을 써야 한다.

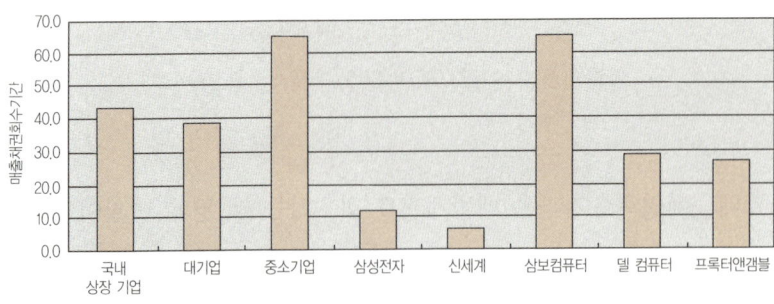

| 주요 기업 매출채권회수기간(단위 : 일)

　중소기업의 매출채권회수기간(64.1일)이 대기업의 매출채권회수기간(38.2일)보다 거의 두 배가 되는데, 이는 중소기업이 매출채권을 현금화하는 데 애로를 겪고 있음을 보여준다.

　삼보컴퓨터의 매출채권회수기간은 64.0일인데 이는 이 기업이 컴퓨터를 외상으로 판매하고 64일이 지나서야 현금으로 회수하고 있다는 뜻이다. 사업을 해본 분이라면 이게 얼마나 부담이 되는지를 짐작할 수 있을 것이다. 삼보컴퓨터는 62일 동안 현금이 잠기면서 이 기간에 현금을 활용해 얻을 수 있는 이득을 놓쳤다. 일종의 기회비용인 셈이다.

　삼보컴퓨터의 매출채권 회수기간은 삼성전자(11.4일)나 신세계(5.3일)의 매출채권회수기간과 비교를 해볼 수도 있다. 결국 삼보컴퓨터는 2005년 5월 법정관리를 신청했고 2007년 4월 코스닥 시장에서 거래가 정지됐다. 미국의 우량 기업으로 평가받는 델컴퓨터는 28.0일, 프록터앤갬블은 25.7일이다. 일반적으로 제조 기업의 매출채권회수기간은 50일 이내인 게 좋고, 매출채권회수기간이 100일을 넘는 기업은 아주 위험한 상태라고 봐도 무방하다.

한편 매출채권이 떼일 가능성이 있다는 점을 감안해 회사가 미리 적립해둔 것을 대손충당금(allowance for bad debts, 貸損充當金)이라고 한다. 대손충당금을 얼마로 해야 할지는 기업의 과거 채권의 회수기록을 토대로 산정한다. 대손충당금을 설정할 경우에 발생하는 비용이 대손상각비(bad debt expense)다.

너무 많아도, 적어도 문제가 되는 재고자산

006

- 재고자산(inventories)[12]이란 기업이 판매를 목적으로 보유하고 있는 제품[13]이나 상품 혹은 판매를 목적으로 제품을 생산하는 과정에서 사용 혹은 소비될 자산을 말한다. 예를 들어 GM대우자동차가 레간자 자동차를 만들어 공장에 쌓아두었다면, 레간자 자동차가 바로 GM대우자동차의 재고자산이 된다. 마찬가지로 대한제분의 공장에 쌓여 있는 곰표 밀가루는 대한제분의 재고자

---

12. 재고자산에 포함되는 계정과목은 상품(merchandise), 제품(goods), 반제품(semi-finished goods), 재공품(work-in progress), 원재료(raw materials), 저장품(supplies), 부산물(by-products) 등이다.
13. 재무회계에서 제품(goods)과 상품(merchandise)은 구별돼 사용된다. 제품은 기업이 직접 제조한 물품이고, 상품은 기업이 완제품 형태를 외부에서 들여온 것이다. 예를 들어 농심이 밀가루를 들여와 제조한 신라면은 제품이고, 신세계이마트가 매장에 진열하기 위해 들여온 신라면은 상품이다. 제품을 만드는 기업을 제조업체(manufacturer)라고 하고, 상품을 판매하는 업체를 유통업체(distributor) 혹은 리테일러(retailer)라고 한다.

산이다.

대차대조표에 기록돼 있는 재고자산의 액수는 판매가가 아니라 취득원가다. 재고자산은 기업 입장에서 적절하게 유지돼야 한다. 너무 많아도, 너무 적어도 문제라는 뜻이다.

우선, 재고자산은 기업이 임직원들에게 보수를 지급하고 외부에서 원재료를 매입하는 등 비용을 지불하고 만든 것이며, 공장에 가만히 쌓아두기만 해도 보관 유지비가 들어간다. 이 같은 비용은 재고자산이 소비자에게 판매되기 전까지 회수되지 않는다. 기업 입장에서 재고자산이 많은 것은 좋은 게 아니라는 사실을 알 수 있다. 특히 제조업체나 유통업체에 있어서 재고자산이 늘고 있다는 것은 적신호로 해석해도 좋다.

손익계산서	대차대조표
매출액	**자산**
매출원가	현금
판매비 및 일반관리비	외상매출금
	재고자산
법인세	건물
당기순이익	
	부채 및 자본
	유동부채
	고정부채
	자본금
	자본잉여금

| 재고자산과 손익계산서의 관계

재고가 늘어나고 있는데 기업이 그것을 처분하지 못하고 있다면 위험 신호다. 기업은 재고 부담을 덜기 위해 제품 가격 인하에 나서게 되고 이는 수익성 악화를 초래한다. 그렇다고 기업 입장에서 재고자산을 아예 없앨 수도 없는 노릇이다. 현대자동차가

자동차를 미리 만들어놓지 않는다면 갑자기 주문이 늘었을 때 어떻게 대처할 것인가. 기업 입장에서 구매하려는 소비자가 밀려드는데 재고가 없어서 그냥 놓치는 것만큼 안타까운 일도 없다. 결국 재고자산은 적정한 수준에서 유지될 필요가 있는 것이다(재고자산의 적정 수준을 연구하는 경영학 분야가 생산관리operation management다. 정말 어려운 과목이다).

재고자산이 적정한 수준에서 유지되고 있는지를 확인할 수 있게 해주는 지표가 재고자산회전율(inventory turnover)과 재고자산회전기간(DIO, days inventory outstanding)이다. 두 가지 지표를 구하는 공식은 다음과 같다[14].

재고자산회전율 = 매출원가 / 재고자산
재고자산회전기간 = 365 / 재고자산회전율

재고자산회전기간은 창고에 있는 재고를 회전시키는 데 며칠이 걸리느냐를 나타내는 지표이다. 예를 들어 재고자산회전기간이 100일이라면 재고자산을 회전시키는 데 100일이 걸린다는 뜻이다. 당연히 재고자산회전기간은 짧을수록 기업에 유리하다.

---

[14] 분모의 평균 재고자산을 구하는 공식은 '(기초 재고자산+기말 재고자산)/2' 이다. 이렇게 구하는 것이 불편하다면 그냥 기말 재고자산을 사용해도 된다. 다만 어느 방법을 선택하든 일관되게 사용해야 한다. 분자에 매출원가 대신에 매출액을 쓰기도 하지만, 한국의 기업회계기준에서는 매출원가를 쓰고 있다. 재고자산회전율을 구하는 공식의 분자에 매출원가 대신에 매출액을 써야 한다는 주장도 있다. 그렇지만 재고자산은 매출원가의 직접적인 영향을 받는다는 점에서 매출원가를 사용하는 게 합리적이다.

앞서 언급한 매출채권회수기간(DSO)과 재고자산회전기간(DIO)을 이용해 현금회전주기(CCC, cash conversion cycle)를 구하기도 한다.

현금회전주기=
매출채권회전기간+재고자산회전기간 − 매입채무회전기간[15]

현금회전주기는 기업이 얼마나 빨리 제품을 현금으로 회수하느냐를 보여주는 지표이다. 현금회전주기는 특히 소매 업체(retailer)에게 중요하다. 현금주기가 짧아야 기업은 자금이 잠기지 않게 되고 비즈니스에 탄력을 받게 된다. 예를 들어 어느 기업의 매출채권회전기간이 38일, 재고자산회전기간이 85일, 매입채무회전기간이 31일이라면 현금회전주기는 92일이다[16]. 이 기업은 제품을 현금화하는 데 3개월가량이 걸린다는 뜻이므로 현금 회전을 개선해야 할 필요성이 있는 것이다.

재고자산의 평가 방법

재고자산에서 중요한 것은 평가 방법이다. 재고자산은 창고에 입고(入庫)된 날짜도 다르고, 똑같은 재고자산이라도 입고 당시

---

15. 매입채무회전기간(DPO, days payable outstanding)=365/매입채무회전율. 매입채무회전율=매출원가/매입채무.
16. 38+85−31=92일.

구분	수량(개)	원가
기초재고	1,000	100,000
1차 구매	1,000	115,000
2차 구매	1,000	130,000
3차 구매	1,000	145,000
합계	4,000	490,000
당기 판매량	3,000	367,500
기말재고	1,000	?
매출총이익		?

| 재고자산 평가의 예

의 가격이 다를 수 있다. 그렇다면 이것을 재무제표에는 얼마로 기재해야 것인가. 이는 기업의 순이익(매출총이익)과 직결되는 문제이므로 관심 있게 지켜봐야 한다. 사례를 들어 설명하면 다음과 같다.

어느 기업이 기초에 1,000개의 재고를 공장에 갖고 있다. 1,000개의 개당 제조 원가는 100원이므로 제조 원가는 10만 원이다.

이 기업은 당기에 3차례에 걸쳐 1,000개씩 모두 3,000개의 제품을 만들어 3,000개의 제품을 판매했다. 기말에는 1,000개의 재품이 남아 있게 된다.

만약 제품을 만들 때의 원가가 변하지 않는다면 문제가 발생하지 않을 것이다. 그런데 알다시피 제품의 원가는 시간에 따라 수시로 변한다. 예를 들어 대한제분이 밀가루를 만들 때 사용하는 맥아(麥芽)의 국제 가격은 최근 하루가 다르게 오르고 있다.

그러다 보니 1차 구매 원가는 115원, 2차 구매 원가는 130원, 3차 구매 원가는 145원이 됐다. 기말의 공장에 남아 있는 재고자산의 원가를 얼마로 해야 하는가. 기초의 100원인가, 아니면 1차 구매 시의 115원인가, 2차 구매 시의 130원인가, 3차 구매 시의 145원인가.

이것을 회계 처리하는 방법으로는 평균법, 선입선출법, 후입선출법이 대표적이다. 한국의 기업 현실에서는 평균법이 가장 널리 쓰이고 있으며, 선입선출법이 다음이고, 후입선출법은 드물게 쓰인다. 미국의 경우 선입선출법이 가장 널리 쓰이고, 후입선출법 혹은 평균법이 다음으로 자주 쓰인다.

- 평균법(average cost method, 平均法)
- 선입선출법(FIFO, first in first out, 先入先出法)
- 후입선출법(LIFO, last in first out, 後入先出法)

이 세 가지 방법으로 각각 기말재고와 매출총이익을 계산하면 다음과 같다.

평균법

구분	수량(개)	원가
기초재고	1,000	100,000
1차 구매	1,000	115,000
2차 구매	1,000	130,000
3차 구매	1,000	145,000
합계	4,000	490,000
당기 판매재고	3,000	367,500
기말재고	1,000	122,500
매출총이익		232,500

선입선출법(FIFO)

구분	수량(개)	원가
기초재고	1,000	100,000
1차 구매	1,000	115,000
2차 구매	1,000	130,000
3차 구매	1,000	145,000
합계	4,000	490,000
당기 판매재고	3,000	367,500
기말재고	1,000	145,500
매출총이익		255,500

후입선출법(FIFO)

구분	수량(개)	원가
기초재고	1,000	100,000
1차 구매	1,000	115,000
2차 구매	1,000	130,000
3차 구매	1,000	145,000
합계	4,000	490,000
당기 판매재고	3,000	390,000
기말재고	1,000	100,000
매출총이익		210,000

화살표의 방향을 주목하라.

보다시피 선입선출법의 매출총이익(25만 5,000원)이 가장 많고 다음으로 평균법(23만 2,500원), 후입선출법(21만 원)이 뒤를 잇는다는 사실을 알 수 있다. 공장에 남아 있는 재고는 똑같은데 기말재고 평가 방법을 무엇으로 하느냐에 따라 매출총이익이 달라지는 것이다. 어떻게 이런 결과가 나왔는지를 살펴보자.

평균법(average cost method, 平均法)

평균법이란 일정기간 동안에 변화된 가격의 평균치를 구해서 이를 원가로 책정하는 방법이다. 이렇게 계산한 제품 단위당 평균원가는 122.5원이며 기말재고액은 122,500원이 된다[17]. 평균법은 상식에 기반하고 있기 때문에 이해하기 쉬우며 계산하기도 간편하다. 이 방법은 한국의 대부분의 기업들이 채택하고 있다.

선입선출법(FIFO, first in first out, 先入先出法)

선입선출법은 창고에 먼저 입고된 재고자산을 판매된 물건으로 계산하는 방법이다. 먼저 들어와 먼저 나간다고 생각하면 된다.

선입선출법을 적용하면 매출원가가 낮아지기 때문에 순이익(매출총이익)이 높게 나온다.

순이익이 높게 나타나면 어떤 장단점이 있을까.

우선, 기업이 실적 발표 때 순이익을 높게 발표하면 주주들이 좋아할 것이다. 그런데 순이익을 높게 발표하면 노조로부터는

---

17. (100+115+130+145)/4=122.5. 122.5×1,000=122,500.

보너스를 달라는 요구를, 주주들로부터는 배당금을 지급하라는 압력을 받게 된다. 게다가 순이익이 많아지면 과세액이 높아지므로 세금도 많이 내야 한다. 선입선출법은 공격적인 평가 방법이며 전문경영인 체제를 가진 기업에서 찾아볼 수 있다.

후입선출법(LIFO, last in last out, 後入先出法)

후입선출법은 선입선출법과 반대로 생각하면 된다. 창고에 나중에 들어온 재고자산을 먼저 판매되는 것으로 계산하는 방법이며, 나중에 들어와 먼저 나간다고 생각하면 된다. 다시 말해 가장 나중에(최근에) 취득한 제품원가를 매출원가로 배분하고 나서 마지막에 남아 있는 상품의 원가를 기말재고 원가로 기재하는 방법이다.

후입선출법의 논리는 기업 활동을 하기 위해서는 제품들이 계속 보충돼야 하며, 가장 최근의 취득원가가 판매된 상품을 대체하는 데 소요되는 비용과 가장 가깝다는 것이다. 후입선출법을 사용하게 되면 인플레이션으로 물가가 지속적으로 상승할 경우 인플레이션에 따른 재고자산의 가격 상승분이 반영되기 때문에—매출원가가 높아지기 때문에—매출총이익(순이익)이 낮게 기재된다[18].

후입선출법도 장단점이 있다. 후입선출법을 채택하는 기업의

---

18. 이게 무슨 말이냐면 '매출총이익=매출액(sales) − 매출원가(COGS, costs of goods sold)'인데, 후입선출법에서는 매출원가가 높게 기재되므로, 매출총이익이 낮게 나온다는 뜻이다.

순이익은 낮기 때문에 주주들이 좋아하지 않을 것이다. 그렇지만 순이익을 적게 발표할 수 있기 때문에 주주들에게 배당을 적게 지급할 명분이 생기고 종업원들에게 보너스를 지급하지 않아도 별다른 반발이 없다. 노조 측에 "봐라, 이익이 적게 났는데, 보너스를 요구할 거냐?"라고 밀어붙일 수 있는 것이다. 게다가 후입선출법은 과세 대상이 되는 금액이 적어지기 때문에 세금을 적게 낼 수 있다. 후입선출법은 보수적인 재고자산 평가 방법이며 오너 경영 체제를 가진 기업에서 찾아볼 수 있다.

그러나 한국의 기업들은 재고자산 평가 방법으로 후입선출법을 채택하기가 쉽지 않다. 우리나라 기업회계 기준에서는 재고자산 평가 방법으로 개별법, 후입선출법, 선입선출법, 이동평균법, 총평균법, 매출가격환원법의 6가지를 허용하고 있다. 하지만 평균법 혹은 선입선출법이 권장되고 있으며, 후입선출법을 적용하는 경우에는 대차대조표의 재고자산 가액과 선입선출법 또는 평균법에 저가법을 적용하여 계산한 재고자산 평가액과의 차이를 주석에 기재토록 하고 있다.

	선입선출법	후입선출법
특징	・먼저 입고된 자산을 먼저 판매되는 것으로 인식	・나중에 입고된 자산을 먼저 판매되는 것으로 인식
효과	・매출원가 감소 ⇒ 재무제표상의 당기 ・재무제표상의 순이익 증가 효과 초래	・매출원가 증가 ⇒ 재무제표상의 당기순이익 감소 ・법인세 감소 효과를 초래 ・실제 재고자산을 적절히 반영하지 못함

| 선입선출법과 후입선출법 비교

후입선출법과 선입선출법의 차이가 이해됐을 것이다. 두 가지의 차이를 이해하기 어렵더라도 투자자는 이것 한 가지만큼은 확실하게 염두에 둬야 한다. 재고자산의 평가 방법을 바꾸는 기업은 의심해볼 필요가 있다는 점이다. 재고자산의 평가 방법을 바꾸면 과거의 수치와 비교를 할 수 없기 때문에 기업 분석이 어려워진다. 만약 그 이유가 추상적이거나 애매하다면 분식회계를 의심해봐야 한다. 예를 들어 어느 제조업체는 재고자산 평가 방법을 바꾸면서 주석란에 "재고자산의 적정 가치를 재무제표에 반영하기 위해서"라고 사유를 밝혔는데, 이는 확실하게 문제가 있는 것이다. 이 회사는 재고자산의 평가 방법을 바꿈으로써 당기순이익을 늘리고 자기자본이익률(ROE)을 높이는 효과를 거두었다.

재고자산 평가 방법은 굳이 바꿀 이유가 없고 실제로 바꾸기도 쉽지 않다. 기업이 재고자산 평가 방법을 바꾸려면 회계 변경으로 인한 효과를 반영하여 전기 재무제표를 다시 작성토록 돼 있다. 만약 어느 기업이 재고자산 평가 방법을 바꾼다면 왜 그런지를 따져봐야 한다.

숨겨진 프리미엄, 유형자산과 부동산 가치

007

기업은 물건을 생산하기 위해서 부동산이라든가, 공장이라든가, 건물이라든가, 기계 설비라든가 하는 것들이 필요하다. 물건을 만들고 나면 운송을 위해 영업용 차량도 필요하다. 이처럼 기업이 영업활동을 위해 장기간 보유하는 물리적 실체가 있는 자산을 유형자산(PPE, property plant and equipment)이라고 한다. 물리적 실체가 없다면 무형자산(intangible asset)이 된다.

유형자산 가운데 투자자들이 우선 주목해야 할 계정과목은 부동산(토지)이다. 유형자산은 대차대조표에 취득원가로 기록된다. 다시 말해 기업은 유형자산을 구입했을 당시의 가격을 대차대조표에 기재한다. 기업은 바로 이 역사적 원가에서 출발해 해마다 일정액을 차감함으로써 유형자산의 가액을 줄여나간다. 이는 기업이 유형자산을 구입해 수년간 사용하고 나서 결국은 처분한다는 현실을 감안한 것이다. 그런데 취득원가는 실제 거래가격과(이를 고상한 표현으로 현행대체원가라고 부른다)는 차이가 난다.

손익계산서	대차대조표
	자산
매출액	현금
매출원가	외상매출금
판매비 및 일반관리비	재고자산
법인세	유형자산
당기순이익	부채 및 자본
	유동부채
	고정부채
	자본금
	자본잉여금

| 유형자산과 손익계산서의 관계

이런 특징이 가장 두드러지는 유형자산이 부동산이다(부동산은 유일하게 감가상각을 하지 않는 유형자산이다). 예를 들어 어느 기업이 부동산을 수십 년 전에 100억 원에 매입했다면 자산 재평가를 하지 않는 한 아무리 세월이 흘러도 대차대조표에는 100억 원으로 기재된다. 그런데 이 부동산 가격이 상승해 실제로는 1,000억 원에 거래된다고 하자(이는 우리나라 현실에서 드물지 않다).

장부가와 실거래가의 차이는 숨겨진 자산이 된다. 이게 바로 흔히 말하는 부동산주(株)다. 부동산은 시간이 흐르면서 시가가 상승하는 경향이 있기 때문에 매입 가격과 시가와의 차이가 벌어지게 된다. 부동산주는 널리 알려져 있지만 실제 적용하기에는 고려해야 할 점이 적지 않다.

실제 사례를 통해 왜 그런지를 알아보자.

| 사례연구 ❻ |
대한유화

　대한유화는 부동산의 자산가치를 언급할 때 빠지지 않는 종목이다. 이 회사가 울산시 온산 공장에 보유하고 있는 유휴 부지 13만 평의 장부가는 776억 원인데 시가가 1,300억 원이어서 520억 원가량의 숨겨진 자산이 있음을 알 수 있다. 이것을 발행주식 수로 나누면 주당 6,390원의 부동산 프리미엄이 있다고 볼 수 있다.

| 울산시 온산 공장 전경

　과연 이 같은 부동산 가치가 이 회사의 주가를 밀어 올릴 만한 수준인지 분석해보자. 이 회사의 주가 추이를 보면 2006년 초 3만 8,000원이었다가 9월에 9만 원까지 상승했다. 그러다가 지금은 4만 8,000원으로 주저앉았다.

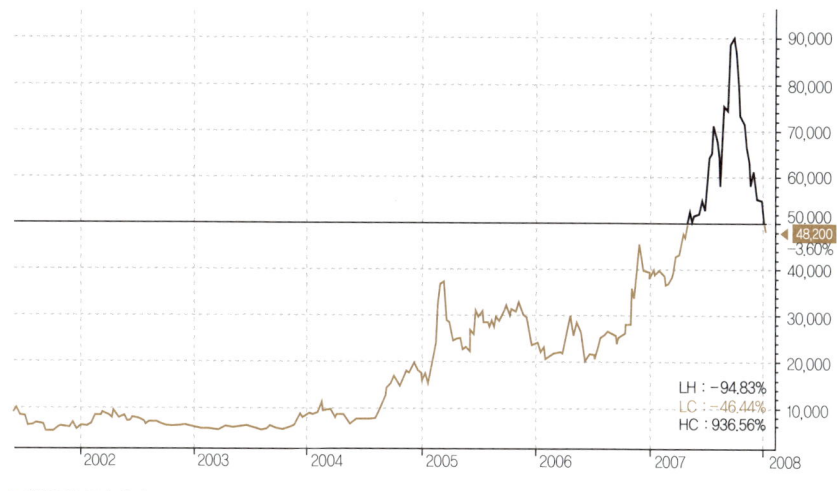

| 대한유화 주가 추이

이 회사의 주가가 상승하기 직전인 2007년 4월의 시점에서 이 회사를 분석해보자.

먼저, 수익 가치다. 이 회사의 2006년 연간 사업보고서를 보면 언뜻 실적이 제법 개선된 것처럼 보인다.

	2006년	2005년	2004년	2003년	2002년
매출액	13,074	10,411	10,117	7,697	6,083
영업이익	943	468	1,037	379	224
계속사업이익	1,012	469	1,027	142	126
당기순이익	535	377	772	129	85
매출채권	1,611	1,144	676		

| 대한유화 실적 추이(단위 : 억 원)

당기순이익이 535억 원으로 전년 대비 42퍼센트 늘었고, 매출

액과 영업이익의 증가를 동반하고 있다. 증권사에서도 이 점을 높게 평가하고 있는 것을 볼 수 있다. 그런데 좀더 자세히 살펴보면 이 같은 실적 개선이 매출채권의 증가에 기반하고 있다는 것을 알 수 있다. 2006년도 사업보고서의 매출채권은 1,611억 원으로 전년 대비 467억 원이 늘어난 것이다. 매출의 증가가 매출채권의 증가에 기반했다는 것은 우려할 만하다.

사업 특성상 이 회사의 재고자산의 증가는 문제가 되지 않는다. 재고자산은 합성수지, 에틸렌이 대부분이며 이는 원재료의 성격을 갖고 있으므로 언제든지 내다 팔아도 제값을 받을 수 있기 때문이다.

다음으로 자산가치를 보면, 앞서 언급한 주당 부동산 가치가 6,390원이 있고 여기에 덧붙여 3,000원가량의 주당 유가증권 가치가 있다. 두 가지를 합치면 약 9,000원이다. 이 액수는 이 회사의 주가 3만 8,000원의 약 20퍼센트를 차지한다. 게다가 주가 3만 8,000원을 기준으로 주가수익비율(PER)을 계산하면 5.5배여서 낮은 편이다. 2006년 당기순이익을 할인율 9퍼센트[19]로 나눈 다음에 발행주식 수로 나누면 약 7만 원이 나오는데, 이 역시 주가 3만 8,000원은 저평가된 가격이라는 사실을 보여준다. 결국 이 회사는 자산 가치의 측면에서 잠재적 가치주였는데, 실적 개

---

19. 시중의 금리는 은행의 예금 이자율 <기업의 차입 이자율 <기업의 가중평균자본비용(WACC, weighted average cost of capital) 순이다. 요즘 시중 은행의 예금 이자율이 6%이므로 대한유화의 할인율을 이보다 3% 높은 9%로 가정한 것이다. {(53,500,000,000/0.09/)/8,200,000}=72,493.

선이 동반되면서 주가 상승을 이끌어낸 것으로 보인다.

이제 현 시점인 2008년 1월을 기준으로 다시 이 회사의 주가를 다시 분석해보자.

주가는 4만 8,000원이다. 먼저, 자산 가치를 살펴보면 주당 부동산 가치 6,390원과 주당 유가증권 가치 3,000원도 눈여겨볼 만하다. 두 가지를 합치면 약 9,000원인데 이는 이 회사의 주가 4만 8,000원의 20퍼센트를 차지한다. 자산가치만 놓고 보면 2007년 4월과 별다른 차이가 없다. 이 부분에서는 주가를 끌어올릴 잠재요인이 있는 셈이다. 그런데 수익 가치가 문제다.

	2007년 1~9월	2006년 1~9월
매출액	10,374	9,730
영업이익	725	627
당기순이익	510	494
매출채권	1,702	1,611
영업현금흐름	549	1,121

| 대한유화 실적 추이(단위 : 만 원)

이 회사의 2007년의 매출액, 영업이익, 당기순이익은 전년에 비해 소폭 증가할 것으로 보이지만, 매출채권의 증가에 기인하고 있다. 영업현금흐름은 아주 나빠졌다.

요즘 유화업계는 고유가의 직격탄을 받고 있다. 유화업계는 나프타, 프로필렌 등의 원재료를 해외에서 수입해야 하는데, 유가가 100달러까지 치솟으면서 부담이 가중되고 있다. 그렇다고 가격을 올릴 수도 없는 일이다. 게다가 이 회사가 생산해내는 합성수지, 합성원료, 합성고무 제품은 프랜차이즈를 확보하기가 어렵다. 합성수지를 어느 회사에서 만들어냈건 그게 그거라는 뜻이다. 이는 대한유화가 원가 인상분을 제품 가격에 전가할 수 없음을 뜻한다. 결국 특별한 촉매가 생기지 않는 한 이 회사 주가의 반전은 기대하기 어려워 보인다.

기업의 수익을 올리는
유형자산의 활용 찾기

008

● 기업이 유형자산(PPE)을 보유하는 목적은 수익을 창출하기 위해서다. 물론 현실 비즈니스 세계를 들여다보면 기업이 장래에 시세 차익을 목적으로 유형자산을 보유하는 경우도 있지만, 이는 정상적인 기업 활동이라고 보기 어렵다. 그러므로 투자자는 기업이 유형자산을 수익 창출을 위해 사용하고 있는지를 체크할 필요가 있다. 이때 사용되는 지표가 유형자산회전율(PPE turnover)이다.

유형자산회전율이란 매출액을 유형자산으로 나눈 값인데 이는 기업이 매출액을 발생시키는 데 유형자산을 얼마나 효율적으로 활용했는가를 보여준다. 이 지표는 유형자산이 매출을 발생시키기 위해 기업이 보유하는 자산이라는 관점에서 만들어졌다.

유형자산회전율(PPE turnover) = 매출액(sales) / 유형자산(net PPE)

유형자산회전율은 업종 평균보다 높은 게 좋다. 만약 유형자산회전율이 해마다 낮아지거나 업종 평균보다 낮다면 불량 기업이거나 분식회계를 하는 기업이 아닌지 의심해봐야 한다. 사례를 들어보자.

인쇄회로기판 제조 및 판매를 하는 휴닉스라는 기업과 우리나라의 대표적 정보통신 대기업인 삼성전자의 유형자산회전율을 비교한 그래프다. 두 회사 모두 증권거래소에 상장돼 있는 전자업체라는 공통점을 갖고 있다. 휴닉스는 1999~2002년의 기간에 삼성전자의 유형자산회전율을 한 번도 넘어본 적이 없고, 이마저도 해마다 낮아지고 있음을 알 수 있다.

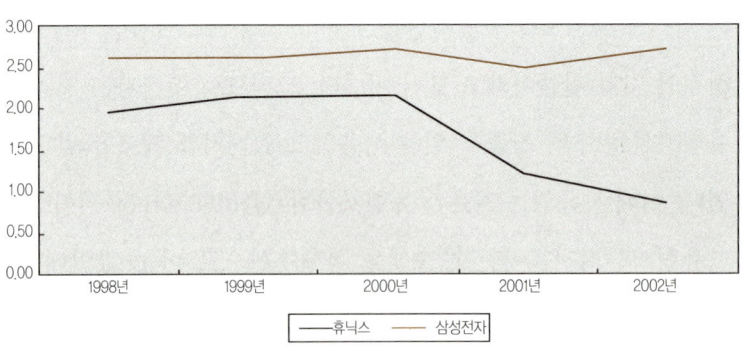

| 휴닉스, 삼성전자 유형자산회전율 비교

휴닉스의 유형자산회전율이 이렇게 해마다 지속적으로 낮아

진 이유는 실은 유형자산을 악용해 분식회계를 저질렀기 때문이다. 휴닉스는 1999~2002년의 기간에 유형자산을 매입한 적이 없는데도 취득한 것처럼 기록하거나, 실제보다 높은 가격으로 유형자산을 매입한 것으로 기록했다. 결국 분모(유형자산)가 커지다 보니 유형자산회전율이 낮아진 것이다.

휴닉스는 이런 분식회계를 저질렀다가 적발돼 2003년 9월 등록 취소가 됐다. 미국의 기업도 유형자산을 악용해 분식회계를 종종 저지른다. 다음은 분식회계로 파산한 미국 통신 대기업 월드컴의 유형자산회전율 추이다.

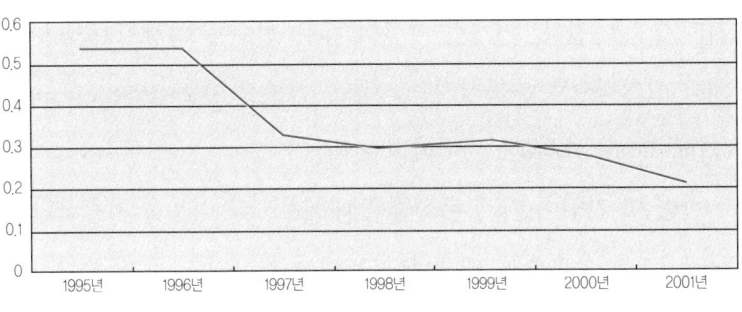

| 월드컴 유형자산회전율

월드컴은 유형자산회전율이 한 번도 1.0을 넘은 적이 없고, 이마저도 해마다 낮아지고 있음을 알 수 있다. 한국의 휴닉스의 경우와 빼다 박았다는 것을 알 수 있다. 월드컴은 어떤 분식회계 수법을 사용했을까. 미국 증권 당국의 조사 결과 월드컴은 수익적 지출로 처리해야 할 것을 자본적 지출로 처리해온 것으로 드러났다.

이제 자본적 지출과 수익적 지출이라는 용어가 나왔다. 유형자산을 악용한 분식회계의 원리를 제대로 이해하려면 자본적 지출과 수익적 지출이라는 개념을 알아야 한다.

기업은 유형자산을 매입하면 그것으로 끝나지 않는다. 공장을 세웠다면 안전을 위해 경비원도 고용해야 하고 고장이 나면 유지 보수도 해야 한다. 이때 들어가는 지출을 재무제표에 어떻게 처리하느냐는 문제가 생기는데, 재무 기업은 이 지출을 자본적 지출과 수익적 지출 가운데 하나로 구분해 기록해야 한다.

예를 들어 어느 기업이 돈을 들여 공장에 새로 엘리베이터를 설치했다고 하자. 엘리베이터가 설치된 공장은 기능이 향상되고 가치가 높아진다. 이처럼 자산의 내용 연수를 연장시키거나 가치를 실질적으로 증가시키는 지출을 자본적 지출(CAPEX, capital expenditure, 資本的 支出)이라고 한다.

한편 이 기업이 기계 부속품을 대체하느라 비용을 지출한다고 하자. 기계 부속품을 대체한다고 해서 공장의 가치가 높아지는 것은 아니다. 이처럼 자본적 지출을 제외한 지출을 수익적 지출(REPEX, revenue expenditure, 收益的 支出)이라고 한다.

두 가지 방식이 각각 재무제표에 어떤 영향을 미치는지를 살펴보자. 앞서 설명한 엘리베이터 설치비용과 경비원에 대한 보수 지급이 재무제표에 어떻게 처리되는지 살펴보자.

(1) 공장 건물에 현금 100만 원을 들여 엘리베이터를 설치하

다. (자본적 지출)

(2) 건물 경비원에게 임금 100만 원을 현금으로 지급하다. (수익적 지출)

	대차대조표					손익계산서		
	자산		부채	자본		수익	비용	이익
	현금자산	비현금자산		기타	이익잉여금			
(1)자본적 지출	(1,000,000)	1,000,000						
(2)수익적 지출	(1,000,000)				(1,000,000)		1,000,000	(1,000,000)

엘리베이터 설치 비용과 경비원에 대한 보수 지급에 대한 재무제표(단위 : 원)

(1)의 경우처럼 자본적 지출로 처리하면 손익계산서에 변화가 없지만 (2)의 경우처럼 수익적 비용으로 처리하면 손익계산서상의 순이익이 줄어드는 것이다. 다시 말해 자본적 지출로 처리하면 자산(유형자산)과 자본이 증가하며, 늘어난 유형자산은 해마다 일정액이 감가상각된다. 수익적 지출로 처리하면 비용을 발생시켜 장부상 순이익을 줄이는 결과를 초래한다. 그렇지만 과세 대상액을 줄여 법인세를 줄이는 효과를 가져온다.

우리나라의 기업회계 기준은 자본적 지출과 수익적 지출의 기준을 정해놓고 있다[20]. 그렇지만 실무에서는 이런 구분이 애매한 경우가 적지 않으며, 이는 기업에게 의도적으로 조작할 여지를 가져다준다. 보수적인 회계를 하고 싶어하는 기업이라면 수익적 지출로 처리하는 것을 선호할 것이다. 그렇지만 주주 등 외부 관계자에게 이익이 많이 났다고 발표하고 싶은 기업은 가능하면 자본적 지출로 처리하고 싶어할 것이다.

월드컴은 수익적 비용을 자꾸 자본적 지출로 처리하다 보니 유형자산회전율이 낮아진 것이다. 유형자산회전율이 업종 평균보다 낮거나, 지속적으로 낮아지는 기업을 의심해야 하는 이유가 여기에 있다.

---

20. 자본적 지출은 다음과 같다. •유형자산의 원가를 구성하는 지출. •유형자산의 가치를 증대시키는 지출. •미래에 수익력과 생산성을 증대시키는 지출. •지출 효과가 당해연도에 그치지 않고 장래에 미치는 지출. •지출 금액이 상대적으로 중요한 지출. 법인세법시행령은 보다 구체적이다. •본래의 용도를 변경하기 위한 개조. •엘리베이터 또는 냉난방장치의 설치. •빌딩 등에 있어서 피난시설의 설치. •재해 등으로 인하여 건물, 기계, 설비 등이 멸실 또는 훼손돼 당해자산의 본래 용도에 이용가치가 없는 복구. •기타 개량, 확장, 증설 등의 전 각호와 유사한 성질의 것. 수익적 지출이란 다음과 같다. •유형자산을 원상으로 회복하기 위한 지출. •본래의 능력만을 유지하기 위한 수선비. •지출된 비용효과가 당해 회계연도에 소멸되는 지출. •경상적이고 주기적으로 발생하는 지출. 법인세법시행규칙에는 다음과 같이 규정돼 있다. •건물 또는 벽의 도장. •파손된 유리나 기와의 대체. •기계의 소모된 부속품의 대체와 벨트의 대체. •자동차 타이어의 대체. •재해를 입은 자산에 대한 의장의 복구, 도장 및 유리의 삽입. •기타 조업가능한 상태의 유지 등이다.

감가상각 너머
기업의 진짜 수익 찾아내기

009

- 유형자산에서 주의해야 할 점은 감가상각(depreciation)이다. 유형자산은 시간이 지나면 가치가 떨어지므로 해마다 일정 금액을 차감해야 한다. 이를 감가상각이라고 한다[21]. 예를 들어 기업이 영업활동을 위해 차량을 구입했다면, 이 차량은 시간이 지나면 소모나 손상에 따라 가치가 감소하므로 재무제표상에서 해마다 일정 금액을 차감해야 한다. 유형자산을 감가상각하는 방법에는 정액법(straight line method), 정률법(declining balance method)의 두 가지가 있다.

정액법이란 해마다 동일한 금액을 감가상각하는 방법이다. 차

---

[21] 대차대조표에 기재되는 유형자산의 장부가액은 취득원가에서 감가상각누계액을 차감한 금액이 된다. 기업은 해마다 매출을 통해서 유형자산에 투자한 금액을 회수하게 된다.

감하는 금액이 해마다 똑같기 때문에 계산 방법이 단순하고 이해하기도 쉽다. 그런데 정액법은 유형자산의 경제적 효용성이 해마다 동일하다는 전제를 깔고 있다. 실제로는 유형자산의 경제적 효용성은 초기에 크고 시간이 지날수록 떨어지는 경향이 있다. 예를 들어 기계장치를 구입했다면 초기에는 경제적 이득을 많이 가져다주지만 시간이 흐를수록 기술적 노후화 등으로 가치가 크게 떨어지는 경향이 있다.

이 문제를 해결해주는 방식이 정률법이다. 정률법은 해마다 일정 상각률에 따라 감가상각하는 방법이다. 상각률은 기업회계기준에 정해져 있다. 정률법은 상각액이 초반에 많고 시간이 흐를수록 줄어드는데 이는 유형자산의 경제적 효용성이 초기에 크기 때문에 이 시기에 감가상각을 많이 해야 한다는 원칙에 바탕을 두고 있다.

정률법은 보수적 회계를 하는 기업이 이용하는 감가상각 방법이며, 한국의 금융 당국도 권장하고 있다.

예를 들어 기업이 기계설비를 3,500억 원에 구입해 정액법과 정률법에 의해 각각 감가상각을 할 경우에 감가상각액과 순이익의 변화를 살펴보면 다음과 같다. 편의상 상각 기간은 5년, 정률법 상각률은 0.451, 연매출액이 3,000억 원이라고 가정하자.

정액법에 의하면 연간 감가상각액은 700억 원으로 5년간 일정하므로, 순이익도 2,300억 원으로 고정된다.

반면 정률법에 의하면 감가상각액은 1년차에는 1,578억 원, 2년

차에는 866억 원으로 점차 줄어들며 5년차에는 176억 원이 된다. 이에 따라 순이익은 1년차에는 1,422억 원, 2년차에는 2,134억 원으로 점차 늘다가 5년차에는 2,824억 원이 된다[22]. 이를 그래프로 그려보면 다음과 같다.

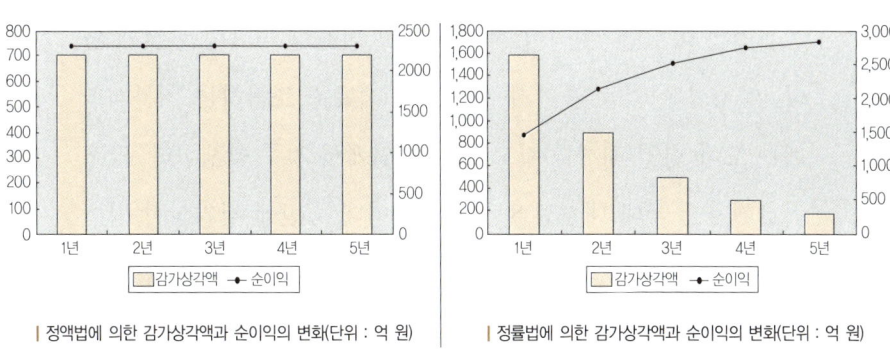

| 정액법에 의한 감가상각액과 순이익의 변화(단위 : 억 원) | 정률법에 의한 감가상각액과 순이익의 변화(단위 : 억 원) |

만약 대규모 적자가 예상되는 어느 기업이 감가상각 방법을 정률법에서 정액법으로 바꾼다면 감가상각비는 줄어들게 되고, 이는 결과적으로 당기순이익을 늘리는 결과를 초래한다. 반대로 이번에는 어느 기업이 대규모 흑자가 예상된다면 감가상각 방법을 정액법에서 정률법으로 바꿀 수 있다. 그러면 감가상각비는 늘어나게 되고, 이는 결과적으로 당기순이익을 줄이는 결과를 초래한다.

당기순이익을 줄여 발표하고 싶어하는 기업도 있느냐고 반문

---

22. 정액법에 의한 감가상각비=(취득원가−잔존가액)/내용연수. 정률법에 의한 감가상각비= 미상각잔액 × 정률.

할 수 있지만 현실 비즈니스 세계에서 드물지 않게 벌어지는 일임은 앞에서 설명했다. 이를 역분식회계라고 한다. 당기순이익이 급격히 증가하면 기업은 주주들로부터 배당금을 늘려달라는 요구를 받게 되고, 법인세도 많이 내야 하고, 노조로부터 임금 인상 요구를 받게 된다.

기업은 이 경우 이익이 적게 났다고 발표할 필요성을 갖게 된다. 이처럼 이익을 줄이기 위해 재무제표를 조작하는 역분식회계는 오너 경영 체제를 갖고 있는 기업에서 자주 발생한다. 앞서 언급했지만 국내 대기업 S사는 1990년대 중반에 감가상각 방법을 거의 해마다 변경했다. 이 기업은 경기 호황을 타고 영업 이익이 급격히 증가하자 "재무적 기초를 공고히 한다"는 이유를 내세워 감가상각 방법을 변경했다. 이는 그 해의 당기순이익을 줄이는 결과를 초래했다. 이렇게 함으로써 S사는 주주의 배당 요구와 임직원의 임금 인상 압력을 피해갈 수 있었다.

개발비 속에 숨어 있는 분식회계와 역분식회계

010

● 개발비(development cost)란 기업이 신제품 또는 신기술을 개발하기 위해 연구활동을 수행하면서 발생한 비용으로, 연구과제별로 식별 가능하고 미래의 경제적 효익을 가져다줄 수 있는 것을 말한다. 주의할 점은 개발비가 회계상으로 비용(cost)이 아니라 자산(asset)으로 분류된다는 사실이다. 다시 말해 개발비는 대차대조표의 무형자산(intangible asset)에 속한다. 상식적으로 생각해보면 개발비는 기업 외부로 빠져나간 돈이므로 비용으로 처리해야 합리적이다. 영어로도 개발비는 development asset이 아니라 development cost로 표기된다. 그런데 왜 기업회계기준은 개발비를 무형자산으로 처리하도록 규정하고 있을까.

사례를 들어 설명하면 쉽게 이해된다. 예를 들어 어느 코스닥 기업이 신작 게임 소프트웨어를 개발하기 위해 시중에 나와 있는 소프트웨어 제품들을 매입해 분석하느라 200억 원을 지출했다고 하자(실제로 게임 업체들이 신작 게임을 개발하는 데 이 정도 비용이 든다).

만약 이것을 모두 비용으로 처리한다면 이 기업은 그해의 당기순이익이 한꺼번에 200억 원이 줄어드는 문제를 낳게 된다. 이렇게 되면 기업은 적자가 불가피할 것이고, 이는 주가 하락과 투자 감소 등 심각한 경영상의 애로가 발생하게 된다.

기업의 연구개발은 장려돼야 마땅하다. 그래서 한국의 기업회계 기준은 200억 원을 무형자산으로 분류하도록 하고 있다. 200억 원을 비용이 아니라 무형자산으로 처리하면 뭐가 달라지는가. 비용으로 회계 처리하면 200억 원을 한꺼번에 손익계산서의 비용으로 처리해야 하지만, 무형자산으로 분류하게 되면 200억 원을 5년에 걸쳐 감가상각하게 된다. 기업 입장에서 재무제표에 미치는 충격이 덜한 것이다. 예를 들어보자.

어느 소프트웨어 제조업체가 신작 소프트웨어를 개발하느라 500만 원을 지출했는데, 이를 당해 연도에 (1) 무형자산으로 처리했을 경우와 (2) 비용으로 처리했을 경우에 재무제표가 어떻게 달라지는지를 살펴보자. (1)을 개발비라고 하고 (2)를 경상연구개발비(판매 및 일반관리비)라고 한다. ((1)에서 무형자산의 감가상각에 관련된 회계 처리는 편의상 생략한다.)

- 분개

(차) 개발비 5,000,000원 (대) 현금 5,000,000원

(차) 경상연구개발비 5,000,000원 (대) 현금 5,000,000원

- 재무제표

	대차대조표					손익계산서		
	자산		부채	자본		수익	비용	이익(손실)
	현금자산	비현금자산		기타	유보이익			
(1)개발비	(5,000,000)	5,000,000						
(2)경상연구개발비	(5,000,000)				(5,000,000)		5,000,000	(5,000,000)

| 개발비와 경상연구개발비에 대한 재무제표(단위 : 원)
★ 괄호 안 숫자는 마이너스

　보다시피 개발비로 처리하면 손익계산서에는 아무런 영향을 미치지 않지만, 경상연구개발비로 처리하면 당기순손실 500만 원이 발생한다. 이제 왜 개발비를 비용이 아니라 무형자산으로 분류하는지 이해할 것이다. 개발비를 무형자산으로 분류하는 것은 기업이 연구 개발로 인해 발생하는 부담을 줄여주기 위한 것이다. 또 개발비가 기업에게 장기적인 경제적 효익을 가져다준다는 것을 생각해봐도 무형자산으로 분류하는 게 타당하다. 무형자산이란 영업활동 과정에서 장기에 걸쳐 기업에 경제적 효익을 가져다줄 수 있는 형태가 없는 자산을 말하는데, 개발비는 여기에 부합한다.

그런데 개발비를 무형자산으로 분류하도록 허용한 결과 부작용과 문제점이 발생하게 됐다. 개발비는 주로 정보통신(IT) 기업이 당기순이익을 늘리는 분식회계 혹은 반대로 당기순이익을 줄이는 역분식회계의 수단으로 활용되고 있다. 다시 말해 기업이 경상연구개발비로 처리해야 할 것을 개발비로 처리하면 당기순이익이 늘어나는 효과를 가져온다. 반대로 개발비로 처리해야 할 것을 경상연구개발비로 처리하면 당기순이익이 줄어드는 효과가 나타난다.

물론 기업의 자의적인 회계 처리를 방지하기 위해 한국의 기업회계기준은 개발비와 경상연구개발비를 구분하는 기준을 꼼꼼하게 규정하고 있다[23]. 그렇지만 규정은 규정이다. 기업이 자의적으로 회계 처리를 할 여지가 여전히 존재한다는 뜻이다.

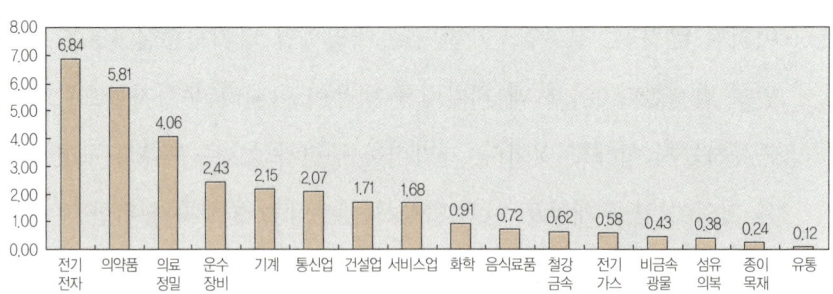

| 업종별 연구개발비율(2006년 12월, 국내 상장 법인 대상, 단위 : %)

실제로 현실 비즈니스 세계를 들여다보면 연구개발비인지 경상연구개발비인지가 애매한 경우가 많다. 기업은 이런 상황을

역이용하는데, 합법과 불법의 경계선상에 놓여 있기 때문에 딱히 문제를 제기하기도 어렵다. 기업이 당기순이익을 줄여 발표하고 싶어하는 경우가 있음은 앞서 살펴보았다. 당기순이익이 갑자기 늘어나면 주주로부터 배당금을 늘려달라는 압력도 받게 되고, 세금도 많이 내야 하고, 노조로부터 급여를 늘려달라는 요구도 받게 된다.

이럴 경우 기업은 개발비로 회계 처리해야 할 것을 경상연구개발비로 처리하게 된다. 이렇게 되면 당해 회계연도에 한꺼번에 비용으로 처리돼 당기순이익이 줄어드는 결과를 낳게 된다.

23. 한국회계기준원의 기업회계 기준서 제3호에서 규정하고 있는 무형자산의 인식에 관한 규정은 다음과 같다. 먼저, 프로젝트의 연구단계에서는 미래 경제적 효익을 창출할 무형자산이 존재한다는 것을 입증할 수 없기 때문에 연구단계에서 발생한 지출은 무형자산으로 인식할 수 없고 발생한 기간의 비용으로 인식한다. 연구단계에 속하는 활동의 일반적인 예는 다음과 같다. •새로운 지식을 얻고자 하는 활동. •연구결과 또는 기타 지식을 탐색, 평가, 최종 선택 및 응용하는 활동. •재료, 장치, 제품, 공정, 시스템, 용역 등에 대한 여러 가지 대체안을 탐색하는 활동. •새롭거나 개선된 재료, 장치, 제품, 공정, 시스템, 용역 등에 대한 여러 가지 대체안을 제안, 설계, 평가 및 최종 선택하는 활동. 다음으로, 개발단계에서 발생한 지출은 다음의 조건을 모두 충족하는 경우에만 무형자산으로 인식하고, 그 외의 경우에는 경상개발비의 과목으로 하여 발생한 기간의 비용으로 인식한다. •무형자산을 사용 또는 판매하기 위해 그 자산을 완성시킬 수 있는 기술적 실현가능성을 제시할 수 있다. •무형자산을 완성해 그것을 사용하거나 판매하려는 기업의 의도가 있다. •완성된 무형자산을 사용하거나 판매할 수 있는 기업의 능력을 제시할 수 있다. •무형자산이 어떻게 미래 경제적 효익을 창출할 것인가를 보여줄 수 있다. 예를 들면, 무형자산의 산출물, 그 무형자산에 대한 시장의 존재 또는 무형자산이 내부적으로 사용될 것이라면 그 유용성을 제시하여야 한다. •무형자산의 개발을 완료하고 그것을 판매 또는 사용하는 데 필요한 기술적, 금전적 자원을 충분히 확보하고 있다는 사실을 제시할 수 있다. •개발단계에서 발생한 무형자산 관련 지출을 신뢰성 있게 구분하여 측정할 수 있다. 개발단계는 연구단계보다 훨씬 더 진전되어 있는 상태이기 때문에 프로젝트의 개발단계에서는 무형자산을 식별할 수 있으며, 그 무형자산이 미래 경제적 효익을 창출할 것임을 입증할 수 있다. 개발단계에 속하는 활동의 일반적인 예는 다음과 같다. •생산 전 또는 사용 전의 시작품과 모형을 설계, 제작 및 시험하는 활동. •새로운 기술과 관련된 공구, 금형, 주형 등을 설계하는 활동. •상업적 생산목적이 아닌 소규모의 시험공장을 설계, 건설 및 가동하는 활동. •새롭거나 개선된 재료, 장치, 제품, 공정, 시스템 및 용역 등에 대하여 최종적으로 선정된 안을 설계, 제작 및 시험하는 활동이다.

2000년대 초 KCC는 다른 회사에서는 수년에 걸쳐 상각하는 R&D 투자를 해당 연도에 전액 상각하는가 하면 직원들의 퇴직충당금도 법적인 기준보다 많이 쌓아두고 있었다. 한마디로 이익이 숨겨져 있었고 이익의 질이 좋았다. 이 회사의 주가는 이후 크게 올랐다.

국내의 H사는 연구개발에 관련된 비용을 전액 경상연구개발비로 처리했다. 이 결과 H사는 해당 회계연도에 당기순이익 2,000억 원을 기록했다. 만약 개발비 일부를 무형자산의 연구개발비로 처리해 기업회계 기준이 허용하는 대로 5년에 걸쳐 상각 처리했다면 당기순이익은 4,000억 원으로 늘어나게 된다. 개발비의 처리방법에 따라 당기순이익이 무려 두 배나 차이가 나는 것이다.

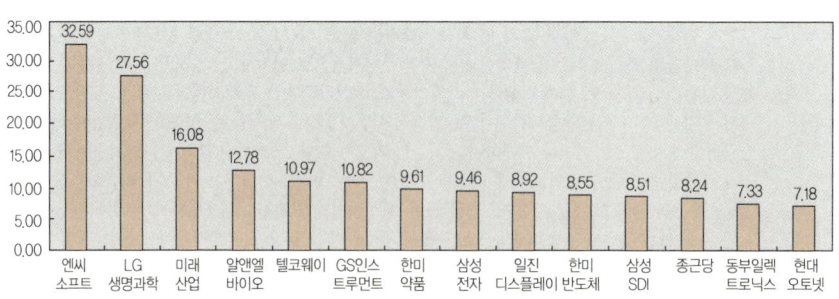

| 매출액 대비 연구개발비 상위 기업(2006년 12월, 상장 기업 대상, 단위 : %)

이는 우리나라만의 현상은 아니다. 미국의 마이크로소프트는 1990년대 후반에 개발비를 100퍼센트 경상연구개발비로 처리했

다. 당시 마이크로소프트는 연방법원으로부터 반시장독점법 위반 혐의로 재판을 받고 있었다. 만약 마이크로소프트의 당기순이익이 늘어나면 혐의를 뒷받침하는 결과를 초래하게 될 위험이 있었다. 이를 피하기 위해 마이크로소프트는 개발비를 전액 경상연구개발비로 처리했다. 이 결과 줄어든 당기순이익은 1997년 14억 달러, 1998년 29억 달러, 1999년 42억 달러였다. 마이크로소프트는 1999년 재판에서 이길 가능성이 확실하자 경상연구개발비의 일부를 개발비로 처리하기 시작했다.

004

투자자에게
좋은 부채와 나쁜 부채

자산 조달 방법에 투자의 적격성이 있다
부채의 레버리지 효과
기업 신용도가 궁금하면 발행 채권을 보라
알아두면 돈이 되는 사채 수익의 원리
주식투자자에게 해로운 채권의 종류
막차 탄 기업이 발행하는 ABS와 MBS
이자 부담이 없는 기업의 채무란
대차대조표에도 기재돼 있지 않은 부채

자산 조달 방법에
투자의 적격성이 있다

001

● 지금까지는 대차대조표의 왼편(차변, debit)을 살펴봤다. 기업의 장사 밑천(자산)들이 어떤 용도로 활용되고, 어떤 특징을 갖고 있는지를 알아본 것이다. 이번에는 대차대조표의 오른편(대변, credit)을 살펴보자. 기업이 이 같은 장사 밑천을 어떤 방법으로 조달했는지를 알아보자는 것이다. 대차대조표의 대변을 살펴보면 부채와 자본의 두 가지로 구성돼 있다는 사실을 알 수 있다. 이는 기업이 자산을 조달하는 방법으로 부채 혹은 자본의 두 가지가 있음을 보여준다.

다음은 부채와 자본의 여러 계정과목들 가운데 기업이 자산의 조달 방법으로 빈번하게 사용하는 것들을 정리한 것이다. 그리고 각각의 자산 조달 방법이 주주에게 미치는 영향을 좋음, 나쁨, 중립으로 표시했다.

이익잉여금(retained earnings)

주주에게 이익을 가져다주는 최선의 자산 조달 방법은 기업이 이익잉여금을 늘려 자산을 마련하는 것이다. 기업은 어떻게 하면 이익잉여금을 늘릴 수 있는가. 바로 경영을 잘해서 순이익을 내면 된다.

손익계산서의 당기순이익은 차기 회계연도의 대차대조표에 이익잉여금이라는 형태로 들어가 자산을 늘리는 효과를 낳는다. 이에 따라 자산이 늘어난 기업은 공장을 추가로 설립하고 기계도 들여올 수 있고, 더 많은 순이익을 창출할 수 있게 된다. 이처럼 '순이익(손익계산서) 증가—이익잉여금(대차대조표) 증가—순이익(손익계산서) 증가—이익잉여금(대차대조표) 증가'의 선순환이야말로 기업에게 가장 바람직한 형태의 성장이다.

문제는 기업이 이익잉여금만으로는 필요 자금을 조달하기 어려울 경우에 벌어진다. 예를 들어 신규 사업에 진출하거나 공장을 새로 증설하기 위해 갑자기 수조 원대의 자금이 필요하다면 어떻게 할 것인가. 이

자산 조달 방법	영향	항목
단기차입금	×	유동부채
사채(채권)	△	고정부채
전환사채CB, 신주인수권부사채BW	×	고정부채
자산유동화증권ABS, 부채담보부증권MBS	×	
자본금, 자본잉여금	×	자본
이익잉여금	○	

| 기업의 자산 조달 방법이 주주에게 미치는 영향
(○:좋음, ×:나쁨, △:중립)

경우 대부분의 기업은 우선 사채 발행에 나서게 된다.

사채(채권, bond, fixed income)

사채란 기업이 외부인에게 원금과 그에 대한 이자를 지급하기로 약속하고 발행하는 채무 증서다. 투자자의 입장에서 보면 사채는 원금과 이자를 받을 수 있는 권리이므로 채권이 된다. 그러므로 사채와 채권은 동의어다. 사채는 비유동부채에 속한다.

여기서 한 가지 궁금증이 생길 수도 있을 것이다. 부채는 이자를 지불해야 하는 부담이 있는데 왜 기업이 사채 발행에 우선적으로 나서느냐는 것이다. 예를 들어 유상증자를 통해 자본을 늘리면 이자 부담이 없으므로 자금 조달원으로 더 낫지 않느냐는 것이다. 왜 그럴까. 이유를 찬찬히 따져보면 궁금증이 풀린다.

우선, 사채를 쓰면 이자를 지불해야 하듯이 유상증자를 하면 주주에게 배당금을 지급해야 한다. 주주들로부터 자본을 끌어다 쓰더라도 공짜가 아니라는 뜻이다. 요즘 같은 저금리 시대에는 배당금 지급 비용이 이자보다 더 들어가기도 한다.

배당금을 지급하지 않으면 되지 않느냐고 반문할 수 있지만 현실 비즈니스 세계에서는 어림없는 일이다. 우리나라에서는 배당금을 지급하지 않는 기업은 나쁜 기업으로 인식돼 있어 주가가 떨어지고 기업 신용도에 악영향을 받는다.

둘째, 부채를 끌어다 쓰면 세금(법인세)을 줄일 수 있다. 현행 기업회계 기준에 따르면 국세청은 이자 비용에 대해 손금 처리를 해준다. 이를 법인세 효과라고 하며, 자본에는 없는 혜택이다.

셋째, 부채를 끌어다 쓰면 주가에 별다른 영향을 미치지 않지만 자본을 끌어다 쓰면 주가가 떨어진다. 유상 증자로 인한 주가의 하락폭은 사채 발행의 경우보다 큰 것으로 조사되고 있다. 주가가 떨어진다는 것은 기업 가치가 떨어진다는 것을 의미하고 이를 회복하려면 만만치 않은 비용이 들어간다.

차라리 사채가 기업 입장에서 볼 때 유리한 자금 조달 수단임을 알 수 있다.

전환사채(CB), 신주인수권부사채(BW)

전환사채와 신주인수권부사채는 일반적인 사채와 분리해서 생각해야 한다. 일반 사채는 순수한 의미의 부채이지만 전환사채와 신주인수권부사채는 주식으로 전환될 수 있다는 점에서 기존의 주주에게는 나쁜 것이다. 전환사채와 신주인수권부사채가 주식으로 전환되면 발행주식 수가 늘어나고, 기존 주주의 몫을 빼앗아가기 때문이다.

유상증자(capital increase with consideration, 자본금, 자본잉여금)

기업은 사채 발행이 여의치 않을 경우 다음으로 유상증자에 나선다. 유상증자는 증권시장에 주식을 신규로 내다 팔아 자금을 마련하는 것을 말한다. 이렇게 되면 발행주식 수가 늘어나므로 기존의 주주는 자기 몫이 줄어들게 된다. 그러므로 기업의 유상증자는 주주에게 나쁜 것이다.

자산유동화증권(ABS), 부채담보부증권(MBS)

최근에 들어서는 한국의 기업들이 사채 발행도, 유상증자도 여의치 않을 경우 자산유동화증권이나 부채담보부증권 발행에 나서고 있다. 이것은 주주에게 최악이다. 이런 증권을 발행하는 기업이 있으면 쳐다보지도 말길 바란다. 자산유동화증권이나 부채담보부증권을 파생상품(derivatives)이라고 하는데, 워렌 버핏은 기업이 파생상품을 발행하는 것을 법으로 금지해야 한다고 주장했을 정도다. 미국경제를 휘청거리게 만들고 있는 서브프라임 모기지 위기도 알고 보면 파생상품이 원인이다.

단기차입금(short-term borrowings)

단기차입금은 자산유동화증권이나 부채담보부증권 못지않게 주주에게 나쁜 것이다. 단기차입금은 기업이 유상증자도 여의치 않고 사채 발행도 여의치 않은 상황에서 만기 어음이 돌아왔을 때 급한 불을 끄기 위해 손을 대는 방법이다. 사채는 어찌 됐건 만기가 1년 이후에 돌아오는 장기 부채여서 기업에 시간적인 여유를 가져다주지만, 단기 차입금은 1년 내에 갚아야 하는 부채여서 위험하다. 단기차입금이 늘어나는 기업은 부도 위험이 있다. 주식이 휴지 조각으로 변할 수 있다는 뜻이다. 정리해보자.

주주 입장에서 볼 때 기업이 이익잉여금을 통해 자산을 조달하는 방법이 최선이다. 다음으로 사채 발행, 전환사채 및 신주인수권부사채, 유상증자, 자산유동화증권 및 부채담보부증권, 단기차입금이다. 그러므로 기업이 어떤 방식으로 자금을 조달하는지를 살펴보면 기업의 상태를 짐작할 수 있다.

부채의 레버리지 효과

002

● 사채가 유상증자보다 기업에 유리한 이유들을 앞서 설명했다. 그런데 기업이 사채를 유상증자보다 선호하는 결정적인 이유가 한 가지 더 있다.

사채에는 유상증자에는 없는 레버리지 효과(leverage effect)가 발생한다는 사실이 그것이다. 레버리지 효과란 기업이 부채를 지렛대로 활용해 자본의 이익률을 높이는 것을 말한다. 이게 무슨 말인지 알기 쉽게 설명하면 다음과 같다. 다음 쪽의 표는 어느 기업이 부채를 전혀 쓰지 않을 경우와 부채를 사용할 경우에 지표가 어떻게 달라지는지를 보여주는 표이다.

왼쪽은 이 기업이 부채가 전혀 없고 자본 총계 800억 원을 갖고 있는 경우에 불황, 정상, 호황기에 순이익, 자기자본이익률

(ROE), 주당순이익(EPS)을 계산한 것이다. 발행주식 수는 400만 주이다. 오른쪽은 이 기업이 자본 총계 800억 원 가운데 400억 원을 부채로 대체한 경우에 불황, 정상, 호황기에 순이익, ROE, EPS를 계산한 것이다. 자본을 부채로 대체했으니 발행주식 수는 200만 주로 줄었다. 부채 400억 원에 대한 연 이자율은 10퍼센트로 가정했다.

	불황	정상	호황
세전이익EBIT	(50)	100	300
이자	0	0	0
순이익	(50)	100	300
자기자본이익률ROE	−6.25%	12.50%	37.50%
주당순이익EPS(원)	(1,250)	2,500	7,500

자본총계	800	발행주식 수 4,000,000
부채총계	0	
자산총계	800	

| 부채가 없을 경우의 순이익, ROE, EPS(단위: 억 원)

	불황	정상	호황
세전이익EBIT	(50)	100	300
이자	40	40	40
순이익	(90)	60	260
자기자본이익률ROE	−22.50%	15.00%	65.00%
주당순이익EPS(원)	(4,500)	3,000	13,000

자본총계	400	발행주식 수 2,000,000
부채총계	400	이자율 10%
자산총계	800	

| 부채를 사용할 경우의 순이익, ROE, EPS(단위: 억 원)

보다시피 부채를 사용하면 불황기와 호황기에 ROE와 EPS의 변화가 크다는 사실을 알 수 있다. 부채가 없을 경우의 ROE는 −6.25~37.5퍼센트이지만 부채를 사용하면 −22.5~65.0퍼센트로 변동 폭이 훨씬 크다. 마찬가지로 EPS도 −1,250~7,500원에서 −4,500~13,000원으로 변화가 훨씬 크다.

복잡한 계산 같지만 ROE와 EPS를 구하는 공식을 생각해보면 별것 아니다. ROE와 EPS를 구하는 공식의 분모에는 발행주식 수가 들어가는데, 부채를 사용하면서 발행주식 수가 절반으로 줄어들다 보니 분자 값이 높아진 것이다. 이처럼 부채를 사용할 경우에 변동성이 커진다는 게 투자자에게 어떤 의미인지를 이해할 수 있어야 한다.

기업이 부채를 적당히 사용하면 호황기에 주주에게 보다 많은 이익을 돌려줄 수 있는 것이다. 그렇지만 기업이 감내할 수 없는 수준까지 부채를 사용하면 불황기에는 부도를 맞을 수 있다. 이를 디폴트 리스크(default risk, 채무 불이행 위험)라고 한다.

레버리지 효과는 그래서 주주에게 양날의 칼이다. 워렌 버핏이 부채를 사용하는 기업에 투자하지 않는 이유가 여기에 있다. 투자자는 기업이 부채를 어느 수준으로 유지하느냐를 따져봐야 한다[1]. 일반 투자자의 입장에서 기업의 부채가 적정 수준인지를 파악하는 간단한 방법은 부채총계를 자본총계로 나눠보는 것이다. 이를 부채비율이라고 한다.

외환위기 이전까지만 해도 국내의 일부 대기업은 부채 비율이 세 자릿수에 달했다. 이런 기업들은 우리 경제가 IMF 체제에 진입하면서 고금리를 견디지 못하고 줄줄이 도산했다. 한국은행 발표 자료에 따르면 2006년 9월 현재 우리나라의 상장·등록법인의 평균 부채 비율은 87.76퍼센트이다. 금융감독원은 국내 법인들에게 부채비율을 200퍼센트 이하로 낮출 것을 권장하고 있다.

---

1. 어느 정도의 부채비율이 적당한가는 기업의 목표자본구조에 따라 다르다. 해당 기업에 적당한 목표자본구조는 가중평균자본비용(WACC, weighted average cost of capital)으로 구할 수 있다. 그런데 이를 계산해내는 방법은 길고도, 골치 아프고도, 복잡하다. 다행스럽게도 워렌 버핏은 WACC가 쓸모없다고 했으니 가치투자자는 WACC를 알아도 그만, 몰라도 그만이다.

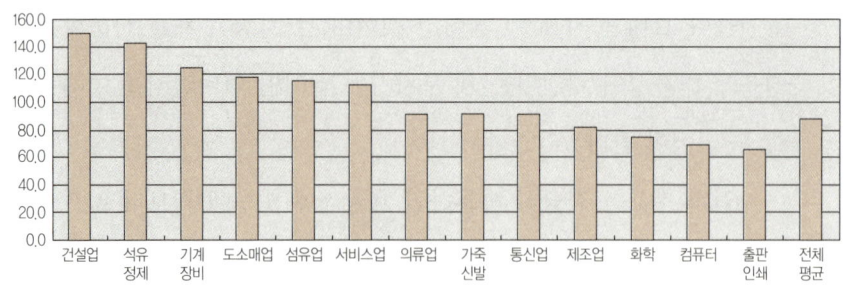
| 국내 상장 등록 법인 업종별 부채비율(한국은행 2006년 9월 발표, 단위 : %)

　　부채비율이 높은 기업은 위기에 처했을 때 파산할 위험이 높기 때문에 항상 조심해야 한다. 위기에 처한 업체가 당면하는 가장 큰 문제는 은행 등 채무자들이 인정사정없이 어음이나 채무를 환수해줄 것을 요구한다는 데 있다. 그런데 부채는 종류에 따라 위험도가 다르다. 고정부채는 1년이 지나서 만기가 돌아오기 때문에 기업 입장에서 한숨을 돌릴 수 있는 여지를 준다.

　　위험한 것은 유동부채인데 유동부채는 다시 여러 가지 형태의 부채로 나뉜다. 이제 기업이 부채를 조달하는 가장 대표적인 방법인 사채(채권)에 대해 알아보자.

유 형	계정과목
유동부채 (current liabilities)	매입채무(trade payable), 단기차입금(short-term borrowings), 미지급이자(accrued interest expense), 미지급금(non-trade payables), 선수금(advances from customers), 미지급비용(accrued expense), 선수수익(unearned revenue), 미지급법인세(income taxes payable), 미지급배당금(dividends payable), 유동성장기부채(current portion of long-term debts)
비유동부채 (long-term liabilities)	사채(bond), 퇴직급여충당금(provision for severance benefits), 장기차입금(long-term borrowings), 장기성매입채무(long-term trade payable), 임대보증금(leasehold deposits received), 이연법인세대(deferred income tax liablilities)

| 부채의 유형

기업 신용도가 궁금하면 발행 채권을 보라

003

● 기업이 이익잉여금만으로는 자금 조달이 여의치 않을 경우 가장 먼저 고려하는 대안은 사채(bond, 社債)다. 사채란 기업이 외부인에게 장래의 어느 날짜에 원금과 그에 대한 이자를 지급하기로 약속하고 발행하는 채무 증서[2]다. 사채를 투자자의 입장에서 생각하면 원금과 이자를 받을 수 있는 권리이므로 채권이 된다. 그러므로 사채와 채권은 동의어다.

사채는 만기가 적어도 1년 이상이고 길게는 30년까지도 있다. 사채가 대차대조표에서 비유동부채로 분류되는 이유가 여기에 있다. 사채의 만기가 1년 이상이라는 것은 기업 입장에서 생각해

---

2. 여기서 말하는 사채를 개인이 사채 업자에게서 빌려 쓰는 사채(私債)와 혼동하는 일이 없기를 바란다.

보면 상환 부담이 덜하다는 것을 의미한다. 사채를 발행해 일단 자금을 조달하면, 물건을 만들어 시장에 내다 팔아 사채를 다시 갚을 수 있는 시간적인 여유가 생기는 것이다. 게다가 사채는 부채이기 때문에 앞서 언급한 레버리지 효과를 누릴 수 있다는 장점도 있다. 사채는 기업에게 여러 가지 장점이 있다.

이번에는 사채를 투자자(외부인, 매입자)의 입장에서 생각해보자. 주식투자자라면 신문 방송에서 기업이 사채를 발행했다는 보도를 접한 적이 있을 것이다. 이런 보도를 접하면 대부분의 주식투자자들은 그냥 흘려듣는다. 사채가 무엇인지 잘 모르다 보니 벌어지는 현상이다. 그렇지만 사채는 주식투자자라면 절대 그냥 넘겨서는 안 되는 사안이다.

채권의 한 형태인 대한주택공사용지보상채권

투자자는 채권이 다음의 두 가지 특징을 갖고 있다는 점을 명심해야 한다. 우선, 투자자는 채권을 매입했을 경우 만기에 얼마의 수익을 거둘 수 있을지를 예상할 수 있다. 채권에 얼마의 원금과 이자를 지급하겠다고 쓰였으니 이는 당연한 이야기다. 위의 채권의 견본 이미지를 살펴보라. "금 일천만 원정"이라는 숫자, 언제까지 얼마의 이자를 지급하겠다는 내용, 그리고 회사 대표이사의 도장이 쾅 찍혀 있다. 기업은 부도를 내지 않는 한 이 약속을 지켜야 한다. 이 점에서 채권은 고정 금리를 지급하는 예금과 같다.

이는 주식과 비교했을 때 사채의 가장 큰 장점이다. 주식을 매입하는 투자자는 이 주식을 통해 향후 어느 정도의 수익을 얻을 것인지를 알 수가 없다(물론 우리는 이것을 알아내기 위해 이런저런 계산을 하지만 대부분 빗나간다). 주식을 갖고 있으면 심지어 주가 하락으로 손실을 볼 수도 있다. 사채를 확정 수입(fixed income), 주식을 불확정 수입(unfixed income)으로 부르는 이유가 여기에 있다. 사채는 일정한 신용도를 가진 기업에게만 허용되기 때문에 떼일 염려도 크지 않다.

다음으로 채권은 증권시장에서 자유롭게 사고 팔 수 있으며, 사고 팔 때마다 가격이 달라질 수 있다. 다시 말해 사채도 주식처럼 시세 차익을 얻을 수 있다. 미국 펀드매니저 빌 그로스(Bill Gross)는 채권 투자만으로 연봉 4,000만 달러(약 400억 원)를 벌어들여 '채권의 왕'으로 불리고 있다. 적지 않은 투자자들이 채권으로 돈을 버는 것을 어려워하는데, 이게 어떻게 가능한지 살펴보자.

	사 채	주 식
발행기관	정부, 지방자치단체, 특수법인, 주식회사	주식회사
자본의 성격	타인 자본	자기 자본
보유자의 법적 지위	채권자(debtor)	주주(shareholder)
보유자의 경영권 참가 여부	없음	있음 의결권을 통해 경영권 참여
보유자의 법적 권리	기업 청산 시 주식에 우선해 채무 변제	채무 변제 후 잔여재산 분배
기타 권리	원금과 이자를 받음	배당 + 주가 상승 시 차익
	회사정리절차 등에서 채권단에 참여	의결권
	주식에 우선하여 재산 분배권 가짐	잔여재산 분배권 가짐

| 사채와 주식의 차이

먼저 사채에는 다음과 같은 사항이 기재돼 있다.

① 만기(maturity, 滿期)

발행기관이 보유자에게 원금을 상환하기로 약속한 기간이다. 우리나라에서는 상환기간이 1년 이하면 단기채, 1~5년이면 중기채, 5년 이상이면 장기채로 분류한다. 미국에서는 상환기간이 1년 이내이면 Treasury bill(단기 채권), 1~10년이면 Treasury note(중기 채권), 10년 이상이면 Treasury bond(장기 채권)로 부른다. Treasury는 미 재무성을 뜻한다.

한국		미국	
1년 이하	단기채	1-5년	Treasury bill
1-5년	중기채	5-10년	Treasury note
5년 이상	장기채	10년 이상	Treasury bond

| 한국과 미국의 사채 구분

액면가(par value, face value, 額面價)

발행기관이 만기에 보유자에게 지급하기로 약속한 금액이다. 다시 말해 액면가는 채권에 기재된 금액이다. 원금(principal)으로도 불린다.

표면 이자율(nominal rate, coupon rate, 表面 利子率)

표면 이자율은 쿠폰 이자율, 발행 이자율, 표면 금리, 발행 할인율 등 다양한 이름으로 불린다. 표면 이자율은 발행기관이 채권 보유자에게 지급하기로 약속한 이자율이다. 표면 이자율(쿠폰 이자율)과 쿠폰을 혼동하면 안 된다. 쿠폰은 발행기관이 보유자에게 지급하는 연간 이자액이다. 쿠폰은 원래는 사채의 아래 부분에 이자액이 쓰인 작은 쪽지 형태로 붙어 있었다. 요즘 발행되는 사채에는 쿠폰이 붙어 있지 않고, 쿠폰이라면 그냥 이자액이라는 개념으로 사용되고 있다.

표면 이자율, 이자액(쿠폰), 액면가는 다음과 같은 관계를 갖고 있다.

이자액=액면가×표면 이자율

그러므로 세 가지 가운데 두 가지만 알면 나머지 한 가지를 계산해낼 수 있다. 예를 들어 액면가 1만 원, 표면 이자율 8퍼센트인 채권의 이자액은 800원이다(10,000×0.08=800).

발행자(issuer, 發行者)

사채는 회사만 발행할 수 있는 게 아니다. 우리나라에서 사채는 정부, 지방자치단체, 한국전력 등 특별법에 의해 설립된 기관, 한국산업은행 등 금융기관, 주식회사의 4개 기관이 발행할 수 있다. 발행기관은 원금을 만기일(maturity)에 지급하며, 이자는 만기일이 되기 전까지 6개월마다 혹은 1년마다 하는 식으로 정기적으로 지급한다.

분류 기준	유형	내용	항목
발행주체	회사채	주식회사가 발행. 기업에 따라 채무 불이행 리스크에 차이가 있음	
	국채	정부가 발행. 채무 불이행 리스크 없음. 3, 5, 10, 20년 만기가 있음	국고채, 외국환평형 기금채권
	지방채	지방자치단체가 발행	각종지역개발채권, 도시철도 채권
	특수채	특별법에 의한 법인이 발행	한국전력공사채, 도로공사채, 예금보험공사채
	금융채	한국은행, 한국산업은행, 중소기업은행 등이 발행	통화안정 증권, 산업 금융채권, 주택금융 채권
이자지급방법	이표채	채권의 권면에 이표가 붙어 있어 이자지급일에 이것으로 일정이자를 지급받는 채권	회사채, 금융채
	할인채	액면금액에서 상환기일까지의 이자를 공제한 금액으로 매출하는 채권	통화안정증권, 산업금융채권
	복리채	이자가 복리로 재투자되어 만기시에 원금과 이자를 받는 채권	국민주택채권, 지역개발공채, 금융채
	단리채	이자를 단리로 받는 채권	
	거치채	이자가 일정기간 거치 후 지급되는 채권	서울도시철도채권
상환기간	단기채	상환기간 1년 이하	통화안정 증권, 재정증권
	중기채	상환기간 1~5년	국고채, 외국환평형 기금채권, 회사채
	장기채	상환기간 5년 이상	국민주택 채권, 도시철도 채권
모집방법	사모채	특정인을 대상으로 발행하는 채권	
	공모채	불특정 다수를 대상으로 발행하는 채권	

보증유무	보증채	보증이 있는 채권	
	무보증채	발행자 신용만으로 발행되는 채권	
원금상환방법	만기상환채	만기에 한꺼번에 상환하는 채권	
	분할상환채	만기 이전에 원금을 분할하여 상환하는 채권	
발행가액	액면발행	액면가액으로 발행되는 채권	
	할인발행	액면 미만으로 발행되는 채권...	
	할증발행	액면을 초과하는 금액으로 발행되는 채권	
지급 이자율 변동 유무	확정금리부채권	Straight bond. 확정이자율에 의한 일정 금액을 약정 기일에 지급하는 채권	국공채, 회사채
	금리연동부채권	Floating rate bond. 정기예금금리 등 기준 금리에 연동돼 지급 이자율이 변동되는 채권	금융채, 회사채
표시통화	원화표시채	원화로 표시되는 채권	
	외화표시채	외화로 표시되는 채권	
외화표시채권	사무라이본드	일본의 채권시장에서 외국의 정부나 기업이 발행하는 엔화 표시 채권	
	양키 본드	외국인에 의해 미국 자본시장에서 발행 판매되는 달러화 표시 채권	

| 사채의 종류

알아두면 돈이 되는
사채 수익의 원리

004

- 사채 가격이 어떻게 변화하는지 알아보자. 액면가 1,000원, 표면 금리 10퍼센트, 만기 수익률 6.25퍼센트인 채권의 현재 가격을 계산해보면 옆의 표와 같다. 예를 들어 94.12원은 1년 후의 쿠폰 이자 100원을 현재가치로 환산한 것이다[3].

계산을 해보면 1,156원이 되는데, 이는 투자자가 이 채권을 매입하려면 1,156원을 지불해야 한다는 뜻이다. 이때 1,156원을 채권 가격, 6.25퍼센트를 채권 금리(채권 수익률)이라고 한다.

그런데 내가 1년 후에 이 채권을 증권시장에서 판매한다면

---

3. $94.12 = 100/(1.0625)^1$.

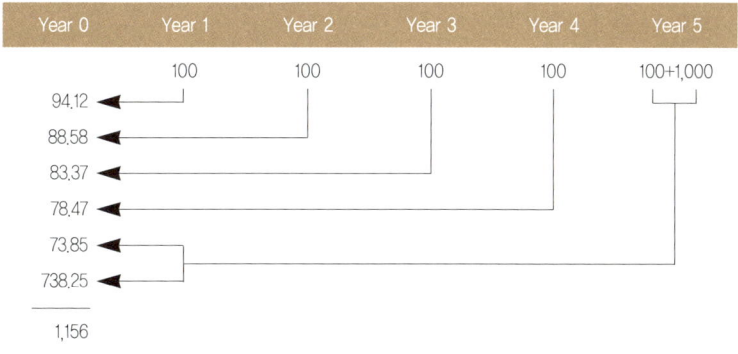

| 사채 가격의 변화 추이

　1,000원에 팔 수도 있고, 1,200원에 팔 수도 있다. 채권 가격이 이렇게 변화하는 가장 큰 변수는 시중의 실세 금리다. 만약 시중 금리가 5.00퍼센트로 채권 금리 6.25퍼센트보다 낮은 상태라면—채권 금리가 시중 금리보다 높다면—사람들은 채권을 1,200원에라도 사려고 할 것이다. 이처럼 시중 금리가 하락하게 되면 채권 가격은 상승하고, 만기 때까지 받는 이자는 고정된 상태이므로 채권수익률은 자연스럽게 하락하게 된다.

　이게 바로 채권 수익의 원리다. 채권은 금리가 높을 때 매입했다가 금리가 내릴 때 매도하면 차익을 거둘 수 있다. 주식투자자라면 채권에 대해서도 반드시 관심을 가져야 한다. 주식과 채권은 별개가 아니며 서로 밀접한 관련을 맺고 움직인다. 채권을 알아야 주식시장이 보이며 채권을 잘 활용하면 훌륭한 재테크 수단이 될 수 있다.

　실제 사례를 들어보자. 1997년의 외환위기 시절의 이야기다.

그해 11월에 시작된 외환위기는 악몽이었다. 기업은 고금리를 견디지 못해 줄줄이 도산했고 이 땅의 가장들은 하루아침에 거리로 내몰려야 했다. 주가는 폭락했다. 그런데 이 시기에 돈의 흐름을 알고 있었던 소수의 전문가들은 오히려 돈을 벌어들일 수 있었다. 어느 투자 전문가는 이 때 사채(채권)를 무차별적으로 사들였다. 당시 대기업의 3년 만기 회사채의 금리는 15퍼센트였고 한때는 30퍼센트까지 치솟기도 했다. 이 투자자는 채권 금리가 30퍼센트까지 오르자 더 이상 오르지 않을 것으로 예상하고—향후 채권 금리가 떨어질 것으로 보고—채권을 대량으로 매입했다. 그리고 기다렸다.

아니나 다를까. 채권 금리가 떨어지기 시작했다. 그러자 채권의 가격이 껑충 올랐다. 이 투자자는 채권으로 엄청난 수익을 거둘 수 있었다. 채권 금리가 반등할 기미가 보이자, 이 투자자는 이번에는 채권에서 돈을 빼내 주식에 투자했다. 얼마 지나지 않아 이번에는 주가가 오르기 시작했다. 그는 채권 투자와 주식투자를 적절히 갈아타는 과정에서 엄청난 수익을 거두었다.

그렇다면 어떤 근거로 채권과 주식투자 시점을 결정한 것일까. 채권 금리와 주가의 흐름을 살펴보면 궁금증이 풀린다. 다음은 우리나라의 회사채(채권) 금리와 종합주가지수(KOSPI)의 역사적 추이다.

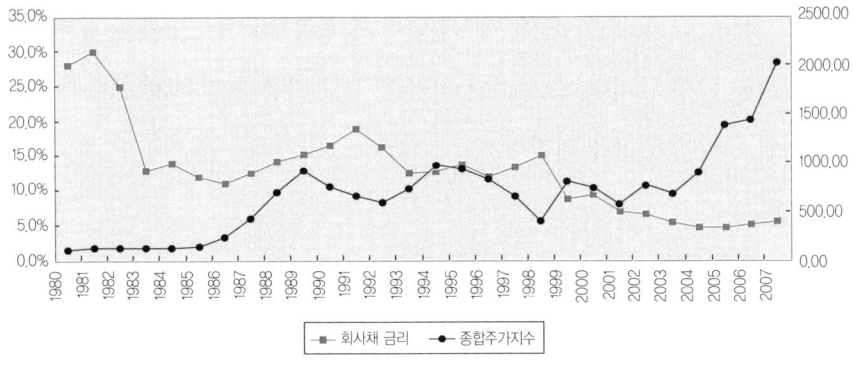

| 회사채(채권) 금리와 종합주가지수 추이(1980~2007)

보다시피 채권의 금리와 종합주가지수는 반대의 방향으로 움직이고 있음을 알 수 있다. 어렵게 생각할 필요가 없다. 기업이 사채(채권)를 고금리로 조달하면 이자 비용이 늘어나기 때문에 이익을 내기 어렵다. 실적이 나빠진다는 뜻이다. 기업의 실적이 나빠지면 주가는 떨어질 수밖에 없다. 그러므로 채권 금리와 종합주가지수는 거꾸로 갈 수 밖에 없다. 특히 1997년 외환위기 이후 채권 금리는 껑충 뛰었다. 자고 나면 기업들이 줄줄이 도산하는 판에 기업이 발행하는 채권을 매입하려는 투자자가 많지 않았기 때문이다. 기업은 투자자를 끌어들이기 위해 채권 금리를 더욱 올릴 수밖에 없었다. 그렇지만 이 투자자는 이런 혼란이 일시적이고 한국 경제와 기업에 대한 믿음을 갖고 채권을 매입한 것이었다. 이 투자자는 채권과 주식의 관계를 알고 있었던 것이다. 채권을 알고 있으면 투자 기회가 많아진다는 사실을 알 수 있다.

채권 금리(채권 수익률)에 가장 큰 영향을 미치는 요인은 물론 시중 실세 금리다. 그렇지만 이것 말고도 다음과 같은 변수가 채권 금리에 영향을 미친다.

외적 요인

• 채권 시장의 수요 공급

채권을 찾는 수요가 커지면 채권 가격은 오르고 채권 수익률은 낮아진다. 채권의 공급이 늘어나면 채권 가격은 떨어지고 채권 수익률은 높아진다. 채권 수요자는 투자신탁, 은행, 보험, 연기금 등이고 최근에는 개인 투자자들도 늘고 있다.

• 통화량

통화량이 늘어나면 채권수익률이 하락하고 통화량이 줄어들면 채권수익률이 높아진다. 다시 말해 통화량과 채권수익률은 반비례한다.

• 경기

경기가 침체되면 기업의 생산 활동이 떨어져 장단기 채권수익률이 하락한다. 경기 회복기에 들어서면 기업의 설비 자금 수요가 늘어 장기 채권수익률이 높아진다. 경기 호황기에는 기업의 운용 자금 수요가 늘어 단기채 발행이 증가하면서 단기채 수익률이 급증한다.

- 물가상승(인플레)

인플레와 채권수익률은 비례한다. 물가가 상승하면 실질 이자율이 떨어져 실물자산에 대한 수요가 커지며, 채권 수요를 감소시켜 채권수익률은 상승한다. 반대로 물가가 하락하면 실질 이자율이 상승하는 효과가 나타나며, 이에 따라 채권에 대한 수요를 증가시켜 채권수익률은 떨어진다.

- 정부 정책

한국은행 등 금융당국은 경기가 과열됐다고 판단하면 긴축 정책을 사용하고, 경기가 침체됐다고 판단하면 금융 팽창 정책을 사용한다. 정부 정책으로는 공개 시장 정책, 지급준비율 정책, 재할인율 정책 등이 있다.

- 환율

외환위기 당시 미국 달러 환율이 급등하면서 국내 화폐 가치가 떨어지자, 국내 채권을 찾던 투자자들이 미국 통화로 바꿔 미국 채권을 매입하면서 국내의 채권수익률은 급등했다.

내적 요인

- 만기(maturity)

액면가 이하로 할인돼 거래되는 채권은 만기에 가까워지면 액면가에 수렴하게 된다. 액면가 이상으로 거래되는 채권도 만기에 가까워질수록 액면가에 수렴하게 된다. 이건 너무 당연한 이야기다.

• 기업의 신용도

신용도가 높은 기업의 채권은 안전한 대신에 수익률이 낮다. 반면 신용도가 낮은 기업의 채권은 떼일 위험이 있기 때문에 수익률이 높다.

• 표면 이자율

채권 표면 이자율이 상승하면 표면 이자율 상승분 만큼 이자가 더 많아지므로 채권 매입자는 세금 부담이 많아진다.

	등급	내용	해당 기업
안전 등급	AAA	원리금 지급 능력이 최고임	포스코, 신한은행, KT, 한국가스공사, 농업협동조합중앙회, 한국남부발전, 한국산업은행, 한국수출입은행, 한국전력공사
	AA	원리금 지급 능력이 매우 우수하나 AAA에 비해 다소 열위임	신세계, CJ(주), GS홀딩스, (주)LG, LG전자, LG카드, SK(주), 삼성카드, 삼성전기, 제일모직, KTF
	A	원리금 지급 능력은 우수하지만 상위 급보다 경제 여건 및 환경악화에 따른 영향을 받기 쉬운 면이 있음	LG데이콤, LG텔레콤, 가온전선, 대한항공, 서울도시가스, 유한양행, (주)한섬
	BBB	원리금 지급 능력은 우수하지만 상위 등급보다 경제 여건 및 환경악화에 따라 장래 원리금의 지급 능력이 저하될 가능성을 내포하고 있음	현대상선, 광동제약, 아시아나항공, TU미디어, 하나로텔레콤
투기 등급	BB	원리금 지급 능력이 당장은 문제가 되지 않으나 장래 안전에 대해서는 단언할 수 없는 투기적 요소를 내포하고 있음	

투기 등급	B	원리금 지급 능력이 결핍돼 투기적이며 불황 시 이자 지급이 확실하지 않음	(주)팬택, (주)팬택앤큐리텔
	CCC	원리금 지급에 관하여 현재에도 불안 요소가 있으며, 채무 불이행의 위험이 매우 커 매우 투기적임	
	D	채무 불이행의 상태에 있으며, 원리금의 일방 또는 쌍방이 연체부도 상태에 있음	

| 기업 회사채 신용도 평가, 한국신용평가(KIS), 2007년 5월

주식투자자에게
해로운 채권의 종류

005

- **전환사채**(CB, convertible bond)

전환사채란 자금을 조달하려는 기업이 일반적인 형태의 채권만으로는 투자자를 모으기 어렵다고 판단될 때 채권에 주식으로 전환할 수 있는 프리미엄(권리)을 붙인 것을 말한다.

원래 전환사채는 19세기 중반 미국의 철도 회사들이 철도 건설에 필요한 자금을 원활하게 조달하기 위해 발행한 것이 시초였다. 지금도 그렇지만 철도 산업은 대규모 투자자금이 소요되기 때문에 자금을 조달하는 게 쉽지 않았다. 그래서 당시 철도 회사들은 자금을 원활하게 조달하기 위한 방안을 연구했고, 그러다가 전환사채를 고안한 것이다. 전환사채는 사채와 주식의 이중 성격을 함께 갖고 있기 때문에 혼합형 증권으로도 불린다.

당시 철도 회사가 발행한 전환사채는 커다란 인기를 끌었고, 이에 따라 철도 회사들은 철도 건설에 필요한 자금을 손쉽게 조달할 수 있었다. 이후 AT&T, GE 같은 대기업도 전환사채 발행에 나서면서 전환사채는 미국에서 기업의 보편적인 자금 조달 수단으로 자리 잡게 됐다.

이것은 기존 주주와 신규 투자자에게 각각 상반된 영향을 미친다.

우선, 기업의 기존 주주 입장에서 전환사채 발행은 나쁜 것이다. 전환사채가 주식으로 전환되면서 발행 주식 수가 늘어나면 기존 주주의 몫은 그만큼 고스란히 줄어들기 때문이다. 그래서 전환사채를 발행하는 기업의 주가는 대개 떨어진다. 특히 거래소나 코스닥의 중소형 종목 가운데는 실적이 우수하고 별다른 문제가 없는 것 같은데도 주가가 이상하게 오르지 않는 경우를 볼 수 있는데, 이게 빈번한 전환사채 발행 때문인 경우가 적지 않다. 예를 들어 수성이라는 코스닥 기업은 중소형주로는 드물게 영업이익률과 ROE가 두 자릿수를 기록하고 있는데, 주가는 잠시 반등했다가 지속적으로 하락하는 모습을 보이고 있다. 이는 이 회사가 2005년 12월 코스닥에서 거래를 시작한 이후 사업자금을 마련하기 위해 전환사채를 발행하고 있기 때문이다(이 회사는 보유 지분의 과반수를 오너가 갖고 있어 유통 물량이 적다는 한계도 있다).

다음으로, 신규 투자자에게는 기업의 전환사채 발행은 기회가

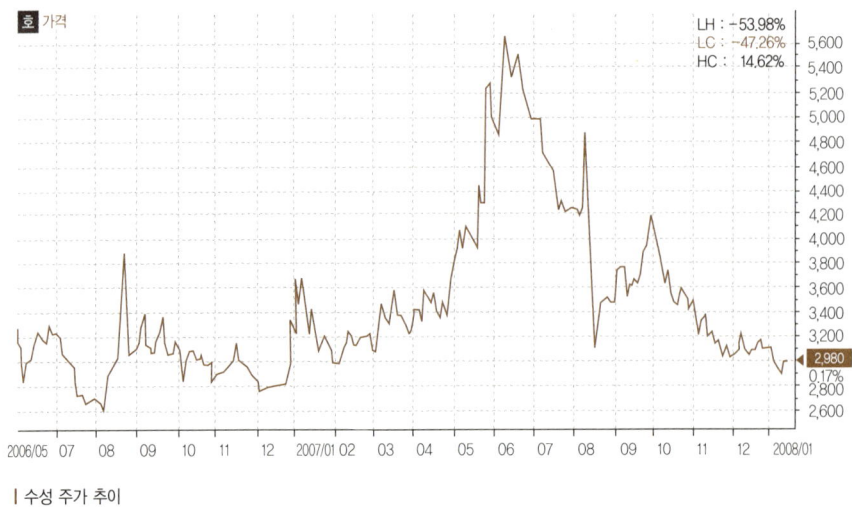

| 수성 주가 추이

    될 수 있다. 전환사채 보유자는 주식으로 전환하기 전까지는 사채로서의 고정 이자를 받을 수 있고, 주가가 기준 가격 이상으로 상승하면 주식으로 전환해 시세 차익을 얻을 수 있다. 예를 들어 A사가 1년 만기 전환사채를 발행하면서 수익률 8퍼센트, 전환 가격 1만 원의 조건을 내걸었다면, 보유자는 1년 동안 A사 주가가 1만 원에 못 미칠 경우 만기까지 보유했다가 8퍼센트 이자를 받으면 된다. 그러다가 A사 주가가 급등해 2만 원이 됐다면 전환사채를 주식으로 전환해 주당 1만 원에 이르는 시세 차익을 누릴 수 있다. 다시 말해 전환사채는 만기 때까지 정해진 금리를 받을 수 있고, 주식으로의 전환해 시세 차익도 얻을 수 있는 사채와 주식의 장점을 동시에 갖고 있다.

    물론 전환사채가 장점만 있는 것은 아니다. 전환사채는 일반

사채보다 만기 수익률이 낮다. 그러므로 주가가 전환가격보다 낮게 되면 만기까지 채권으로 보유해야 하며, 이 경우 일반 채권보다 낮은 수익률을 얻게 된다. 전환사채는 예전에는 거래하기 어렵고 환금성이 떨어진다는 단점이 있었지만 이제는 달라졌다. 요즘에는 집에서 홈트레이딩시스템(HTS)을 이용해 주식투자와 똑같이 매매할 수 있다.

신주인수권부사채(BW, bond with warrents)

신주인수권부사채란 보유자에게 일정 기간이 경과한 후 발행회사의 주식을 약정된 가격(행사가격)에 매입할 수 있는 권리를 부여한 사채이다.

신주인수권부사채는 주식과 연결되고 있다는 점에서 전환사채와 유사하지만 두 가지는 발행조건 및 특성 면에 차이가 있다(다음 쪽 표 참조). 신주인수권부사채는 신용도가 상대적으로 높은 기업 혹은 이미 전환사채를 발행한 기업이 발행한다.

기업이 신주인수권부사채를 발행하면 기존 주주에게는 좋을 게 하나도 없다. 발행주식 수가 늘어나 기존 주주의 몫이 줄어들기 때문이다. 그렇지만 신주인수권부사채 매입자에게는 기회가 될 수 있다. 신주인수권부사채 매입자는 만기 이전까지 확정 이자를 받다가 만기가 되면 원금을 상환받게 된다. 이는 일반 사채와 마찬가지다. 여기에 덧붙여 신주인수권부사채 보유자는 일정

	전환사채	신주인수권부사채
공통점	주가에 악재 (주식 유통량을 증가시켜 주가를 떨어뜨림)	
특징	주식으로 전환할 수 있는 사채	주식을 인수할 수 있는 권리가 부여된 사채
신주 취득 한도	사채 금액과 같은 금액	약속된 금액을 현금 납입
권리 행사 후	사채권 소멸	사채권 존속
발행 기업의 자본 구성 변화	부채(사채) 감소, 자본금 증가	자본금 및 자본 준비금 증가

| 전환사채와 신주인수권부사채의 차이점과 공통점

기간이 경과하면 자신에게 부여된 신주인수권(워런트)을 활용해 주가가 발행가액보다 높을 경우 신주 발행을 청구할 수 있다.

신주인수권부사채는 채권과 신주인수권이 분리되는 분리형이 있고, 그렇지 않은 비분리형이 있다. 분리형에서는 채권과 신주인수권이 따로 거래되기도 한다.

기업은 왜 신주인수권부사채를 발행하는가. 기업이 신주인수권부사채를 발행하면 채권 이자율을 낮게 함으로써 이자비용을 줄일 수 있다. 매입자에게 신주를 인수할 권리를 부여하는 대신에 이자율을 낮추는 것이다. 또 매입자가 신주인수권을 행사하면―신주를 받기 위해 자금을 납입하면―자금이 들어온다는 장점이 있다. 신주인수권부사채의 단점은 이자율이 일반 사채에 비해 아주 낮다는 점이다.

신주인수권부사채의 성공 사례는 1998년 신한은행의 신주인수권부사채 발행이다. 당시 신한은행은 국제결제은행(BIS)의 자기자본비율 기준을 맞추기 위해 유상증자를 실시했지만 은행권

구조조정 등으로 분위기가 어수선해지면서 투자자를 끌어 모으기가 쉽지 않았다. 그래서 신주인수권이라는 프리미엄을 붙인 사채인 신주인수권부사채를 발행한 것이다. 게다가 신주인수권부사채는 부채가 아니라 자본으로 분류됐다.

신한은행은 당시 액면가 5,000원을 발행가로 하는 유상증자를 실시하면서 만기 50년, 연복리 15퍼센트, 채권 액면 1만 원, 권리행사가격 5,000원, 1장당 2주의 주식전환권의 조건이 붙은 신주인수권부사채를 청약자들에게 1장당 10원에 끼워주었다.

이 모 씨는 당시 신한은행 BW 발행에 참여해 신주 1,000주와 신주인수권증권 1,000장을 배정받았다. 이때 이 씨가 지불한 돈은 주식 1,000주 값인 500만 원(5,000원×1,000주)과 신주인수권 값 1만 원(10원×1,000주)을 합친 501만 원이었다. 배정 기준일로부터 약 7개월 뒤인 1999년 5월 신한은행 주가는 1만 3,250원으로 올랐고—행사 가격 5,000원을 훌쩍 넘어선 것이다—BW는 1만 6,500원에 거래됐다. BW 1장을 제출하면 신한은행 주식 2주를 1만 원에 살 수 있기 때문에 BW 1장의 가치는 2주의 시가인 2만 6,500원(1만 3,250원×2)에서 주식 매입금액 1만 원을 공제한 1만 6,500원이 된다.

이 씨가 유상증자로 받은 주식 1,000주를 처분하니 1,325만 원이 들어왔다(1만 3,250원×1,000주). 주당 5,000원에 매입한 주가가 1만 3,250원이 됐으니까 165퍼센트의 수익률을 올린 것이다([13,250−5,000]/5,000=165%). 다음으로 그는 신한은행에

BW 1,000장을 제출하고 주식 2,000주를 1,000만 원에 인수했다(5,000원×2,000주=1,000만 원). 그는 곧바로 이 주식을 매각해 2,650만 원(2,000주×1만 3,250원)을 받아 1,650만 원의 차익을 남겼다. 그는 결국 주식 시세 차익 832만 5,000원에 BW 차익 1,650만 원이 더해져 모두 395.51퍼센트의 아주 높은 연수익률을 달성했다.

그런데 이렇게 BW를 구입해 수익을 내는 경우는 흔치 않으며 대개의 경우 낮은 이자율을 받는 것으로 그치는 경우가 적지 않다. BW를 매입하려면 철저한 기업분석이 선행돼야 하는 이유가 여기에 있다.

	장점	단점
발행 기업	·신주인수권이라는 권리를 추가함으로써 자금 조달 용이 ·일반 사채보다 이자율이 낮아 자금 조달 코스트가 낮음 ·사채의 발행자금과 신주인수권 행사에 따른 추가자금 유입으로 자금이 이중으로 유치됨 ·대주주의 추가부담 없이 유상증자를 대체할 수 있는 방법으로 활용할 수 있음	·신주인수권의 행사 후에도 사채권이 존속됨 ·주가의 변동으로 행사 시기가 일정하지 않으므로 자본 구조가 불확실 ·대주주의 지분율이 하락할 우려가 있음
투자자(보유자)	·사채의 안정성과 주식의 투기성을 동시에 만족시켜 줌 ·주가 상승 시에 신주인수권의 행사로 주식투자에 의한 매매차익을 얻을 수 있음	·신주인수권의 행사는 주가 상승이 전제돼야 하므로 약세장에서는 메리트가 없음 ·신주인수권의 행사 후에는 낮은 이자율의 사채만 갖게 됨

| 신주인수권부사채의 장단점

| 사례연구 ❼ |
현대건설

  2001년 현대건설은 이라크 공사 대금 미수금, 유가증권 평가손 등 수조 원대에 달하는 적자와 부실로 퇴출 직전까지 내몰렸다. 현대건설의 이 같은 유동성 위기를 설명하자면 2000년 벌어졌던 이른바 현대그룹 '왕자의 난'을 건너뛸 수가 없다. 고(故) 정주영 현대 명예회장이 키운 한국 재계의 거함(巨艦) 현대그룹은 당시 몽구(정 명예회장의 차남) 몽헌(5남) 공동 회장이 투톱 체제로 이끌고 있었다. 85세이던 정주영 명예회장은 와병으로 사실상 경영에서 손을 뗀 상태였고, 정몽구, 정몽헌 두 회장은 포스트 정 명예회장 자리를 놓고 다툼을 벌이고 있었다.

  3월 14일 정몽구 회장이 정몽헌 회장의 최측근인 이익치 현대증권 회장을 고려사업개발 회장으로 전보시키는 인사를 발령하자, 다음날 정몽헌 회장이 이익치 회장의 전보 인사 보류를 발표하면서 갈등이 수면으로 떠올랐다. 이른바 '왕자의 난'의 시작이었다. 24일에는 현대구조조정위원회가 정몽구 회장의 면직을 발표하고, 27일에는 현대그룹 사장단 모임인 현대경영자협의회에서 정몽헌 회장을 단독 회장으로 승인했다. 정몽구 회장이 여기에 반발하면서 두 사람 간의 공방은 한국의 모든 신문 방송 뉴스 코너를 장식했다.

5월 31일 정주영 명예회장이 서울 종로구 계동 사옥에서 공개 기자 회견을 갖고 자신과 정몽구, 정몽헌 회장의 동반 퇴진을 발표하자 갈등이 외형상으로는 수그러드는 것처럼 보였지만 안으로는 더욱 곪아갔다. 계동 사옥의 기자회견장에 나타난 정 명예회장은 발음이 부정확했고 부축 없이는 거동이 불편했다. 당시 정 명예회장을 옆에서 부축했던 어느 직원은 "마른 나뭇가지를 들어 올리는 것 같았다"고 술회했다.

　이 과정에서 유탄을 맞은 계열사가 현대건설이었다. 두 사람의 경영권 다툼은 현대건설의 대외 신인도를 추락시켰고 외국계 금융회사들이 이 회사 사채를 회수하면서 현대건설은 급속히 유동성 위기에 빠져들었다.

　2000년 한 해 동안 금융시장에는 현대건설 부도설이 파다했다. 현대 경영진이 '왕자의 난'으로 대응책을 내놓지 못하면서 현대건설 부도는 기정사실화되는 분위기였다.

　현대건설은 5월 채권단에 긴급 자금 지원을 요청한 뒤 그해 연말까지 4차례 자구계획을 발표했지만 실제로 현대건설에 들어온 자금은 불과 1,000억 원이었다. 급기야 10월 1차 부도가 났고 정부와 채권단은 현대건설의 법정관리와 퇴출을 경고하며 정몽헌 회장을 비롯해 현대그룹 경영진을 압박하고 나섰다. 사태의 심각성을 깨달은 정몽헌 회장은 사재 출연을 포함해 1조 2,000억 원의 자구책을 내놓았다.

　그럼에도 그해 12월 회계 감사결과 현대건설은 2조 9,800억 원의 막대한 부실을 안고 있는 것으로 드러났고, 정몽헌 회장은 이듬해인 2001년 3월 5일 현대건설의 경영권을 포기하고 채권단에 출자전환 동의서를 제출하기에 이른다. 이에 따라 현대건설이 시장에서 퇴출될 것인가 그렇지 않을 것인가의 여부는 사실상 정부의 손으로 넘어갔다. 당시 현대건설은 2조 8,000억 원의 적자 말고도 4조 4,000억 원의 부실을 안고 있었고 자본 잠식 상태였다. 주가는 당연히 바닥을 모른 채 추락하고 있었다. 현대그룹의 모태이자 한때 업계 1위를 기록하던 우량기업의 비극이었다.

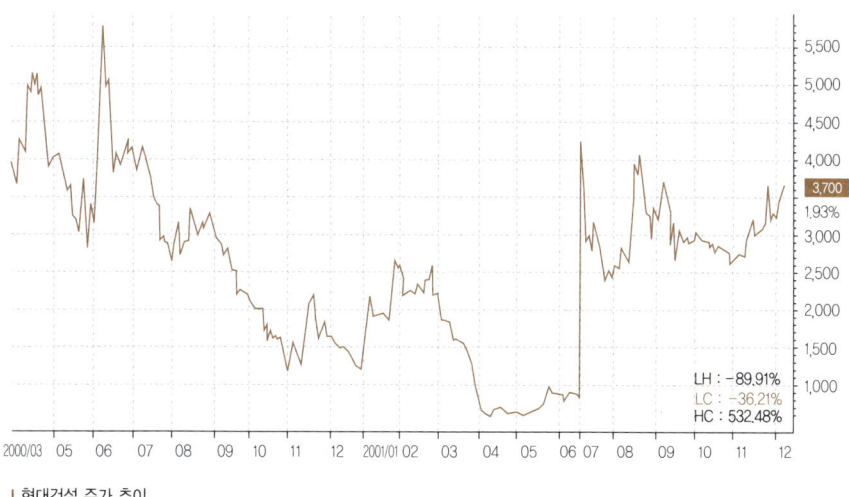

| 현대건설 주가 추이

현대건설이 발행한 전환사채도 사정은 마찬가지였다. 당시 현대건설은 2001년 12월 31일에 만기가 돌아오는 178, 187회의 두 종류의 전환사채를 발행했는데, 액면가 1만 원의 절반에도 미

치지 못하는 3,500~4,000원선에서 거래되고 있었다. 당시 현대건설의 상황을 감안하면 이 같은 낮은 가격은 당연한 것이었다.

종목명	발행일	만기일	현재가	표면금리	보장수익률
현대건설178무전	1999.4.12	2001.12.31	3,500	1.00%	8.50%
현대건설187무전	1999.7.26	2001.12.31	4,000	1.00%	6.50%

| 현대건설 전환사채 내역

당신이라면 이 시점에서 현대건설 전환사채를 매입하겠는가? 선뜻 내키지 않을 것이다. 그런데 이 시기에 직장인 김 모 씨는 이 회사 전환사채 187회를 3,500원에 3,500만 원어치를 매입했다. 현대건설의 생사가 채권단으로 넘어온 2001년 3월의 일이었다. 누가 보기에도 무모해 보이는 투자였지만 김 모 씨는 과감하게 소수의 편에 섰다.

김 씨가 휴지 조각이 될 수도 있는 현대건설 채권을 매입한 이유는 뭘까.

첫째, 김 씨는 이 회사의 전환사채를 3,500원에 매입할 경우 만기일에 발행액면가 1만 원을 돌려받을 수 있다고 봤다. 만기일까지는 불과 9개월이 남아 있었다. 시세차익을 노린 것이다. 둘째, 발행 시 보장됐던 이자율도 덤을 얹어 받을 수 있다고 봤다. 액면가보다 싸게 구입했으므로 매수가 대비 실제 이자율은 발행가 대비 이자율보다 높아진다.

김 씨는 결국 시세 차익과 이자를 노리고 투자한 것이다. 그런데 만약 채권단이 현대건설을 퇴출하기로 결정한다면 어떻게 될 것인가.

김 씨는 현대건설의 규모나 브랜드를 고려할 때 채권단에서 회생 쪽으로 가닥을 잡을 것이라고 판단했다. 현대건설을 퇴출시킬 경우 한국 경제에 미치는 부작용이 너무 크다는 점을 채권단이 고려할 것이라고 생각한 것이다. 최악의 경우 법정관리에 들어가더라도 원리금 지급에는 문제가 없을 것이라고 판단했다. 단, 기업이 최악의 경우를 맞더라도 개인 투자자가 갖고 있는 채권에 대해서는 원리금 지급을 해온 관례를 보아왔기 때문이다.

현대건설 주식을 매입하는 것은 너무 위험하다고 판단했다. 주식은 채권보다 상환이 뒤로 밀리기 때문에 휴지 조각이 될 수 있다고 본 것이다. 전환사채는 부채고 주식은 자본이다. 기업 청산 시 부채는 자본에 앞서 변제된다. 설령 현대건설 회생이 결정되더라도 감자를 실시한다든가 하는 문제로 주가가 어떻게 될지를 확신할 수 없었다.

김 씨의 예상은 적중했다. 그가 이 전환사채를 매입한 지 4개월이 지난 2001년 7월 현대건설은 채권단과의 합의로 회생이 확정됐다. 현대건설 회생이 확정되자 이 전환사채 가격은 곧바로 뛰었다. 3,500원에 매입한 현대건설 전환사채 187회가 불과 수개월 만에 12,000원까지 치솟았다. 더 오를 수도 있었지만 김 씨는 망설이지 않고 12,000원에 전환사채를 매도했다. 3,500만 원은 1억 2,000만 원이 됐다. 이 전환사채는 1만 3,000원에 정점을 찍고 하락세로 돌아섰다. 심지어 현대건설의 회생이 확정된 이후인 2001년 8, 9월에 현대건설 전환사채를 매입한 투자자들도 30퍼센트 안팎의 고수익을 거둘 수 있었다.

현대건설 전환사채의 사례는 기업이 문을 닫지만 않는다면 전환사채 가격이 폭락해 있을 때 매입하면 고수익을 올릴 수 있다는 사실을 보여준다. 이 케이스는 또 주식과 채권의 차이를 알고 있는 투자자가 주식만 알고 있는 투자자에 비해 얼마나 큰 수익을 거둘 수 있는지를 보여준다.

막차 탄 기업이 발행하는 ABS와 MBS

006

요즘 신문이나 방송을 통해 기업이 자산유동화증권(ABS, asset backed securities)이나 부채담보부증권(MBS, mortage backed securities)을 발행했다는 뉴스를 접했을 것이다. 일부에서는 이런 증권을 발행하는 기업을 선진 금융 기법을 도입했다며 높게 평가하고 있다. 이는 잘못 알고 있어도 한참 잘못 알고 있는 것이다. 결론적으로 이런 증권을 발행한 기업이 있다면 쳐다보지도 말라. 기업이 이런 증권을 발행했다면 유상증자도 어렵고, 전환사채 발행도 어렵고 하여간 기존의 자금 조달 방법이 불가능해 궁지에 내몰려 있다는 징후일 가능성이 농후하다.

자산유동화증권이나 부채담보부증권을 발행하는 기업은 주주에게는 최악이 될 가능성이 높다. 자산유동화증권과 부채담보부증권을 파생상품(derivatives)이라고 하는데, 앞서 언급했듯이 워렌 버핏은 기업이 자산유동화증권이나 부채담보부증권을 발행하는 것을 금지하는 법을 제정해야 한다고 주장했을 정도다. 요즘 미국에서 벌어지고 있는 서브프라임 모기지(비우량주택담보대출) 사태를 가져온 원인이 바로 파생상품이다.

파생상품은 어지간한 전문가가 아니고서는 개념조차 파악하기 어렵다. 파생상품의 대표격인 자산유동화증권은 한국의 금융시장에서 원래 자산담보부채권으로 불려왔지만 1998년 자산유동화에 관한 법률이 제정되면서 지금의 이름으로 바뀌었다. 2000년대 초반 동양메이저가 국내에서 처음으로 자산유동화증권을 발행했으니까 국내에 도입된 지가 얼마되지 않는다. 그러다 보니 이런 증권을 발행하는 기업이 투자자에게 좋은 건지 나쁜 건지도 아직 정립돼 있지 않다.

그러면 알기 쉽게 사례를 들어보자.

내가 출입한 기업 가운데 휴대폰 제조업체 팬택이 있다. 1999년 설립된 팬택은 불과 10여 년 만에 조 단위의 매출을 올리는 기업으로 급성장했다. 빠르게 성장하는 기업은 성장통이 있기 마련인데 팬택은 이를 극복하지 못하고 2006년 워크아웃에 들어갔다.

워크아웃에 들어가는 기업은 자금 조달을 하기가 정말 어렵다. 문을 닫을지 모르는 기업에게 누가 돈을 꿔주겠는가. 이때 팬택이 자금 조달 수단으로 생각해낸 것이 자산유동화증권 발행이었다. 자산유동화증권의 원리는 기업이 보유 중인 자산을 자산유동화중개기관(SPC, special purpose company)에 넘기면, 자산유동화중개기관이 이 자산을 담보로 증권을 발행해 시중에서 자금을 모으는 것이다. 한마디로 정상적인 방법으로는 자금을 마련하기 어려우므로, 자산을 담보로 별도의 기관을 만들어 이 기관으로 하여금 자금을 마련하는 것이다. 파생 상품이라고 부르는 이유가 여기에 있다.

팬택은 2006년 9월 당시 보유 중이던 휴대폰 매출채권을 담보로 팬택제일차라는 자산유동화중개기관을 만들었고, 이 기관이 1,000억 원대의 자금을 만들었다. 그리고 이 자금은 팬택으로 들어갔다.

그런데 생각해보라. 휴대폰 매출채권은 쉽게 말하면 팬택이 휴대폰을 외상으로 팔고 현금 대신에 받은 어음 조각이다. 이게 과연 어느 정도의 담보 능력이 있겠는가. 금융공학은 이처럼 애초에 담보가치가 없는 것을 담보가치가 있는 것처럼 둔갑시키는 마술을 부린다.

이것은 기업 입장에서는 여러 가지로 매력적이다. 이미 워크아웃 상태에 들어간 팬택의 매출채권은 사실상 거래가 불가능하기 때문에 팬택은 이것을 담보로 내놓고 싶어도 구매할 기관이 없다는 어려움이 있었다. 그런데 유동화중개기관이 이 매출채권을 팬택으로부터 떼어내 신용평가기관의 평가를 거쳐 증권화하면서 시중에 유통시킬 수가 있게 된 것이다. 게다가 유동화자산은 기업의 대차대조표의 자산 계정에서 분리되기 때문에 총자산

수익률(ROA) 및 자산회전율, 자기자본비율 등 재무제표의 개선을 기대할 수 있다. 이에 따라 신용 리스크, 금리 리스크, 운용과 조달의 불일치에 따른 위험을 회피할 수 있으며, 보유자산(portfolio)의 구성을 개선할 수 있다. 그렇지만 이런 파생상품을 발행한 기업은 부도 위험이 있을 가능성이 높다는 점을 알아야 한다. 이런 파생상품을 발행한 기업의 주식을 매입하는 것에 신중해야 하는 이유가 여기에 있다.

한편 부채나 주택 대출을 담보로 하는 파생상품을 부채담보부증권이라 한다. 이것도 원리는 자산유동화증권과 똑같다. 이런 증권을 발행한 기업을 발견했다면 거들떠보지도 말라. 관심을 돌리면 더 안전하고 확실한 투자 수단이 널려 있는데 굳이 이런 위험성이 높은 증권에 기웃거릴 이유가 없다.

이자 부담이 없는 기업의 채무란

007

- 매입채무(TP, trade payable)란 기업이 영업활동을 위해 원재료나 물건을 구입하고 대금을 후일에 지급하기로 약속한 증서다[4]. 매입채무에는 외상매입금(A/P, account payable)과 지급어음(notes payable)이 있으며, 지급어음은 대금 지급 날짜와 금액을 기재한 어음이고, 외상매입금은 그렇지 않은 것이다. 다시 말해 지급어음은 외상매입금과 달리 지급해야 할 만기가 확정되어 있다.

외상매입금은 당좌자산의 외상매출금과 대비시키면 이해하기

---

4. 매입채무(trade payable), 미지급금(non trade payable), 미지급비용(accrued expense)은 개념이 다르다. 매입채무와 미지급금은 모두 외상으로 무엇인가를 구매하고 추후에 지급하기로 약정한 것이지만, 미지급비용은 일정 기간 계속 발행하는 비용으로서, 이미 발생했지만 아직 지급 기일이 도래하지 않아 지급되지 않고 있는 급여, 월세, 이자비용 등이다. 만약 미지급비용이라 하더라도 지급기일이 이미 경과한 경우에는 확정이 됐기 때문에 미지급비용이 아니라 미지급금으로 분류해야 한다.

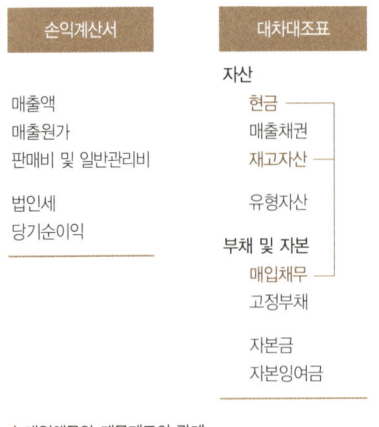

| 매입채무와 재무제표의 관계

쉽다. 내가 거래처로부터 물건을 외상으로 매입할 경우, 내 계정에는 외상매입금으로 기록되고 거래처의 계정에는 외상매출금으로 기록된다.

매입채무의 가장 큰 특징은 이게 부채 항목에 속해 있으면서 이자를 지급할 필요가 없다는 것에 있다. 현행 상거래 관행상 매입채무에 대해서는 이자를 주고받지 않는다.

다시 말해 매입채무는 기업 입장에서 이자 지급 의무가 없는 부채이며, 물건을 외상으로 매입했는데 이자를 지급하지 않아도 된다는 뜻이다. 이는 기업 입장에서 매입채무가 유리한 자금 조달원이라는 사실을 암시한다. 다만, 매입채무에 지나치게 의존하면 거래처로부터 신뢰를 잃게 되고, 이에 따라 안정적인 공급 채널을 확보하는 데 어려움을 겪을 수 있다.

매입채무는 재고자산, 현금과 밀접한 관련이 있다. 기업이 제품을 제조하기 위해 거래처로부터 원재료나 물건을 외상으로 매입했다면 매입채무가 늘어난다. 다시 말해 재고자산이 증가하면 매입채무도 증가하는 경향이 있다. 또한 기업은 매입채무를 현금으로 갚기 때문에 매입채무가 줄어들면 현금이 줄어든다. 매입채무는 손익계산서에는 영향을 미치지 않는다.

대차대조표에도
기재돼 있지 않은 부채

008

- 워렌 버핏은 50년 넘게 다양한 기업의 주식을 사고팔았지만 항공주는 멀리한다. 워렌 버핏이 항공회사 주식을 매입했다는 소식은 들어본 적이 없을 것이다.

워렌 버핏은 왜 항공회사 주식에 관심을 갖지 않는 걸까? 우선 항공주는 자본적 지출이 많아서 주주에게 이익을 가져다주기 어렵기 때문이다. 버핏에게는 항공기 한 대를 매입하느라 수백억 원을 쏟아 부어야 하는 항공회사보다 간단한 기계 설비로 콜라 음료수를 만들어내는 코카콜라의 주식이 더 매력적으로 보일 것이다.

미국에서 항공 사업은 적자 사업이다. 아메리칸에어라인(AA) 등 미국의 항공사들은 막대한 투자비를 견디지 못하고 줄줄이 파산이나 파산 보호 신청을 했다. 워렌 버핏은 "라이트 형제가 비행기를 발명하지 않았더라면 차라리 인류는 더 행복했을 것이다"고 말했을 정도다. 그런데 버핏이 항공주에 관심을 갖지 않는 진짜 이유가 있다. 바로 항공주에는 부외부채(off-balance sheet)가 많다는 사실 때문이다. 부외부채란 기업이 장래에 상환해야 할 부채이지만 대차대조표에는 기재돼 있지 않은 부채를 말한다. 한마디로 숨겨진 부채인 것이다. 부외부채에 속하는 것으로는 운용리스가 대표적이고 지급보증, 매출채권 매각, 자산유동화채무 등이 있다.

부외부채의 대표적인 항목인 운용리스를 통해 부외부채의 원리를 살펴보자.

대한항공은 2005년 현재 52대의 항공기를 보유하고 있다. 항공기에 한대에 수백억 원을 호가하다 보니 대한항공은 항공기를 직접 구입하는 대신에 임대 형식으로 사용하는 방식을 채택해 비용 부담을 줄인다. 이처럼 기업(임차인)이 특정 자산을 구입하지 않고, 이를 소유하고 있는 소유권자(임대인 혹은 리스 회사)로부터 물건을 이전받는 대가로 일정액의 사용료를 정기적으로 지급하기로 하는 계약을 리스(lease)라고 한다.

기업이 리스 회사로부터 물건을 리스하는 방법에는 금융리스(capital lease)와 운용리스(operating lease), 두 가지가 있다. 금융리스는 기업이 리스 회사로부터 물건을 외상으로 구입하고 일정 금액을 갚아나가는 것이다. 다시 말해 금융리스는 리스 자산의 소유권이 실질적으로 기업(리스 이용자)에게 이전되는 경우를 말한다[5]. 이와 달리 운용리스는 소유권이 리스 회사에게 있고 기업은 사용료만 내는 방식이다.

두 가지 가운데 운용리스가 최근 들어 광범위하게 활용되고 있는데, 운용리스를 사용하는 기업을 주의해야 한다. 왜냐하면 운용리스는 부외부채이기 때문이다. 부외부채는 재무제표에 나타나지 않기 때문에 투자자(주주)로 하여금 잘못된 판단을 하도록 유도할 위험이 있다.

A, B의 두 회사가 기계 장치를 운용리스 했을 경우와 금융리스 했을 경우에 재무제표에 어떤 결과를 가져오는지 살펴보자.

- 거래

1. 공정 시가 2,000만 원인 기계 장치를 리스 회사로부터 임대하고 3년간 해마다 70만 원의 리스료를 지급하기로 계약을 맺다. 계약 당일에 기계 장치를 인도받고 1회분 리스료 70만 원을 지급하다. (운용리스)
2. 공정 시가 2,000만 원인 기계 장치를 리스 회사로부터 구입

---

[5]. 기업회계 기준서 제19호의 리스 관련 규정은 다음과 같다. 리스는 리스자산의 소유에 따른 위험과 효익이 리스 이용자에게 이전되는 정도에 따라 금융리스와 운용리스로 분류한다. 리스는 계약의 형식보다는 거래의 실질에 따라 분류한다. 다음에 예시한 경우 중 하나 또는 그 이상에 해당하면 일반적으로 금융리스로 분류한다. •리스 기간 종료시 또는 그 이전에 리스자산의 소유권이 리스 이용자에게 이전되는 경우 •리스실행일 현재 리스 이용자가 염가매수선택권을 가지고 있고, 이를 행사할 것이 확실시 되는 경우 •리스자산의 소유권이 이전되지 않을지라도 리스 기간이 리스자산 내용연수의 상당부분을 차지하는 경우 •리스실행일 현재 최소리스료를 내재이자율로 할인한 현재가치가 리스자산 공정가치의 대부분을 차지하는 경우 •리스 이용자만이 중요한 변경 없이 사용할 수 있는 특수한 용도의 리스자산인 경우.

하고 해마다 3년간 70만 원의 리스료를 지급하기로 계약을 맺다. 계약 당일에 기계 장치를 인도받다. (금융리스)

- 분개
1. (차) 지급 리스료 700,000원   (대) 현금 700,000원
2. (차) 리스 자산 20,000,000원 (대) 리스 부채 20,000,000원

- 재무제표

	대차대조표				손익계산서		
	자본		부채	자본	수익	비용	손익
	현금자산	비현금자산					
운용리스	(700,000)			(700,000)		700,000	(700,000)
금융리스		20,000,000	20,000,000				

★ 괄호 안 숫자는 마이너스

보다시피 운용리스로 회계 처리를 하면 대차대조표에 부채가 나타나지 않는다. 기업 입장에서 기계장치를 들여왔는데도 대차대조표에 부채로 잡히지 않는 것이다. 운용리스는 리스료를 리스 기간에 걸쳐 균등하게 배분해 비용으로 처리하면 그만이다. 반면 금융리스로 회계 처리를 채택하면 대차대조표에 부채가 나타나는 것을 알 수 있다. 이 차이는 어떤 결과를 가져올까. 다음을 살펴보자.

부채비율 = 부채총계 / 자본총계

운용리스를 채택하면 기업이 물건을 외부에서 임대 형식으로 들여와도 부채 비율이 높아지지 않음을 의미한다. 이는 기업에 커다란 매력이다. 기업 입장에서 부채 비율이 높아지면 신용 등급이 나빠지고 사채 이자율이 높아지는 등 이만저만 골치가 아프지 않다. 운용리스는 이런 문제를 말끔히 해결해준다.

대차대조표		손익계산서		현금흐름표	
자산총계	증가	영업이익	증가	영업현금흐름	증가
부채총계	증가	당기순이익	증가	재무현금흐름	감소
총자산회전율(ROA)	감소	금융비용	증가		
자기자본이익률(ROE)	감소	총자산순이익률	감소		
부채비율	증가				
차입금 의존도	증가				

| 운용리스를 금융리스로 바꾸었을 경우에 재무제표에 미치는 효과
 (　　은 좋아지는 것, ■은 나빠지는 것)

운용리스가 가진 이 같은 문제점 때문에 회계학자들은 운용리스가 과연 합법적인 회계 처리 방법인가를 놓고 논란을 벌이고 있지만 아직까지는 운용리스의 필요성을 인정하는 분위기다. 다시 말해 운용리스는 합법이다.

앞서 언급했듯이 2005년 현재 대한항공은 항공기 52대 가운데 25대를 운용리스로 사용하고 있다. 25대의 항공기에 관련된 부채는 대차대조표에 잡히지 않고 있음을 의미한다. 물론 이는 회계 규정에 어긋나지 않으며 세계의 항공업계의 관행이다. 운용리스와 금융리스는 기업에게 절세 효과를 가져다준다는 점에서는 공통점을 갖고 있다. 기업이 운용리스를 채택할 경우 지불하는 지급 리스료는 회계법상 손비 처리가 가능하다. 금융리스도 감가상각비와 이자비용의 절세효과가 있다. 다시 말해 절세효과의 측면에서는 운용리스와 금융리스는 별다른 차이가 없다.

결론적으로 주식투자자는 운용리스를 채택하고 있는 기업을 주의해서 살펴봐야 한다. 기업이 운용리스를 채택하고 있는지를 확인하려면 해당 기업의 사업보고서나 감사보고서의 주석을 살펴보면 된다.

005

건강한 방법으로
자본을 늘린 기업을 골라라

자본이란 무엇인가
유상증자의 숨은 비밀
이익잉여금과 배당 사이의 함수

자본이란 무엇인가

- 자본(shareholder's equity)은 회사를 설립하거나 설립 이후 주주가 납입한 자금과 전년도의 당기순이익에서 배당을 공제한 이익잉여금을 말한다. 이해하기 쉽도록 현대상선이라는 기업의 2005년도 대차대조표의 자본 내역을 사례로 살펴보자(다음 쪽 표를 보라).

보다시피 자본이 4가지로 나뉘어 있다.

I. 자본금(paid-in capital)
II. 자본잉여금(additional paid-in capital)
III. 이익잉여금(retained earnings)
IV. 자본조정(capital adjustment)

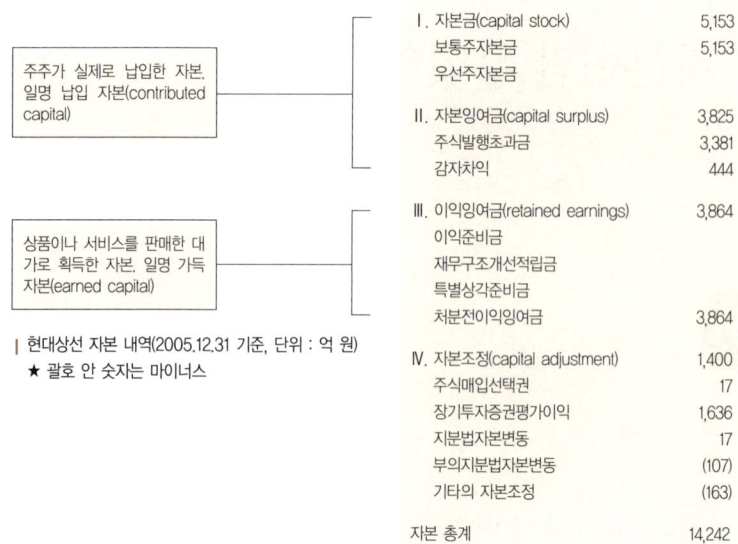

| 현대상선 자본 내역(2005.12.31 기준, 단위 : 억 원)
★ 괄호 안 숫자는 마이너스

그런데 2007년 기업회계 기준 개정안에 따르면 기타포괄손익누계액이라는 게 신설됐다. 그래서 2007년부터는 한국 기업의 대차대조표의 자본 내역이 I. 자본금 II. 자본잉여금 III. 자본조정 IV. 기타포괄손익누계액 V. 이익잉여금의 다섯 가지로 구성된다. 여기서 자본금 및 자본잉여금을 하나의 개념으로 이해하고 이익잉여금을 별도 개념으로 이해하면 편하다.

유상증자의 숨은 비밀

002

한국의 증권거래소와 코스닥에서 거래되고 있는 모든 기업은 주식회사다. 주식회사는 설립 시에 주식을 발행하고 설립 이후에도 필요할 경우 주식을 발행한다. 이 때 주식의 액면가는 자본금으로 분류되고, 액면가를 넘는 금액은 자본잉여금으로 분류된다. 예를 들어 어느 기업이 주당 5,000원짜리의 주식을 발행했는데, 주주가 이 주식을 주당 1만 2,000원에 매입한다고 하자. 이 때 주당 5,000원을 액면가, 1만 2,000원을 발행가라고 한다. 그리고 액면가 5,000원은 자본금으로, 발행가와 액면가의 차액 7,000원은 주식발행초과금(paid-in capital in excess of par value)이라는 계정과목으로 자본잉여금에 분류된다. 왜 신규 주주는 액면가 5,000원 짜리 주식을 1만 2,000원에 사는 걸까. 그것은 기업이 경영을 잘해서 주가가 1만 2,000원 이상으로 오른다면 주가 상승으로 인한 이익을 거둘 수 있다고 기대하기 때문이다. 실제 사례를 들어보자.

현대상선은 2006년 6월과 12월 두 차례 유상증자를 실시했다. 이 회사는 2006년 5월 3일 이사회를 통해 보통주 3,000만 주에 대한 유상증자를 결의, 다음 달인 6월 22일 주당 액면가 5,000원의 주식 3,000만 주를 발행가 1만 4,000원에 발행했다. 이 경우 발행가 총액 4,200억 원 가운데 1,500억 원은 자본금, 2,700억 원은 자본잉여금으로 처리된다. 또 현대상선은 10월 16일자 이사회를 통해 의결권부 상환우선주 2,000만 주 발행을 결의, 12월 5일 주당 액면가 5,000원의 주식 2,000만 주를 발행가 1만 5,000원에 발행했다. 이 경우 발행가 총액 3,000억 원 가운데 1,000억 원이 자본금, 나머지 2,000억 원이 자본잉여금이 된다. 두 차례에 걸친 유상증자로 5,000만 주의 신주가 발행돼 현대상선의 발행주식 수는 1억 307만 주에서 1억 5,307만 주로 48.5퍼센트 증가했다.

이 같은 유상증자가 현대상선 자본 내역에 어떤 변화를 가져왔는지 살펴보자. 다음은 현대상선의 2005, 2006년도 자본 내역의 변화다.

(표1)

일시	증자 형태	수량	주당액면가(원)	주당발행가(원)	발행가 총액(억원)
2006.6.22	유상증자 (보통주)	30,000,000	5,000	14,000	4,200
2006.12.5	유상증자 (우선주)	20,000,000	5,000	15,000	3,000
합계		50,000,000			7,200

(표2)

일시	2006.12.31	2005.12.31	증감액
자본	7,653	5,153	2,500
Ⅰ. 자본금	6,653	5,153	
보통주자본금	1,000		
우선주자본금			
Ⅱ. 자본잉여금	8,511	3,826	4,685
주식발행초과금	8,067	3,381	
감자차익	444	444	
Ⅲ. 이익잉여금	4,575	3,864	711
이익준비금	51		
재무구조개선적립금	386		
특별상각준비금	273		
처분전이익잉여금	3,864	3,864	
Ⅳ. 자본조정	226	1,400	(1,174)
주식매입선택권	17	17	
장기투자증권평가이익	569	1,636	
지분법자본변동	14	17	
부의지분법자본변동	(212)	(107)	
기타의 자본조정	(163)	(163)	
자본총계	20,965	14,243	6,72

(표3)

30,000,000×5,000=150,000,000
20,000,000×5,000=100,000,000

합계 2,500(억 원)

(표4)

7,200
−2,500
=4,700
(≒4,685)

(표5)

3,864(전기 이익잉여금)
+1,226(당기순이익)
− 515(배당금)

4,575(이익잉여금, 억 원)

| 2005, 2006 현대상선 자본 내역(단위 : 억 원)
★ 괄호 안 숫자는 마이너스

〈표2〉를 보면 2005년도에 1조 4,243억 원이던 자본총계가 2006년도에 2조 965억 원으로 늘었음을 알 수 있다. 〈표1〉을 보면 2006년 6, 12월 두 차례 유상증자를 실시해 조달한 7,200억

원이 자본금(2,500억 원)과 자본잉여금(4,685억 원)을 증가시켰음을 알 수 있다. 유상증자는 기존 주주에게는 일반적으로 악재다. 다음의 식을 보라.

(1) 주당순이익EPS=당기순이익/발행주식 수
(2) 자기자본이익률ROE=당기순이익/자본총계

유상증자를 실시하면 (1), (2)의 분모가 각각 커지게 된다. 다시 말해 유상증자를 실시하면 발행주식 수가 늘어나 주당순이익(EPS)이 작아진다. 당연히 기존의 주주의 입장에서는 좋을 게 없다. 유상증자는 자기자본이익률(ROE)도 떨어뜨려 기업의 경영지표도 나빠진다. 그래서 기업은 자금이 필요할 경우 우선 사채를 비롯한 부채를 끌어다 쓰고 불가피할 경우 유상증자를 하게 된다. 현대상선도 이 같은 사실을 충분히 알고 있었을 것이다. 그럼에도 왜 현대상선은 대규모 유상증자를 택한 것일까. 유상증자 후에 이 회사의 주가는 어떻게 변화했을까. 이 시기에 현대상선에서 어떤 일이 벌어졌는지를 살펴보자.

| 사례연구 ❽ |
현대상선

현대상선은 현대엘리베이터, 현대증권, 현대택배, 현대아산 등과 함께 현대그룹에 속해 있다. 현대그룹은 2000년 이른바 '왕자의 난'을 계기로 현대자동차, 기아자동차, 현대중공업 등 자동차, 조선 부문 등이 떨어져 나가면서 남게 된 계열사로 자연스럽게 형성됐다. 다음은 현대상선이 대규모 유상증자에 나서기 직전인 2006년 1월 현재 현대그룹의 지배구조 현황이다.

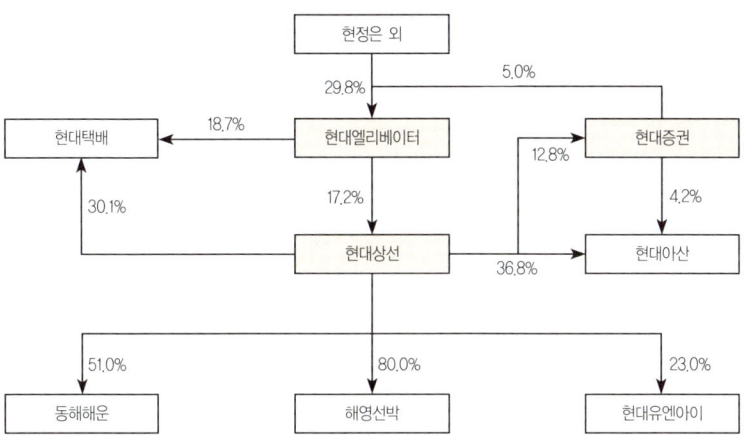

| 현대그룹 지배구조

보다시피 현대상선은 현대그룹의 사실상 지주회사 역할을 하고 있음을 알 수 있다. 문제는 현대그룹이 보유하고 있는 현대상

선의 지분이 경영권을 확고히 할 만큼 안정적이지 않다는 데 있었다.

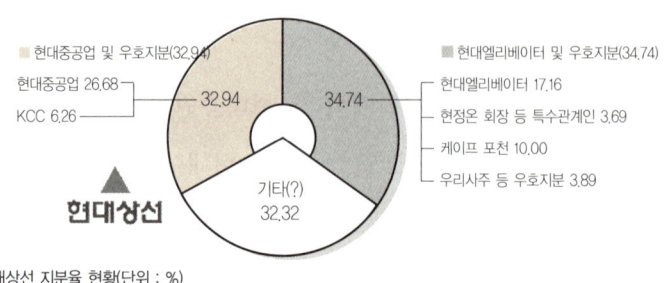

| 현대상선 지분율 현황(단위 : %)

당시 현대그룹이 보유하고 있던 현대상선의 지분은 우호지분을 합쳐서 34.7퍼센트인데, 현대중공업이 보유하고 있던 현대상선의 지분이 우호지분을 합칠 경우 32.94퍼센트로 현대그룹의 지분과 맞먹었다.

실제로 현대그룹은 2003, 2006년 두 차례에 걸쳐 KCC와 현대중공업에 의해 현대상선에 대한 경영권을 위협받았다. 현대그룹은 어떤 식으로든 현대상선의 지분을 늘려야 할 필요가 있었다.

현대그룹 관련 주요 일지

1998년 11월 : 현대해상화재보험 분가

1999년 4월 : 현대백화점 그룹 분가

2000년 3월 : 정몽구 회장과 고 정몽헌 회장의 '왕자의 난'

2000년 : 9월 현대기아차 그룹 분가

2002년 : 2월 현대중공업 그룹 분가

2003년 8월 4일 : 정몽헌 현대아산 이사회 의장 사망

    10월 : 현정은, 현대엘리베이터 회장 취임

2003년 11월 : KCC-현대엘리베이터 경영권 분쟁

2006년 5월 : 현대중공업-현대그룹 간 현대상선 지분 경쟁

이 문제에 대한 해결책으로 현대그룹이 선택한 카드가 현대건설 인수였다. 현대건설은 현대상선의 지분 8.69퍼센트를 보유하고 있었는데, 2000년 '왕자의 난'이 벌어지면서 현대그룹에서 분리돼 채권단에 의해 경영되고 있었다. 현대건설 채권단은 현대건설의 경영이 정상화하자 매각을 추진 중이었다.

현대그룹은 현대건설을 인수하면 현대상선 지분율을 43.4퍼센트로 늘려 경영권을 확고히 장악하게 된다. 반대로 현대중공업측이 현대건설을 인수하면 지분율이 41.6퍼센트로 늘어나 현대그룹은 현대상선의 경영권을 사실상 내놓아야 한다. 현대그룹으로서는 절대로 물러설 수가 없는 형국이다. 게다가 현대그룹은 대북 사업을 추진하고 있는데, 현대건설을 인수하면 향후 대북 건설 사업에서도 시너지 효과를 낼 수 있다. 현대그룹은 어떻게 해서든 현대건설을 인수해야 했다. 문제는 4조 원으로 추정되는 현대건설 인수 자금을 어떻게 마련하느냐였다.

기업이 자금을 조달하는 방법은 유상증자, 사채 발행, 전환사

채 혹은 신주인수권부사채 발행 등이 있다고 앞서 설명했다. 당신이 현대상선 경영진이라면 어떤 카드를 선택하겠는가. 유상증자 말고는 대안이 없다는 사실을 알 수 있다.

우선, 사채 발행을 선택하면 부채 비율이 200퍼센트를 훨씬 넘게 되므로—사채는 부채다—금융 당국으로부터 부채를 낮추라는 압력을 받고 신용도가 낮아지는 등 여러 문제가 발생한다. 사실상 선택하기가 불가능한 방법이다. 다음으로 전환사채나 신주인수권부사채 발행은 현대중공업 등 기존 주주의 지분을 높이는 결과를 초래하므로 경영권 위협을 받게 된다(전환사채나 신주인수권부사채는 기존 주주에게 배정권이 우선 부여된다). 남는 것은 유상증자다. 유상증자를 하게 되면 기존 주주의 몫이 줄어들게 되므로 기존 주주의 반발이 있지만 현대상선으로서는 이것 말고는 선택의 여지가 없는 셈이다. 결국 현대그룹은 2006년 6, 12월 두 차례에 걸쳐 유상증자를 실시했다. 이에 따라 잠재적 발행주식 수는 1억 307만 주에서 1억 5,307만 주로 무려 48.5퍼센트가 증가했다.

현대상선의 유상증자 이후 이 회사 주가는 어떻게 변화했을까. 이 회사 주가는 두 차례의 유상증자를 전후해 각각 2만 5,000원 선에서 1만 5,000원 선, 2만 5,000원 선에서 2만 원 선으로 떨어졌음을 알 수 있다.

그런데 흥미로운 것은 2007년 들어 벌어진 이 회사 주가의 대폭적인 상승이다.

대규모 유상증자에도 불구하고 20007년 초 1만 8,000원이던

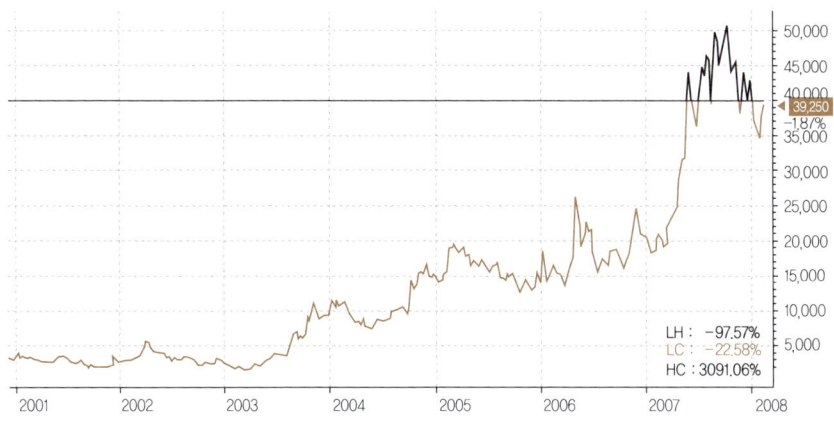

| 현대상선 주가 추이

주가가 5만 원까지 치솟았다. 이는 2007년의 주식시장에 전반적인 대세 상승기였고 특히 빠르게 경제가 성장하는 중국과의 해상운송이 활발해지면서 실적이 개선됐기 때문이다. 사채 발행으로 주식시장에 물량이 늘어날 위험성이 커지더라도 주식시장이 전반적인 상승하고 실적이 개선되면 전환 물량을 극복하면서 주가가 오른다는 사실을 알 수 있다. 주가 상승의 불변의 테마가 기업실적이라는 점을 다시 한 번 보여준다 하겠다.

현대상선은 대규모 유상증자를 바탕으로 현대건설 인수 자금을 마련하면서도 때마침 불어닥친 해운주 열풍과 실적 개선 덕분에 주가가 오히려 높아지는 행운을 안았다. 2006년 당시에 현대상선으로부터 유상증자 청약 제의가 왔을 때 매입했다면 고수익을 기대할 수 있었을 것이다.

이익잉여금과
배당 사이의 함수

003

- **이익잉여금**(retained earnings)

이익잉여금이란 기업의 당기순이익 가운데 배당금이나 자사주 매입 등 외부에 유출되거나 자본금으로 대체되지 않고 사내에 유보된 이익을 말한다. 이익잉여금은 유보이익이라고도 한다.

당기 이익잉여금＝
전기 이익잉여금＋당기순이익－(배당금＋자사주매입(이익소각))

이익잉여금은 유상증자, 사채 발행 등 기업이 자산을 조달하는 여러 가지 방법 가운데 주주의 이익에 가장 부합하는 조달원이라고 앞서 설명했다. 이익잉여금의 증가를 통해 대차대조표의 자산을 늘리는 기업이야 말로 주주의 이익에 봉사하는 기업이다.

기업은 이익잉여금을 어떻게 늘릴 수 있는가.

공식을 보면 확연히 드러난다. 당기순이익을 늘리거나, 배당금 혹은 자사주 매입을 줄여야 한다. 그런데 배당금이나 자사주 매입을 줄이는 것은 주주의 이익에 상반되므로 결국 당기순이익을 늘리는 길 밖에 없다. 여기서 다시 한 번 기업이 경영을 잘해서 이익을 창출하는 게 주주의 이익을 위하는 길이라는 사실이 드러난다.

대차대조표상의 이익잉여금은 누적 계정이다. 기업이 해마다 벌어들인 당기순이익에서 배당이나 자사주 매입을 하지 않는다면 이익잉여금은 증가한다. 반면 기업이 장사를 잘하지 못해 적자(당기순손실)를 내게 되면 이익잉여금은 바닥이 나게 되고, 결국 자본금을 갉아먹게 되는데 이를 자본잠식이라고 한다. 최악의 경우 자본금이 마이너스로 돌아서는 것은 완전 자본잠식이라고 한다.

우리나라 증권시장의 경우 자본잠식이 50퍼센트 이상이면 관리종목에 편입되어 투자유의 대상이 되며, 2년 연속 자본잠식 상태가 지속되거나 완전 자본잠식이 되면 증권시장에서 퇴출된다. 이때 기업은 퇴출을 피하기 위해 감자를 하는 경우가 많다. 감자를 하게 되면 자본금이 줄어들어 퇴출 규정을 피할 수 있기 때문이다. 사정이 조금 나은 기업은 유상증자로 자본금을 늘려 퇴출을 피하는 방법도 동원한다. 증자를 통해 주주에게서 돈을 끌어와 까먹은 자본금을 보완해 넣는 것이다. 그렇지만 이는 기존 주주의 몫을 침해하는 행위다.

주의할 점은 이익잉여금이 현금의 형태로 기업 내에 적립돼 있는 것이 아니라는 사실이다. 적지 않은 투자자들이 오해하고 있는 부분이다. 이익잉여금은 현금이 아니다. 이익잉여금은 기업이 보유하고 있는 현금이나 주주에 대한 배당능력과는 관련이 없다. 어느 기업의 이익잉여금이 크다고 해서 현금지급능력이 크다고 말할 수 없다. 이익잉여금은 단지 이론적으로 기업이 보유하고 있는 자산을 장부가치로 매각해서 부채를 상환하고 주주가 투자한 자본을 반환하고 나면 이익잉여금만큼의 청산배당을 할 수 있다는 것을 알려줄 뿐이다. 현금은 대차대조표의 현금및현금성자산에만 나타난다. 이익잉여금은 상품과 제품, 기계장치, 건물, 개발비 등의 다양한 항목으로 대차대조표상에 재투자된다.

구 분	내 용	비 고
법정적립금 (이익준비금, legal reserve)	상법규정에 의해 자본금의 2분의 1에 이를 때까지 해마다 현금배당액의 10분의 1 이상을 적립해야 함	처분이익잉여금
기타법정적립금	상업 이외의 법령에 의해 적립해야 하는 것으로 기업합리화적립금과 재무구조개선적립금이 있음	//
임의적립금	회사의 필요에 의해 적립함	//
차기이월이익잉여금 (차기이월결손금)	당기순이익(혹은 당기순손실)을 포함	미처분이익잉여금

| 이익 잉여금의 분류

배당(dividend)

한편 배당은 당기순이익 가운데 주주에게 지급되는 부분이며, 기업 외부로 빠져나가는 돈이다. 우리나라에서 배당은 대개 현금 배당으로 이뤄진다. 이때 현금 배당은 주식의 시가가 아니라 액면가를 기준으로 결정된다. 주식 배당의 기준이 되는 배당 기준일은 당해 회사의 사업연도의 결산일(대개 12월 31일)이 된다. 배당 기준일에 그 회사는 주주명부에 대한 명의개서를 끝내고 그날에 주주명부에 기재된 주주들을 주식을 배당받을 권리자로 확정하게 된다. 배당을 받을 권리가 없어지는 배당락일은 1월 첫 거래일이다. 기업은 정기 주주총회에서 재무제표 등에 대한 승인 의결을 거치고 2개월 이내에 지급한다. 결산기말이 지나서 배당을 받을 권리가 없어진 주식을 배당락(ex-dividend)이라고 한다. 결산일 다음날의 주가는 전날보다 배당에 상당한 몫만큼 하락한다.

우리나라 주식시장에서는 배당을 실시하는 기업을 긍정적으로 평가한다. 배당금을 지급하는 기업은 현금이 있고 미래 수익 창출에 대한 자신감이 있는 것으로 해석된다. 그래서 우리나라의 거래소와 코스닥에 있는 기업의 대부분이 해마다 일정액의 배당금을 지급하고 있다. 그런데 배당은 알고 보면 주주의 이익을 위하는 최선의 방법이라고 보기는 어렵다.

주주 입장에서 보면 배당에는 '떼이는 돈'이 많다. 세금 때문에 실제로 손에 쥐게 되는 금액이 많지 않다는 이야기다. 배당을 받으면 현행 세법상 15.4퍼센트의 세금을 내야 한다. 정확히 말하면 배당소득세 14퍼센트와 주민세 1.4퍼센트이다. 이는 만만치 않은 세율이다. 여기에다 물가상승률이 4퍼센트라고 가정하면 주주가 실제로 쥐게 되는 금액은 4.46퍼센트에 불과하다는 사실을 알 수 있다[1]. 주주 입장에서는 차라리 배당을 받지 않고 기업으로 하여금 재투자에 사용하게 하는 것이 남는 장사일 수 있다. 그러면 주가가 올라서 결과적으로 주주에게 이익이다.

워렌 버핏이 운영하는 버크셔 해서웨이는 지금까지 딱 한 번 배당을 했다. 버핏은 이것도 자신이 잠시 자리를 비운 사이에 이뤄진 일이었다고 농담조로 밝히고 있다. 버핏은 배당을 하지 않고 유보한 돈으로 더 많은 이익을 내는 게 주주의 이익을 위하는 길이라는 생각을 갖고 있는 것이다.

빌 게이츠의 마이크로소프트도 2002년 이전까지는 배당금을 지급하지 않았다. 빌 게이츠는 주주들이 배당금을 달라고 할 때마다 "회사가 투자를 해야 할 부분이 많아서 배당금을 지급할 여력이 없다"는 입장을 확고히 밀어붙였다. 2002년이 되자 빌 게이츠는 "회사가 충분히 성장했으며 이제 주주에게 이익을 돌려줄 시점"이라며 배당금을 지급하기 시작했다.

한국의 주식시장에서 배당금을 지급하지 않는 기업에 대한 인식이 나쁜 이유는 외환위기 이전까지 우리 기업의 상당수가 주

---

[1] 배당수익률 10%를 가정했을 경우다. 10%-1.54%-4%=4.46.

주의 이익을 등한시하고 회사의 이익을 오너 개인의 개인적 치부를 위한 수단으로 악용했던 관행에서 기인한다. 이런 상황에서 배당금을 지급하는 회사는 확실히 주주의 이익을 위한 결정이었다. 그렇지만 이제는 투자자들도 배당에 대해 관점을 달리할 때가 됐다고 본다.

006

손익계산서에 담긴
주가 상승 불변의 테마

손익계산서의 개념과 원리
매출액 부풀리기 수법 잡아내기
재고자산 부풀리기 수법 잡아내기
워렌 버핏을 전율케 하는 EBITDA
주주 가치를 증대하는 이익의 활용

손익계산서의 개념과 원리

001

- 손익계산서(IS, income statement)는 대차대조표에 비하면 이해하기 쉬운 편이다. 대차대조표의 경우 채권자, 기업 경영자, 주주 가운데 누가 보느냐에 따라 주목해야 할 부분이 달라지지만, 손익계산서는 이런 차이가 없다. 누가 보든 기업이 얼마만큼의 상품이나 서비스를 팔아서 얼마를 남겼느냐를 보면 된다.

손익계산서의 맨 위 칸을 보면 매출액(sales)이 나와 있고 맨 아래 칸에는 당기순이익(NI, net income)이 나온다. 그리고 매출액과 당기순이익의 사이에 마치 계단을 내려가듯이 매출총이익, 영업이익, 계속사업이익(경상이익)이 나온다.

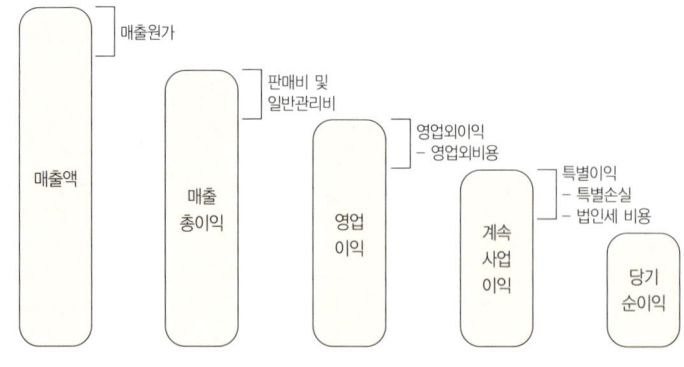

| 손익계산서의 이익 구분

    이렇게 매출액과 당기순이익의 사이에 여러 항목들을 구분해 놓은 이유는 투자자들이 이해하기 쉽도록 하기 위한 것이다. 이를 회계재무에서는 구분계산의 원칙이라고 부른다[1]. 결국 손익계산서는 기업이 제품이나 서비스를 팔아서 모두 얼마의 매출액을 올렸는데 이런저런 비용을 차감했더니 최종적으로 얼마가 남았다는 것을 보여주는 재무제표이다. 이것을 '수익－비용＝이익' 혹은 '수익＝비용＋이익'으로 간단하게 나타낼 수 있으며, 손익계산서의 원리라고 한다.

수익－비용＝이익

---

1. 한국의 기업회계 기준은 손익계산서를 다음과 같이 구분하여 표시하도록 권장하고 있다. 단 제조업, 건설업 외의 업종에 속하는 기업은 매출총손익의 구분표시를 생략할 수 있다. 1. 매출액 2. 매출원가 3. 매출총손익 4. 판매비와 일반관리비 5.영업손익 6.영업외 수익 7.영업외 비용 8.법인세 비용 차감전 계속 사업 손익 9.계속사업손익 법인세 비용 10.계속사업손익 11.중단사업손익(법인세 효과 차감 후) 12. 당기순손익 13. 주당손익.

다음은 가치투자자들 사이에 관심을 끌었던 의류업체 한섬의 2005년 손익계산서다.

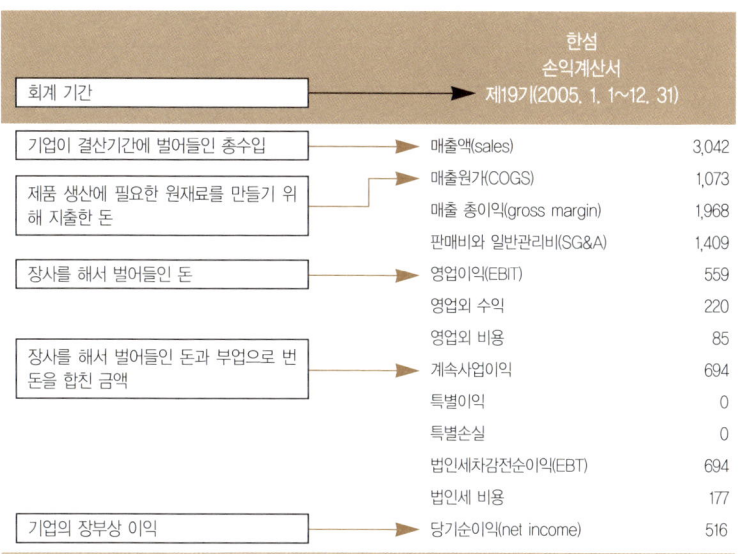

| 한섬 손익계산서(단위 : 억 원)

한섬의 손익계산서를 보면 매출액에서 출발해 당기순이익으로 끝나고 있다. 그리고 중간에 이런저런 비용을 차감해가면서 매출총이익, 영업이익, 계속사업이익, 특별이익이 나오고 있다.

언뜻 복잡하게 보이지만 실은 원리는 간단하다는 사실을 알 수 있다. 한섬은 이익을 매출총이익, 영업이익, 계속사업이익, 법인세차감전순이익, 당기순이익의 5가지로 구분했다. 이는 한국 기업의 일반적인 형태이며, 기업에 따라 구분이 늘어날 수도, 줄어들 수도 있다.

구 분	영문 용어	계산 방법
매출액	sales, or revenues	총매출액-(매출 에누리+환입액)
매출원가	COGS, Cost of Goods Sold	기초상품재고액+당기매입액(당기상품매입액-매입에누리와 환출액)-기말상품재고액
매출총이익	Gross margin	매출액-매출원가
영업이익	Operating income	매출총이익-판매비 및 일반관리비
계속사업이익	Ordinary income	영업이익+영업외이익-영업외비용
법인세차감전순이익	EBT, Earnings Before Taxes	계속사업이익+특별이익-특별손실
당기순이익	Net income, or earnings	법인세차감전순이익-법인세 비용
주당순이익	EPS, earnings per share	당기순이익/유통주식 수

| 손익계산서 구분계산의 산식

손익계산서는 앞서 설명한 구분계산의 원칙을 포함해 5가지 원칙에 의해 작성된다.

- 발생주의 원칙

실제 현금이 들어오거나 나가지 않았더라도 거래가 발생했다면 비용과 수익으로 인식해야 한다는 원칙이다. 예를 들어 임직원들에게 급료를 실제로 지급하지 않았지만 결산기간까지의 급료에 해당하는 금액을 비용으로 계상해야 한다는 것을 말한다.

- 실현주의 원칙

수익을 계상할 경우 실제로 수익이 실현될 것이라는 확정적이고 객관적인 증거를 확보한 시점에서 계상해야 한다는 원칙을 말한다. 기업은 ① 고객으로부터 상품 오더를 받고, ② 상품을 발송하고 인도하게 되며, ③ 이 대가로 매출채권을 받게 되고, ④ 매출채권에 대한 대가지급을 청구하면, ⑤ 대가를 수령하게 되는 과정을 거치게 된다.

이때 기업은 어느 단계를 수익으로 인식해야 하느냐는 문제가 생긴다. 실현주의란 ②, ③의 단계가 확정적이고 객관적으로 증명할 수 있을 때 수익으로 인식하는 것을 말한다. 단순히 ① 고객으로부터 상품 오더를 받은 것을 수익으로 인식하는 것은 실현주의가 아니다.

• 수익, 비용 대응의 원칙

일정 회계기간에 실현된 수익 및 동 수익과 관련되어 발생된 비용을 동일 회계기간에 인식함으로써 당해 회계기간의 이익을 합리적으로 산출해야 한다는 원칙을 말한다. 기업회계 기준에 따르면 "수익과 비용은 그 발생 원천에 따라 명확하게 분류하고 각 수익항목과 이에 관련되는 비용항목을 대응 표시하여야 한다"라고 하여 수익·비용대응의 원칙을 규정하고 있다.

• 총액 표시의 원칙

비용 수익의 각각의 항목을 총액을 기재해야 하며, 특정 비용 항목과 수익 항목을 상계해서 그 차액만을 표시하지 말라는 원칙이다. 손익계산서의 매출액은 총매출액에서 매출할인, 매출환입, 매출 에누리 등을 차감한 금액으로 한다.(기준서 제 21호 문단

61). 대차대조표는 자산과 부채의 상계를 하지 말아야 한다.

• 구분 계산의 원칙

손익계산서는 이것을 읽는 사람에게 편리하도록 비용과 수익의 발생을 구분 표시해야 한다는 원칙을 말한다. 이것은 앞서 설명했다.

```
    매출액(sales)
  - 매출원가(COGS, cost of goods sold)
  ------------------------------------------------
  = 매출총이익(gross margin)
  - 판매비와 일반관리비(SG&A, selling goods and administrative expenses)
  ------------------------------------------------
  = 영업이익(operating income)
  + 영업외수익(non operating profit)
  - 영업외비용(non operating expenses)
  ------------------------------------------------
  = 계속사업이익(ordinary income)
  + 특별이익(extraordinary gain)
  - 특별손실(extraordinary loss)
  ------------------------------------------------
  = 법인세차감전순이익(EBT, earings before taxes)
  - 법인세 비용(tax expenses)
  ------------------------------------------------
  = 당기순이익(NI, net income)
    주당순이익(EPS, earnings per share)
```

| 손익계산서의 원리

매출액 부풀리기 수법 잡아내기

002

- 매출액은 회계기간에—대개 1년이다—상품이나 서비스를 판매해 고객으로부터 받았거나 받을 총금액을 말하며, 수익(revenue)이라고도 한다.

기업은 매출액을 늘리기 위해 대단히 노력한다. 왜냐하면 기업의 목표는 이익 창출인데, 이익이 매출액보다 커질 수는 없기 때문이다. 일단 매출액이 늘어야 이익이 생기는 것이다. 또 매출액은 투자자들이 기업의 실적을 평가할 때 중요하게 평가하는 항목이다. 기업이 어떻게 해서라도 매출액을 늘리기 위해 애쓰는 이유가 여기에 있다. 매출액은 다음과 같은 방식으로 구해진다.

매출액＝총매출액 － (매출할인＋매출환입＋매출에누리)

이 가운데 매출할인, 매출환입, 매출에누리는 금액이 크지 않기 때문에 관심을 기울일 필요는 사실상 없다. 결국 총매출액을 늘려야 매출액이 늘어나는 것이다. 다시 말해 기업은 일단 물건을 많이 팔아야 매출액을 늘릴 수 있다. 이것은 누구나 쉽게 이해할 수 있다.

그렇다면 기업은 어떻게 해야 총매출액을 늘릴 수 있을까. 우선 기업이 상식적이고 정상적으로 총매출액을 늘리는 방법이 있다. 이는 주주의 이익을 증대시킬 수 있는 바람직한 경영 활동이다.

- 기존 제품의 개선 혹은 판매 증대

삼성전자는 애니콜이라는 브랜드를 바탕으로 신모델을 지속적으로 출시하면서 매출액을 늘리고 있다.

- 신제품 혹은 신규 서비스 출시

광동제약은 비타 500이라는 신제품으로 드링크류의 제왕으로 군림해온 동아제약의 박카스를 빠르게 제압할 수 있었다.

- 신규 시장 개척

웅진코웨이는 정수기 렌털 사업에서 시작해 음식물 쓰레기 처리 등 새로운 시장을 개척하고 있다.

• 가격 인상 혹은 가격 인하

가격 인상은 기업의 매출액을 늘릴 수 있는 아주 좋은 방법이지만 아무 기업이나 할 수 있는 게 아니다. 프랜차이즈(시장 지배력), 브랜드, 독점 같은 강력한 무형자산을 가진 기업만이 가격 인상을 통해 고객을 잃지 않으면서 매출을 증대시킬 수 있다.

다음으로, 기업이 탈법이나 분식회계를 통해 총매출액을 늘리는 방법이 있다.

• 매출채권 부풀리기 혹은 늘리기

예를 들어 자동차 회사가 할부 판매를 확대하면(매출채권을 늘리면) 장부상의 매출액을 빠르게 늘릴 수 있다. 물론 실제로 들어오는 현금은 없다. 기업들이 매출액을 늘리는 수단으로 가장 빈번히 이용하고 있다. 아예 존재하지도 않는 매출채권을 마치 있는 것처럼 위장하는 것도 이런 유형에 속한다.

• 매출액 부풀리기

어느 온라인 중개업체가 항공사와 소비자 간의 비행기 티켓 판매를 중개해주었다면 알선 수수료만을 매출로 기록해야 한다. 그런데 일부 온라인 중개업체는 알선 수수료는 물론이고 비행기 티켓 판매 대금까지 수익으로 기록함으로써 매출액을 크게 늘렸다.

- 가공의 매출계상

물건을 팔지도 않았으면서 마치 판매한 것처럼 장부를 조작하는 것을 말한다. 이것은 분식회계에 해당한다.

- 매출의 조기인식

내년의 매출액으로 계상해야 할 것을 올해의 매출액으로 계상하는 것을 말한다.

이 가운데 매출채권 부풀리기는 기업이 매출액을 늘리기 위해 가장 빈번히 악용하는 수단이므로 주의 깊게 살펴야 한다. 매출채권이 무엇인지는 앞서 대차대조표 편에서 학습했다. 매출채권이란 쉽게 말하면 물건을 외상으로 판매하는 것을 말한다. 분식회계 기업은 물건을 판매하지도 않았으면서 마치 판매한 것처럼 가공의 매출채권을 만들어 재무제표에 기재한다.

가공의 매출채권을 기재하면 기업의 재무제표는 뭐가 좋아질까? 매출채권에 관련된 거래와 분개를 생각해보면 쉽게 알 수 있다. 다음과 같은 외상매출금(매출채권) 거래가 발생했을 경우 최종적으로 재무제표에 어떤 영향을 미치는지 살펴보자.

- 거래

현금 60만 원에 매입했던 컴퓨터를 판매하고 외상매출금 100만 원을 받다.

- 분개

(차) 외상매출금 1,000,000원   (대) 매출 1,000,000원
    매출원가 600,000원   상품 600,000원

- 재무제표

대차대조표			손익계산서		
자산	부채	자본	수익	비용	손익
1,000,000 (600,000)		400,000	1,000,000	600,000	
400,000		400,000	400,000		400,000

★ 괄호 안 숫자는 마이너스

보다시피 단지 매출액(수익)만 늘어난 게 아니라 당기순이익(손익)과 자본총계가 동시에 늘어난다는 사실을 알 수 있다. 이뿐만이 아니다. 매출채권이 늘면 기업의 경영 성과를 판단하는 각종 지표가 좋아진다. 대표적으로 당좌비율과 유동비율이 좋아진다.

당좌비율(↑)=당좌자산(↑)/유동부채
유동비율(↑)=유동자산(↑)/유동부채

매출채권은 분자인 당좌자산과 유동자산에 속하므로 매출채권이 늘어나면 당좌비율과 유동비율이 호전된다. 당좌비율과 유

동비율은 주주, 금융기관, 투자자 등 기업 외부 관계자가 기업의 유동성을 평가할 때 우선적으로 들여다보는 지표이다. 당좌비율과 유동비율이 높으면 기업은 신용등급이 좋아져서 싼 이자율로 부채를 조달할 수 있다.

따라서 기업은 매출채권을 부풀리고 싶은 유혹을 느끼지 않을 수 없는 것이다. 매출채권은 기업 입장에서 몇 가지 서류만 조작하면 되므로 조작하기도 쉽다. 다행스럽게도 분식회계는 재무제표에 흔적을 남긴다. 다음은 기업이 매출채권을 부풀렸을 경우 재무제표에 나타나는 대표적인 징후다.

첫째, 기업의 매출채권이 급격히 늘어난다. 어느 기업의 매출채권이 전년도에 비해 크게 늘었다면 매출채권을 부풀려 분식회계를 하지 않았는지 의심해봐야 한다.

둘째, 가공의 매출채권은 현금으로 회수되지 않으므로 기업의 매출채권회수기간(DSO, days sales outstanding)이 늘어나게 된다. 매출채권회수기간이 늘었다는 것은 현금이 원활하게 들어오지 않는다는 뜻이며, 부도의 징후다.

| 사례연구 ❾ |
한통데이타

한통데이타는 지리정보시스템(GIS) 등 정보통신 소프트웨어 개발을 주 사업으로 하는 코스닥 등록 기업이다. 1999년 설립됐으며 2002년 4월 코스닥에 상장됐다. 이 회사는 2005년 5월 25일 증권선물거래위원회로부터 분식회계를 적발당해 2년간 감사인 지정 등의 징계를 받았다.

분식회계 내용을 살펴보면 2002, 2003년에 계약금액을 실제보다 증액하거나 가공의 계약을 체결하는 방법으로 매출액을 각각 31억 원, 43억 원, 매출채권을 각각 35억 원, 81억 원 과대 혹은 가공으로 계상했다. 이렇게 함으로써 이 회사는 2002, 2003년에 당기순이익을 각각 28억 원, 44억 원, 자기 자본을 29억 원, 73억 원을 과대 계상하는 효과를 거두었다.

이 기간 동안에 이 기업의 재무제표에 나타난 주요 지표는 다음과 같다.

	2003년	2002년	2001년	2000년
매출액	152	160	98	52
매출채권	130	131	46	12
매출채권회수기간(일)	312.2	298.8	171.3	84.2
당기순이익	7	50	40	14

| 한통데이타의 주요 지표(2000~2003년, 단위 : 억 원)

2002년 매출액 160억 원은 전년의 98억 원에 비해 두 배 가까이 늘어난 것이지만 대부분이 매출채권의 증가에 기인하고 있음을 알 수 있다. 이 기업의 2001년 매출채권 46억 원은 전년 대비 두 배 이상 늘어난 것이고, 2002년 매출채권 131억 원은 전년 대비 3배 이상 늘어난 것이다. 이것은 누가 보더라도 비정상적인 현상이라고 할 수 있다.

가공의 매출채권은 회수될 가능성이 없으므로 매출채권회수기간을 늘릴 수밖에 없다. 이에 따라 매출채권회수기간이 2000년에 84.2일이었다가 2001년에 171.3일로 급격히 늘었다. 이는 지리정보시스템 산업의 특성을 감안하더라도 지나치게 높은 수치다. 매출채권회수기간은 2002년 298.8일, 2003년 312.2일로 더욱 늘어나 사실상 회수 불가능 상태에 놓여 있음을 보여준다.

외상 대금을 회수하는 기간이 이렇게 늘어나면 경영에 큰 부담이 된다. 이런 지표들은 기업이 매출채권 늘리기를 통한 분식회계를 했을 때 나타나는 전형적인 현상이다.

이 기간의 이 회사의 현금흐름표를 살펴보면 경영이 악화됐음을 다시 한 번 확인할 수 있다.

	2003년	2002년	2001년	2000년
영업현금흐름	8	9	30	7
투자현금흐름	25	(141)	(30)	(105)
재무현금흐름	(101)	196	0	92
기말현금	3	70	6	6

| 한통데이타 현금흐름표(2000~2003년, 단위 : 억 원)
★ 괄호 안 숫자는 마이너스

최초의 분식회계가 이뤄진 2002년에 영업활동으로 인한 현금흐름이 9억 원에 불과해 전년의 30억 원에 비해 격감했다. 이 회사는 재무활동으로 인한 현금흐름을 늘려서 기말 현금을 확보하고 있다.

결국 이 회사는 2005년 5월 25일 증권선물거래위원회로부터 분식회계를 이유로 징계를 받았다. 이 시점을 전후한 한통데이타의 주가 추이는 다음과 같다.

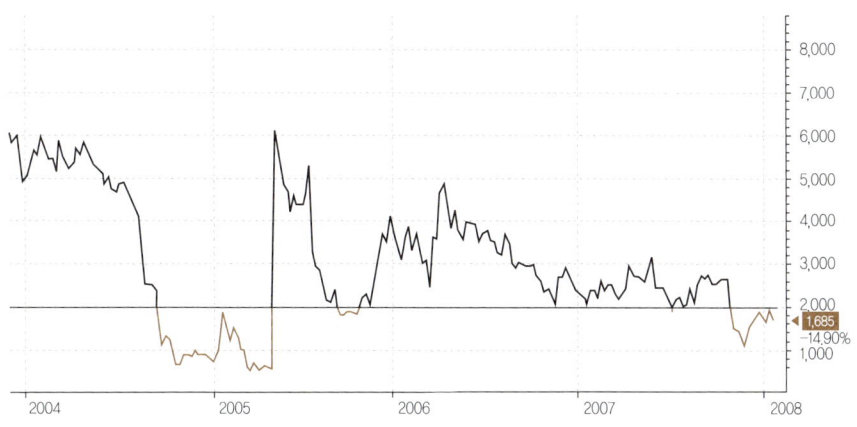

| 한통데이타 주가 추이

이 기업의 주가는 증권선물위원회의 제재 발표 이전까지는 5,000원대까지 오르다가 5월 25일 분식회계 사실이 발표되자 2,000원 수준으로 급락했다. 분식회계 발표 이전에 이 회사 주식을 매입한 투자자는 주가가 반 토막으로 떨어지는 손해를 봤을 것이다. 그런데 알다시피 이 기업의 경영 상태가 건강하지 않다

는 사실은 재무제표에 이미 드러나 있는 상태였다. 이 정도의 분식회계는 초보 수준이어서 조금만 관심을 기울이면 확인할 수 있다.

분식회계의 일차적 책임은 물론 기업에게 있지만 만약 투자자가 재무제표를 읽을 줄 알았더라면 손실을 비켜갈 수 있었을 것이다. 재무제표를 읽을 줄 아는 것과 그렇지 않은 게 얼마나 커다란 차이를 가져다주는지를 다시 한 번 보여주는 사례다.

재고자산 부풀리기 수법 잡아내기

003

- 매출총이익(gross margin)은 손익계산서에 처음으로 기재되는 이익이다. 이건 중요한 이야기다. 왜냐하면 매출총이익이 커지면 영업이익도 커지고, 계속사업이익(경상이익)도 커지며, 당기순이익도 커지는 연쇄적인 효과가 발생하기 때문이다. 반대로 매출총이익이 작아지면 영업이익, 계속사업이익, 당기순이익도 작아지게 된다. 그러므로 기업에게는 매출총이익이 많을수록 좋은데, 그러다 보니 분식회계를 통해 매출총이익을 조작하기도 한다. 어떻게 이게 가능한지 살펴보자.

먼저, 매출총이익을 구하는 공식은 다음과 같다.

매출총이익＝매출액(sales) － 매출원가(COGS)

보다시피 매출액을 늘리거나, 매출원가를 줄이면 매출총이익은 늘어난다.

매출액을 늘리는 방법은 앞장에서 설명했다. 이번에는 기업이 매출원가를 줄이는 방법이 뭐가 있는지를 살펴보자.

이렇게 말하니 매출원가가 뭔지 궁금해진다. 매출원가는 회계기간에 고객에게 판매한 재고자산(inventory)의 총원가이다. 매출원가는 영어 회계용어로는 COGS(cost of goods sold) 혹은 COS(cost of sales)라고 한다. 기업이 제품이나 서비스의 매출원가를 일일이 계산하는 것은 불가능하며 편의상 다음과 같은 방법으로 구한다.

매출원가＝기초재고액＋당기매입액－기말재고액

다시 말해 기업은 제품의 기초재고액에서 당기상품매입액(제조업의 경우 당기제품제조 원가)을 더하고, 여기에다 제품의 기말재고액을 차감하여 산출한다. 당기상품매입액을 계산할 때는 매입에누리액, 환입품류, 매입장려금 등을 차감해야 한다.

그렇다면 기초재고액과 기말재고액은 어떤 방법으로 확인하는가. 기업 실무에서는 실제로 창고에 남아 있는 재고의 양을 조사하는 실지재고조사법이 주로 이용된다. 이쯤 설명하면 눈치

빠른 분이라면 기업이 매출원가를 분식회계를 통해 조작할 수 있다는 사실을 알아챌 수 있을 것이다.

대표적으로 이런 방법이 실제로 행해진다. 다음의 화살표를 주목하라.

(1) 기초 재고자산+당기상품매입액(당기상품제조 원가,↓) − 기말 재고자산(↑)=매출원가(↓)
(2) 매출액 − 매출원가(↓)=매출총이익(↑)

(1)에서 기업이 당기상품매입액을 실제보다 적게 기재하거나, 기말 재고자산을 실제보다 많게 기재하면 매출원가가 줄어든다 (괄호안의 화살표 방향을 생각해보라). (2)에서 매출원가가 줄어들면 매출총이익이 늘어난다. 매출총이익은 당기순이익과 비례한다. 결국 당기상품매입액을 적게 기재하거나, 기말 재고자산을 부풀리면 당기순이익이 늘어나는 것이다.

당기순이익이 늘어나면 그것으로 끝나는 게 아니다. 당기순이익의 증가는 자기자본이익률(ROE)의 증가를 초래한다. 이는 ROE를 구하는 공식을 생각하면 쉽게 이해된다.

자기자본이익률(ROE)=당기순이익/자본

결국 당기상품매입액을 줄이거나 기말 재고자산을 늘리면 당기순이익이 늘어나고 ROE가 좋아지는 것이다. 이제 일부 기업들이 왜 재고자산을 부풀리려는 유혹에 빠지는지 짐작될 것이다. 분식회계 기업들은 유행이 지나서 판매가 불가능한 제품을 멸실 처리하지 않고 장부에 그대로 기재하거나, 존재하지 않은 재고를 장부에 기록한다.

예를 들어 대한항공은 2003 회계연도에 미착품 720억 원을 과대계상했다고 자진공시했다. 당기 회계연도 전체 미착품 888억 원어치의 81퍼센트를 차지하는 액수인데, 이 금액은 고스란히 당기순이익의 증가로 나타났다.

다행스럽게도 재고자산 부풀리기를 이용한 분식회계도 재무제표에 흔적을 남긴다.

- 매출액에 비해 재고자산이 급격히 증가한다: 재고자산은 대개 매출 증가를 수반한다. 매출이 정체상태인데 재고자산이 급격히 증가했다면 기업 경영자가 장래의 매출 증가를 예상하고 재고자산을 미리 확보해둔 것인지, 아니면 분식회계를 노리고 재무제표를 조작한 것인지를 따져봐야 한다.
- 재고자산회전기간이 전년도에 비해 증가하거나, 동종업계 평균보다 길다.
- 재고자산 평가 방법을 변경한다: 현실 비즈니스 세계에서 기업이 재고자산 평가 방법을 바꾸는 일은 드물다. 만약 기

업이 재고자산 평가 방법을 바꾸었다면 왜 그런지를 따져 봐야 한다. 한편 매출총이익을 알게 되면 매출총이익률[2]을 구할 수 있는데, 이는 기업이 제품 가격을 얼마로 책정할 수 있는지를 알려준다. 매출총이익률이 낮은 기업은 제품에 대해 높은 가격을 매기기가 힘들다. 제조업, 판매업, 건설업을 제외한 업종은 매출총이익 항목을 생략하기도 한다.

---

2. (매출총이익/매출액)×100. 혹은 (매출액−매출원가)/매출액×100.

| 사례연구 ⑩ |
산양전기

    요즘 노트북을 쓰지 않는 사람은 거의 없을 것이다. 노트북을 뜯어보면 넓적한 플라스틱판에 회로선이 복잡하게 연결돼 있는 것을 볼 수 있다. 이것을 인쇄회로기판(PCB, printed circuit board)이라고 한다. PCB는 부품과 부품을 전기적으로 연결해주고 고정시켜주는 역할을 한다. PCB는 노트북뿐만 아니라 TV, 시계, MP3 플레이어 등 거의 모든 전자 제품에 들어가 있다.

    산양전기는 PCB의 하나인 연성인쇄회로기판(FPCB, flexible printed circuit board)을 제조해 삼성전자 등에 공급하는 업체로 2005년 7월 코스닥에 등록했다. 이 회사는 2006년 9월 15일 재고자산 부풀리기를 통한 분식회계를 했다고 자진공시했고 이듬해 12월 증권선물위원회로부터 과징금 3억 1,670만 원을 부과받고, 2008~2010년 3년간 감사인 지정 조치를 받았다.

    이 기간의 회사의 주가 추이는 다음과 같다.

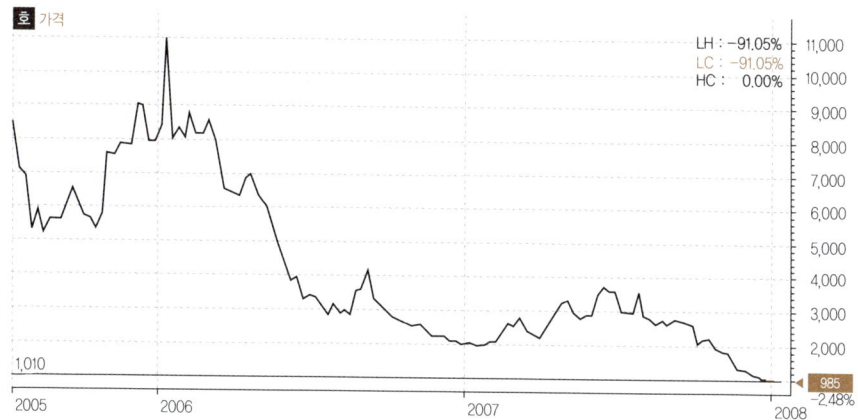

| 산양전기 주가 추이

이 회사의 2005년 분식회계 이전과 이후의 재무제표를 비교하면 다음과 같다.

	2005년 실제 분식회계금액	2005년 (산양전기 발표)	2005년 (분식회계를 하지 않았을 경우)	2004년	2003년	2003년
매출액	0	837	837	1,565	406	218
매출총이익	134	47	(87)	181	58	44
영업이익	134	(2)	(136)	135	34	23
계속사업이익	134	5	(129)	146	24	11
당기순이익	151	12	(139)	133	20	10
재고자산	134	246	112	107	188	76

| 산양전기 실적 추이(2003~2005년, 단위 억 원)
 ★ 괄호 안 숫자는 마이너스

이 회사가 분식회계를 하지 않았을 경우 발표했을 2005년 재무제표를 살펴보자. 이 회사의 2005년 매출액은 837억 원으로 전년의 1,565억 원에 비해 728억 원이 감소했다. 비율로 따지면 전 년에 비해 절반이나 줄어든 것인데 이는 이 회사의 매출 구조가 삼성전자 등 대기업의 주문 수요에 전적으로 의존하는 형태를 갖고 있기 때문으로 보인다. 수요가 한 곳에 집중돼 있으면 매출이 불안정할 수밖에 없다.

매출액이 줄어들자 매출총손익(-87억 원), 영업손익(-136억 원), 경상손익(-129억 원), 당기순손익(-139억 원)이 모두 적자로 반전됐다. 이 회사는 재고자산을 112억 원에서 246억 원으로 134억 원 늘리는 분식회계를 했다.

재고자산을 134억 원을 늘리자 재무제표가 어떻게 변했는지 살펴보자. 2005년도 분식회계 재무제표를 보면 매출액은 837억 원 그대로지만, 매출총이익(47억 원), 계속사업이익(5억 원), 당기순손익(12억 원)이 흑자가 됐고, 영업손익(-2억 원)이 근소한 적자로 나타났다.

그런데 이렇게 분식회계를 하고 보니 재무제표에 흔적이 남게 된다. 2005년 매출액은 837억 원으로 전년의 1,565억 원에 비해 절반 가까이 줄었는데, 재고자산이 112억 원에서 246억 원으로 두 배 가까이 늘어난 것이다. 이는 제품 판매가 줄어들고 있는데도(매출액 감소) 제품을 계속 제조해서 재고를 늘렸다(재고자산의 증가)는 뜻이다. 물론 이 회사의 경영자가 향후 수요 증가를 예상해 미리 재고를 늘렸다고 생각할 수도 있다. 그런데 PCB 산업의 특성을 고려하면 이런 추론이 어렵다는 사실을 알 수 있다.

PCB는 전적으로 주문자의 요청에 의해 제작된다. 예를 들어 삼성전자가 "이번에 이런 휴대폰 모델을 새로 내놓으려고 하니 여기에 맞는 PCB를 만들어 달라"고 요청하면, 산양전기는 여기에 맞춰 PCB를 만드는 것이다. 전자제품의 유행은 하루가 다르게 변한다. 삼성전자가 전자제품의 최신 트렌드를 미리 예측해서 산양전기에 신모델을 의뢰하기가 쉽지 않다는 사실을 알 수 있다. 게다가 PCB 재고자산은 진부화가 빠르다. PCB를 재고자산으로 갖고 있으면 시장 가치가 급속히 떨어진다는 뜻이다. 이런저런 추론을 해보면 PCB 제조업체가 매출이 줄었는데 재고자산이 늘었다면 왜 그런지를 꼼꼼히 따져봐야 한다는 것을 알 수 있다.

구체적으로 이 회사가 어떤 과정을 거쳐 재고자산을 늘렸는지 만들어냈는지 살펴보자. 다음은 산양전기의 매출원가 추이다. 매출원가는 제품과 상품의 매출원가를 합친 금액이며, 실제 기록과 1, 2억 원 단위의 오차가 있는데 편의상 무시했다.

	2005년	2004년
매출액	837	1,565
매출원가	792	1,386
기초재고액	26	43
당기제조원가	825	1,369
기타	(3)	(2)
기말재고액	(59)	(26)
매출총이익	45	179

| 산양전기의 매출원가 추이(단위 : 억 원)

기초재고액과 기말재고액에는 별다른 변화가 없는데 당기제조원가가 크게 줄었음을 알 수 있다. 이게 어떤 결과를 초래하는지는 매출원가와 매출총이익을 구하는 공식을 머리에 떠올리면 이해할 수 있다.

(1) 기초 재고자산+당기제조원가(↓) − 기말 재고자산=매출원가(↓)
(2) 매출액 − 매출원가(↓)=매출총이익(↑)

당기제조원가를 줄였으니 매출원가(비용)가 줄었고, 매출원가(비용)가 줄었으니 이익이 늘어나는 것은 당연하다. 그런데 이것만으로는 당기순손익을 흑자로 반전시키기에는 부족하다. 분식회계 이전의 당기순손실이 139억 원인데, 재고자산 134억 원이 보태져도 적자 5억 원이기 때문이다(134억 원−139억 원=−5억 원).

이런 상황에서 우연인지 필연인지 2005년 결산 시에 이연법인세 자산 17억 원이 보태졌다. 이연법인세 자산이란 미래에 경감될 법인세를 미리 이익으로 기재하는 것을 말한다. 다시 말해 어느 기업이 올해에 세금 100억 원을 내야 하는데 이 가운데 17억 원을 내년 이후에 세무당국으로부터 공제 받을 가능성이 있다면 17억 원을 자산과 법인세비용의 차감으로 기재하는 것을 말한다.

물론 당국은 기업이 실현가능성이 확실한 경우에 한해 이연법인세 자산으로 인식하도록 규정하고 있다. 다시 말해 미래에 회계이익이 발생하지 않으면 법인세부담액의 감소를 기대할 수 없으므로 자산의 요건을 충족하지 않는다. 그렇지만 실제로는 이게 문제가 되는 경우가 적지 않다. 결국 이 회사는 이연법인세 자산 17억 원을 보태면서 간신히 당기순이익 12억 원을 만들어낼 수 있었던 것으로 보인다(134억 원−139억 원+17억 원=12억 원).

일반 투자자가 재무제표 분석을 통해 이런 사실을 찾아낼 수 있을까.

재고자산의 증감이 손익계산서에 미치는 원리를 이해하고 있다면 의심해볼 수도 있다고 본다. 이런 추론을 해볼 수 있을 것이다.

"이 회사는 2005년 매출액이 837억 원으로 전년 대비 절반으로 줄었는데, 재고자산은 246억 원으로 전년 대비 134억 원이 늘었네. 재고자산의 증가분 134억 원이 아니었다면 매출총이익, 영업이익, 계속사업이익, 당기순이익이 모두 적자를 기록했겠군. 이 회사는 왜 재고자산을 왜 늘렸을까. 진부화가 빠르게 진행되는 PCB를 재고자산으로 갖고 있으면 나중에 시장에 내다 팔기도 어려울 텐데. 혹시…."

여기까지 생각이 미쳤다면 이 회사 주식을 매입하는 것을 다시 생각해봤을 것이다. 주식투자자가 재무제표를 이해한다는 게 얼마나 중요한지를 다시 한 번 보여주는 대목이다.

워렌 버핏을 전율케 하는 EBITDA

004

- 투자자라면 영업이익률이 높은 기업의 주식을 매입하라는 이야기를 들어보았을 것이다. 기업은 뭐니 뭐니 해도 장사를 해서 벌어들인 이익이 많아야 하는 것은 당연한 이야기다. 맞는 말이다. 그런데 우리나라의 기업회계 기준을 살펴보면 '영업이익=기업이 장사를 해서 벌어들인 이익'의 개념이 정확히 일치하지 않는다는 사실을 알 수 있다.

이게 무슨 말인지 살펴보자. 우선 한국의 기업회계 기준에 따르면 영업이익은 매출총이익에서 판매비와 일반관리비를 빼서 구한다.

영업이익=매출총이익−판매비와 일반관리비(SG&A)

판매비와 일반관리비(판관비)란 제품, 상품, 용역 등의 판매 활동과 기업의 관리와 유지를 위해 들어간 비용을 말한다. 구체적으로 판매비와 일반관리비에 속하는 계정과목들은 다음과 같다. 그런데 이 계정과목들을 살펴보면 성격이 독특한 게 하나 있는데, 그게 뭔지를 생각해보라. 그것을 맞춘다면 투자자로서 성공할 가능성이 높다.

- 판매비와 일반관리비에 속하는 계정과목들

급여(salaries), 퇴직급여(severance benefits), 복리후생비(other employee benefits), 감가상각비(depreciation), 임차료 rent), 접대비(entertainment expenses), 세금과공과(taxes and dues), 광고선전비(advertising), 대손상각비(bad debt expenses), 여비교통비, 통신비(communication expenses), 수도광열비(utility expenses), 보험료(insurance premium), 교육훈련비(training expense)

한 가지를 골랐는가. 해답은 감가상각비다. 급여라든가 임차료라든가 보험료라든가 하는 것들은 실제로 돈이 지출되는 계정과목이다. 그런데 감가상각비는 유일하게 실제로 돈이 나가지 않고 장부상으로만 공제되는 계정과목이다(감가상각비가 뭔지는 앞장의 대차대조표 편에서 학습했다. 알다시피 기업이 상품이나 제품을 생산하기 위해 취득하는 기계나 장비는 시간이 지나면 마모 등으로 인해 가치가 떨어지게 된다. 이 때 가치의 감소분을 회계 기간마다 비용으로 할당한 것을 감가상각비라고 한다).

이게 어떤 문제를 일으키는가. 기업이 감가상각비를 늘리면 영업이익이 줄어들고, 감가상각비를 줄이면 영업이익이 늘어나게 된다. 다시 말해 감가상각비를 얼마로 하느냐에 따라 실제 현금의 증감은 없는데도 장부상으로만 영업이익이 늘어나거나 줄어드는 효과를 가져오는 것이다. 이는 기업이 감가상각비를 조절함으로써 영업이익을 늘리거나 줄일 수 있다는 것을 의미한다.

그러므로 투자자는 기업이 채택하고 있는 감가상각의 성격과 품질을 따져봐야 한다. 감가상각의 방법에는 정액법, 정률법 등이 있다고 앞서 설명했다. 감가상각을 해야 하는 자산에는 유형자산 뿐만 아니라 영업권 같은 무형자산도 포함된다.

한국의 기업회계 기준상의 영업이익이 기업이 장사를 해서 벌어들인 이익을 측정하는 데 문제가 있다는 지적은 오래 전부터 제기돼왔다. 다시 말해 감가상각비는 현금을 수반하지 않는 장부상 차감액이며 기업이 임의로 늘리거나 줄일 수 있다는 점에서 왜곡될 소지가 크다. 그런데 영업이익에는 감가상각비가 포함돼 있기 때문에 기업의 본질적인 영업이익을 평가하는 데 한계가 있다는 것이다.

이 문제를 해결하는 대안으로 만들어진 개념이 EBITDA[3]이다. EBITDA를 제대로 구하자면 복잡하지만 편의상 영업이익에 감가상각비를 더한 값으로 이해하면 무리가 없다.

EBITDA = 영업이익 + 감가상각비

EBITDA가 영업이익에 감가상각비를 더한 값이라는 말은 결국 EBITDA가 감가상각비를 제외한 개념이라는 뜻이다. 왜냐하면 '영업이익=매출총이익-판매비와 일반관리비'인데 원래 판매비와 일반관리비에 감가상각비가 포함돼 있기 때문이다. 그런데 뺀 것을 더했으므로 제로가 된다(마이너스 더하기 플러스는 제로라는 뜻이다).

EBITDA는 아예 감가상각비를 제거함으로써 기업의 본연 그대로의 영업 능력을 평가하는 지표를 만들어보자는 취지가 담겨있다. EBITDA는 워렌 버핏이 끔찍히도 중요하게 여기는 개념이다. 다음은 워렌 버핏의 말이다.

"찰리와 내가 기업의 재무제표를 볼 때, 그 기업의 공장, 제품, 인적 구성 등은 아무런 흥미를 끌지 못한다. 그렇지만 EBITDA를 보는 순간에 우리는 전율하게 되고, 그 숫자 앞에서 한동안 멈춰 서게 된다. 수년간에 걸쳐 지속적으로 건실한 EBITDA를 기록하고 있는 회사라면 우리는 관심을 갖지 않을 수 없고 본격적인 검토를 시작하게 된다."

---

3. EBITDA(earnings before interest, taxes, depreciation and amortization)는 그냥 '에빗다'라고 읽는 게 편하다. 우리말로는 '세전이익'으로 번역되기도 하는데, 그러면 또 다른 영어 표기인 'pre tax earnings'는 우리말로 뭐라고 할 것이냐는 문제가 생긴다.

워렌 버핏이 얼마나 EBITDA를 중요하게 여기는지 짐작할 수 있다. 기업이 아무리 당기순이익이 좋아도 근본적으로 영업활동을 통해 돈을 벌지 못한다면 장기간 존속할 수가 없다.

EBITDA를 이해하고 나면 EV/EBITDA는 이해하기 쉽다. EV/EBITDA는 증권사 애널리스트가 내놓는 기업 보고서에서 자주 나오는 용어다. EV/EBITDA는 기업가치(EV, enterprise value)를 EBITDA로 나눈 값이다. 여기서 말하는 기업가치는 시가총액에 순차입금(net borrowings)을 더한 값으로, 대개 기업 외부인이 해당 기업을 인수할 때에 이 금액을 지불한다.

EV/EBITDA=(시가총액+순차입금)/EBITDA
시가총액=발행주식 수 × 주가
순차입금=총차입금 − 현금 및 현금성자산
EBITDA=영업이익+감가상각비

총차입금이란 이자를 지불하는 부채를 말하며, 구체적으로 대차대조표의 부채 항목들 가운데 단기차입금, 유동성장기부채, 사채(전환사채), 장기차입금, 기타차입금을 더한 값이다. 전환사채도 이자를 지불하므로 차입금에 포함된다. 반면, 매입채무, 미지급금, 미지급비용, 미지급법인세, 선수금, 예수금 등은 이자를 지불하지 않으므로 차입금이 아니다.

EV/EBITDA는 기업가치가 영업활동에서 얻은 이익의 몇 배인가를 나타내며, 주주 지분과 채권자 지분을 모두 인수했을 때 영업 현금흐름으로 몇 년 만에 원금을 회수할 수 있는지를 나타낸다. EV/EBITDA가 낮을수록 저평가돼 있음을 의미한다. 기업이 벌어들이는 이익에 비해 기업의 총가치가 낮게 평가돼 있으니 투자 가치가 높은 것이다. 이 지표는 기업의 가치는 본질적인 비즈니스에서 발생하는 이익에 달려 있다는 생각을 반영하고 있다. 한국의 상장기업들의 평균 EV/EBITDA는 1990년대 들어 6.5~7배를 나타내고 있다.

주주 가치를 증대하는 이익의 활용

005

- **당기순이익(NI, net income)**

당기순이익이란 매출액에서 이런저런 모든 비용을 공제하고 최종적으로 기업에게 남는 수익이다. 기업이 실적을 발표할 때 우선적으로 주목받는 항목이다.

당기순이익=계속사업이익(경상이익)+특별이익 − 특별 손실 − 법인세비용
=법인세차감전순이익 − 법인세비용

당기순이익은 세금을 내고 난 후의 이익이라는 의미에서 세후순이익(earnings after taxes)이라고도 하고, 법인세비용차감전순이익은 줄여서 세전이익(earnings before taxes)이라고도 한다.

당기순이익은 대차대조표의 자본통계의 이익잉여금을 증가시킨다는 사실이 중요하다. 다시 말해 기업은 당기순이익에서 주주에게 배당을 지급한 나머지를 차기 대차대조표의 이익잉여금으로 계상한다.

당기순이익 − 배당＝차기 이익잉여금

이렇게 되면 차기 대차대조표의 자산(장사 밑천)은 더 커지게 되고, 이는 기업이 더 많은 이익을 낼 수 있음을 의미한다. 이게 우량 기업의 선순환이다. 기업은 당기순이익을 다음의 용도로 사용함으로써 주식 가치를 증대시킨다.

- 배당금 지급
- 자사주 매입
- 부채 청산
- 미래 성장을 위한 재투자

배당금 지급이란 기업이 주주에게 현금 혹은 주식을 지급하는 것을 말한다. 기업이 배당금을 지급하면 주주는 유형의 금융자산−현금 혹은 주식−을 손에 쥐게 되므로 기업이 주식 가치 증대에 기여했다는 사실을 직접적으로 실감하게 된다.

여기에 반해 자사주(treasury stock) 매입은 주주 입장에서 볼 때 무언가를 얻었다는 것을 직접적으로 실감하기 어렵다. 자사주 매입이란 기업이 주식시장에서 거래되고 있는 자사의 주식을 매입하는 것을 말한다. 기업이 자사주를 매입하면 유통주식 수를 줄이는 결과를 초래하며 기업의 수익이 늘지 않아도 기존 주주의 몫이 실질적으로 늘어난다. 그렇지만 주주의 손에 실질적으로 쥐어지는 게 없기 때문에 주주는 이익이 생겼다는 사실을 실감하기 어렵다.

그런데 알고 보면 자사주 매입은 배당금보다 더 효과적인 주식 가치 증대 방안이다. 기업이 배당금을 지급하면 주주는 세금을 이중으로 내기 때문에 실질적으로 남는 게 많지 않지만 자사주 매입(이익 소각의 경우)은 자본 소득세율도 없고 자본 소득을 얻을 수도 있다. 기업이 부채를 갚으면 이자비용이 감소하므로 이는 주주의 이익이 늘어나는 결과를 초래한다. 기업이 미래 성장을 위해 재투자를 하면 더 많은 수익을 가져오므로 주주에게 이익이다. 이 가운데 주식 가치 증대에 가장 큰 효과가 있는 방안은 자사주 매입(이익 소각)이고 다음으로 현금배당, 부채 청산, 성장을 위한 재투자라는 것에 대체로 의견이 일치하고 있다. 법인세비용이란 세금의 고상한 표현이다. 물론 법인세비용은 당해 회계연도에 부담할 법인세 및 법인세에 부가되는 세액의 합계액이므로 엄밀히 말하면 세금과 다른 개념이지만 그냥 세금으로 이해해도 무리가 없다. 현행 법인세율은 법인세차감전순이익의 25퍼센트이며 회계연도 종료로부터 3개월 내에 신고 및 납부해야 한다[4] (이명박 대통령은 기업의 법인세율을 20퍼센트로 낮추겠다고 공약을 발표한 바 있다. 이는 기업의 순이익을 증가시킬 것이다). 우리나라의 대부분의 기업은 회계연도 종료일이 12월 31일이므로 3월 1일까지 법인세를 내야 한다. 미국 기업의 법인세율은 15~39퍼센트 수준이다.

법인세차감전순이익이 법인세 과세의 기준이 된다는 사실은 기업에 중요하다. 법인세차감전순이익이 많으면 세금을 더 많이 떼일 것이다. 한 푼이라도 이익을 더 많이 남겨야 하는 기업 입장에서는 세금을 가급적 적게 떼이는 게 좋다.

어떻게 하면 법인세차감전순이익을 줄일 수 있을까. 이때 기업들이 즐겨 사용하는 수단이 감가상각비와 이자비용이다. 먼저, 감가상각비가 커지면 영업이익이 줄어들고—이 원리는 앞서 설명했다—연쇄적으로 법인세차감전순이익도 줄어든다. 이에 따라 기업은 법인세를 적게 내게 된다. 이를 '감가상각의 절세효과'라고 한다. 다음으로 이자 비용이 커지면 이번에는 계속사업이익(경상이익)이 줄어들고 연쇄적으로 법인세차감전순이익도 줄어들게 된다. 이에 따라 기업은 법인세를 적게 내게 된다. 이를 '이자의 절세효과'라고 한다. 기업 입장에서 부채가 반드시 나쁜 것만은 아니라는 사실을 알 수 있다.

---

4. 정확히 말하면 1억원 초과분의 경우 법인세차감전순이익의 25%이며, 1억원 미만에 대해서는 13%이다.

주당순이익(EPS, earnings per share)

주당순이익은 투자자(주주)에게 각별한 의미가 있다. 당기순이익이 기업의 입장에서 보았을 때 얼마의 이익을 남겼는지를 알려준다면, 주당순이익은 투자자(주주)의 입장에서 얼마의 이익을 갖게 되는지를 알려주는 지표다.

주당순이익(EPS) = 당기순이익(NI) / 유통주식 수(SO)

분모에는 발행주식 수보다는 유통주식 수(SO, number of shares outstanding)를 사용하는 게 합리적이다. 유통주식 수란 기업이 발행한 모든 발행주식 수에서 자사주(treasury stock)를 뺀 주식 수를 말한다. 주당순이익은 높을수록 좋다.

한국 기업의 재무제표를 보면 주당순이익이 기본 주당순이익(basic EPS)과 희석 주당순이익(diluted EPS)의 두 가지로 구분돼 있음을 알 수 있다. 이것을 어떻게 계산하는지 살펴보자. 예를 들어 LG생활건강 2007년 재무제표를 보면 주식 수가 다음과 같이 나와 있다.

	보통주	우선주	합계
발행주식 수	15,618,197	2,099,697	17,727,894
자기주식 수	958,393	3,437	961,830
유통주식 수	14,659,804	2,096,260	16,756,064

5. 3,206,600,000,000 / (87186835 − 9593892) = 41,326.

이 회사는 기본 주당순이익을 4,809원으로 발표했는데, 이는 보통주에 대한 당기순이익 705억 530만 원을 유통 보통주식 수 1,465만 9804주로 나눈 값이다. 보통주에 대한 당기순이익이란 손익계산서의 당기순이익 802억 7,693만 원에서 우선주 배당금과 추가배당이익 중 우선주 귀속분을 뺀 값이다(80,276,933,719 – 3,249,203,000 – 6,522,399,072 = 70,505,331,647). 한국의 기업회계기준에 따르면 공개기업이건 비공개기업이건 관계없이 모든 회사는 기본 EPS를 재무제표에 반드시 공시해야 한다.

희석 EPS는 유통주식 수와 더불어 스톡옵션이나 전환사채 등 앞으로 발행될 주식 수까지 포함해서 나눈 값이다. 희석 EPS가 기본 EPS보다 보수적인 관점에서 바라본 주식이라고 할 수 있다. LG생활건강은 전환사채나 신주인수권부사채를 발행하지 않았기 때문에 기본 주당순이익과 희석 주당순이익이 동일하다.

미국의 주식시장에서는 기본 주당순이익과 희석 주당순이익의 차이가 한국의 경우보다 크다. 기업의 최고경영자나 임원진에게 많은 양의 스톡옵션을 지급했기 때문이다. 적지 않은 미국 기업의 최고경영자와 임원들이 주가가 오르면 스톡옵션을 주식시장에 대거 내놓아 주가를 떨어뜨리는 일을 서슴지 않는다. 그들에게 주주의 이익은 안중에도 없다.

인터넷 포털 야후의 전 최고경영자 테리 세멜(Terry Semel)은 2007년 6월 사임하기 전까지 5년 10개월간의 재임 기간 동안 무려 1,810만 주의 스톡옵션을 행사해 4억 5,000만 달러(약 4,100

억 원)를 챙겼다. 그가 스톡옵션을 행사할 때마다 주식시장에서 야후의 유통 주식 수는 늘어났고, 이로 인해 주가가 떨어지면서 주주들은 손해를 감수해야 했다. 테리 세멜의 재임 기간 동안 야후의 주가가 연간 5퍼센트밖에 오르지 않은 것은 바로 테리 세멜의 빈번한 스톡옵션 행사가 적지 않게 작용했다. 한국에서는 오너 경영 체제가 확고하기 때문에 이런 문제는 아직까지 드물다. 이 점에서 한국의 오너 경영체제는 겉보기만큼 부정적인 것은 아니다.

한편, 가치투자자라면 기업의 내재가치를 계산할 때 우선주(preferred stock)를 주식 수에 포함하느냐를 놓고 혼란스러웠던 적이 있을 것이다.

주식시장에서 거래되는 주식에는 크게 보통주(common stock)와 우선주가 있다. 보통주와 우선주의 차이는 의결권과 배당에 있다. 보통주는 의결권과 배당이 있는 반면, 우선주는 의결권이 없는 대신에 보통주에 비해 1퍼센트의 배당을 더 받는다. 예를 들어 LG생활건강의 경우 2007년 보통주 배당금은 1,500원(액면가 5,000원×30%)인데, 우선주 배당금은 1,550원(액면가 5,000원×31%)이다.

우선주는 어느 나라의 증권시장에서나 보통주보다 낮은 가격에 거래된다. 이렇게 된 이유는 우선주에는 의결권 프리미엄이 없고, 통상 보통주보다 발행주식 수가 적어서 제때에 사고팔기가 불편하기 때문이다. 앞서 말한 LG생활건강의 경우 2008년 4

월 14일 현재 보통주 주가는 19만 3,500원, 우선주(LG생활건강우)는 이보다 낮은 5만 5,900원선에서 거래되고 있다.

우선주는 내재가치를 계산할 때 이를 주식 수에 포함해야 하느냐를 놓고 가치투자자들을 고민하게 만든다. 가치투자의 관점에서 기업의 적정 주가는 해당 기업이 향후에 벌어들이게 될 현금흐름을 현재가치로 환원해 주식 수로 나눈 값인데, 이때 분모의 주식 수를 보통주 주식 수로 할 것인지 아니면 보통주와 우선주를 합친 것으로 할 것인지가 문제되는 것이다.

이 문제에 관해서는 워렌 버핏의 '1996년 버크셔 해서웨이 회장의 편지'의 내용 일부를 인용하는 게 도움이 될 것이다(이 편지의 발표일은 1997년 2월 28일이다).

"Class B 주식 1주는 Class A주식 1주의 30분의 1의 가치를 갖는다. 앞으로 우리(버크셔 해서웨이)는 주당 수치(per-share figures)를 계산할 때 Class A의 전체 주식 수에다가 Class B의 전체 주식 수를 30분 1로 나눈 수치를 더한 값을 사용할 것이다."

잘 알려져 있듯이 버크셔 해서웨이의 주식은 Class A, Class B로 나뉘는데, Class A 주식은 흔히 말하는 보통주이고 Class B 주식은 Class A의 주식에 비해 각종 권리가 30분의 1로 제한돼 있으며 주가도 마찬가지로 30분의 1에 거래되고 있다. 의결권의 경우 Class B 주식이 Class A 주식의 200분의 1이다. 버크셔 해서웨이 Class B 주식이 의결권이 사실상 없다는 점에서 우선주로 여겨지기도 한다.

워렌 버핏 회장의 편지를 읽어보면 그는 내재가치를 계산할 때 Class B 30주를 Class A 1주로 환산하고 있음을 알 수 있다. Class B의 주가가 Class A 주가의 30분의 1에 불과한 것은 애초에 버크셔 해서웨이가 Class B 주식을 발행할 때 그렇게 규정했기 때문이다.

워렌 버핏의 계산법을 한국의 기업을 분석할 때 적용해본다면 이렇게 될 것이다.

현재 한국의 주식시장에서 유통되는 우선주에는 크게 구형 우선주와 신형 우선주가 있다. 구형 우선주란 1996년 상법이 개정되기 전에 발행된 우선주이고, 신형 우선주는 상법 개정 이후 발행된 우선주를 말한다. 일반적으로 우선주라고 하면 구형 우선주를 말하고—아직까지는 우리에게는 이게 익숙하므로—신형 우선주는 종목 이름 끝에 B자가 들어간다. 예를 들어 코오롱의 신형 우선주는 '코오롱2우B' 하는 식이다.

워렌 버핏의 계산법에 따르면 구형 우선주의 경우는 내재가치를 계산할 때 보통주와의 가격 차이를 감안해 할인한 가격을 더하는 게 정확하다고 판단된다.

앞서 언급했듯이 2008년 4월 14일 현재 'LG생활건강' (보통주) 주가는 19만 4,500원이고, 'LG생활건강우' (우선주)는 5만 7,100원이다. LG생활건강의 우선주 3.3주를 보통주 1주로 계산해야 한다는 뜻이다. 물론 이 같은 괴리가 향후에도 지속될 것인가를 따져봐야 할 것이다.

반면 신형 우선주는 보통주로 전환이 되므로 전환사채(CB, convertible bond)나 신주인수권부사채(BW, bond with warrent)와 유사한 성격을 갖게 된다. 이 경우 기업의 내재가치를 계산할 때 보통주 1주로 계산해야 할 것이다. 왜냐하면 기업의 내재가치란 기업이 영구적으로 존속한다는 가정에서 출발하고 있으며, 전환사채든 신형 우선주든 결국에는 보통주로 전환이 될 것이기 때문이다.

결론적으로 우선주는 몇 주가 보통주 1주에 해당하느냐를 기준으로 내재가치 계산 시에 적용돼야 할 것이다. 이렇게 본다면 신형 우선주는 구형 우선주에 비해 기업의 적정 주가를 더 떨어뜨리는 결과를 낳게 된다. 신형 우선주는 보통주 1주에 해당하지만 구형 우선주는 보통주의 몇 분의 1에 해당하기 때문이다.

007

현금흐름을 알면
우량 기업이 보인다

도산의 징후를 알아낼 수 있는 현금흐름표
현금흐름표에는 기업의 유형이 나타난다
잉여현금흐름이란 무엇인가

도산의 징후를 알아낼 수 있는 현금흐름표

001

- 투자자라면 기업의 현금흐름표에 각별한 관심을 가져야 한다. 현금흐름표는 손익계산서가 기업의 실제 현금흐름을 보여주지 못하는 맹점을 보완하기 위해 만들어진 표이다. 예를 들어 어느 기업이 물건을 판매하고 외상매출금을 받았다면 손익계산서에는 순이익으로 기록된다. 손익계산서만 보면 흑자로 나타나지만 실제로 기업에게 들어오는 현금은 없다.

만약 이때 기업이 자사 명의로 발행한 어음이 만기가 돼 돌아온다면 결제를 못할 수 있다. 이를 흑자부도라고 한다. 투자자가 이 기업의 현금흐름표를 살펴봤다면 기업의 현금흐름이 나쁘다는 사실을 확인할 수 있었을 것이다. 또 현금흐름표는 기업이 분식회계를 하기 어렵다는 점에서 투자자에게 도움을 준다. 기업의 현금흐름표를 살펴보면 기업의 부실화 가능성, 유동성 악화, 도산 징후를 파악할 수 있다. 다음은 가치투자자들 사이에 관심을 끌었던 의류업체 한섬의 2005년 현금흐름표이다.

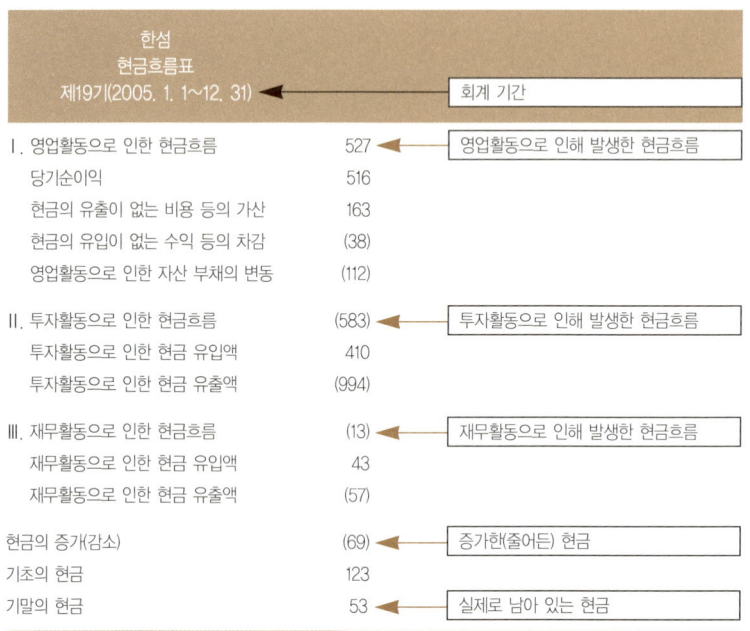

| 한섬 2005년 현금흐름표(단위 : 억 원)
★ 괄호 안 숫자는 마이너스

먼저 맨 아래 칸에 기말의 현금 53억 원이 보인다. 이는 한섬이 2005년 12월 31일 현재 53억 원의 현금을 갖고 있음을 알려준다. 이 금액은 한섬의 2005년 대차대조표의 차변(자산)에 나오는 현금및현금성자산 항목의 액수와 일치한다.

다음으로 53억 원은 전기(2004년 12월 31일)현금흐름표의 123

억 원에 비해 절반 이상이 줄어든 금액임을 알 수 있다. 원인을 살펴보니 영업활동을 통한 현금흐름(527억 원)은 양호하지만 투자활동으로 인한 현금흐름(583억 원)이 더 많아 이 같은 결과가 초래됐음을 알 수 있다. 한섬은 영업활동을 통해 벌어들인 현금을 미래의 투자를 위해 사용한 것이다. 이것은 긍정적인 신호다. 이처럼 현금흐름표를 살펴보면 이 회사가 얼마의 현금을 갖고 있는지, 현금이 전기에 비해 줄었는지 늘었는지, 줄거나 늘었다면 원인은 무엇인지를 알아낼 수 있는 것이다. 이런 정보는 오직 현금흐름표를 통해서만 알아낼 수 있다. 현금흐름표가 왜 중요한지 알았을 것이다.

정리해보자. 현금흐름표는 영업활동으로 인한 현금흐름, 투자활동으로 인한 현금흐름, 재무활동으로 인한 현금흐름의 세 가지로 구성돼 있다.

- 영업활동으로 인한 현금흐름

영업활동으로 인한 현금흐름이란 제품의 생산, 판매 같은 회사 영업과 관련해 쓰였거나 들어온 현금을 말한다. 기업회계 기준에서는 영업활동을 "일반적으로 재품의 생산과 상품 및 용역의 판매, 구매활동을 말하며, 투자활동과 재무활동에 속하지 않는 모든 거래"라고 정의하고 있다.

기업의 본업이 영업활동이라는 점을 감안하면 영업활동으로 인한 현금흐름은 당연히 플러스여야 정상이다. 일시적으로 마이너스(-)가 발생할 수는 있지만 2~3년 연속 마이너스가 발생했다면 문제가 있다고 봐야 한다.

영업활동으로 인한 현금흐름은 당기순이익에 현금의 유출이 없는 비용을 더하고, 현금의 유입이 없는 수익을 빼는 방법을 쓴다. 이를 간접법(indirect method)라고 한다. 한국과 미국의 기업회계기준은 현금흐름표를 간접법으로 작성하도록 규정하고 있다. 현금의 유출이 없는 비용으로는 감가상각비가 대표적이고, 대손상각비, 유가증권평가손실 등이 있다. 현금의 유입이 없는 수익으로는 유가증권평가이익, 대손충당금환입 등이 있다.

- 투자활동으로 인한 현금흐름

투자활동에 의한 현금흐름은 기업이 미래를 위해 장비나 기계를 사들이거나 부동산을 구입하는 것 같은 유무형 자산의 취득과 처분에 관련된 현금을 말한다.

기업회계 기준에서는 투자활동을 "현금의 대여와 회수활동, 유가증권, 투자자산, 무형자산의 취득과 처분에 관련된 활동"으로 정의하고 있다. 기업은 영속적 존재이므로 미래를 위해 항상 투자를 해야 한다. 그러므로 이 항목은 정상적인 기업이라면 마이너스로 기록된다(기업이 돈을 외부로 지출하면 장부에는 마이너스로 기록된다).

- 재무활동으로 인한 현금흐름

　재무활동에 의한 현금흐름은 쉽게 말해 기업이 금융기관으로부터 돈을 빌리거나 갚는 것을 말한다. 기업회계 기준에서는 재무활동을 "현금의 차입 및 상환활동, 신주발행이나 배당금의 지급활동 등과 같이 부채 및 자본계정에 영향을 미치는 활동"으로 정의하고 있다.

　기업이 금융기관에 돈을 갚으면 마이너스가 된다. 기업 입장에서 볼 때 기업 외부로 돈이 나가는 것이기 때문이다. 반대로 기업이 금융기관에서 돈을 빌려오면 플러스가 된다. 재무활동으로 인한 현금흐름은 마이너스가 돼야 기업에 유리할 것이다. 기업이 돈을 갚으면 이자 부담이 줄어들기 때문이다.

　종합하면 영업활동으로 인한 현금흐름은 플러스, 투자활동으로 인한 현금흐름은 마이너스, 재무활동으로 인한 현금흐름도 마이너스이면 이상적인 기업이다. 이를 해석하면 영업활동을 통해서 현금을 벌어들여서(+), 미래 투자를 위해 돈을 지출했고(−), 금융기관에서 빌린 돈을 갚았다(−)는 뜻이다.

　한섬의 현금흐름표를 보면 전형적인 우량 기업(+,−,−)의 형태를 띄고 있다. 우량 기업이라는 뜻이다. 다만 이 세 가지 현금흐름을 합치니 현금이 감소했고, 이에 따라 기말 현금이 기초 현금보다 줄어들었음을 알 수 있다.

　현금흐름표는 주의 깊게 분석할 필요가 있다. 기업이 손익계산서에는 순이익을 기록하고 있지만 현금을 너무 적게 보유함으로써 자금 운용 문제에 부닥치거나 부채를 제때에 상환하지 못해 어려움을 겪고 있는지를 확인할 수 있기 때문이다.

현금흐름표에는
기업의 유형이 나타난다

002

- 현금흐름표의 중요성이 알려지면서 최근에는 영업현금흐름, 투자현금흐름, 재무현금흐름의 상태를 조합해 기업 유형을 분류하려는 시도가 이뤄지고 있다.

• 우량 기업(+,−,−)

영업활동을 통해 창출한 현금으로 투자도 하고 부채도 갚아나가는 회사를 말한다. 투자를 했으니 장래에 더 많은 이익이 돌아올 것이고, 부채를 갚았으니 이자 비용이 줄어들 것이다. 당연히 기업 가치가 높아진다. 삼성전자, 포스코 등 한국의 우량기업의 현금흐름표가 여기에 해당한다.

- 성장 기업(+,−,+)

영업활동을 통해 창출한 현금으로 투자를 하지만, 내부 현금만으로는 충분하지 않기 때문에 부채를 끌어오는 기업이다. 해마다 매출을 확장해가는 기업이 여기에 해당한다.

- 재활노력기업(−,−,+)

영업활동으로 현금을 창출하지 못하고 있지만 투자를 하고 있고, 여기에 필요한 자금을 외부에서 끌어다 쓰고 있는 기업 유형이다. 이런 형태가 지속되는 기업은 크게 성장하거나 도산하거나 둘 가운데 하나의 결과를 맞이할 가능성이 높다.

- 위험 기업(−,+,+)

영업활동으로 현금을 창출하지 못하고 있고, 고정자산 등을 처분해 현금을 끌어오는 한편으로 외부 금융기관 등에서 돈을 빌리는 기업 유형이다. 오너가 회사를 정리하려는 생각을 갖고 있을 수 있다.

세 가지 항목 가운데 영업활동으로 인한 현금흐름은 기업의 사업 건전성을 파악하는 가장 중요한 지표다. 영업활동으로 인한 현금흐름이 플러스가 되지 않으면 그 기업은 장기적으로 존속하기 어렵다.

잉여현금흐름이란 무엇인가

003

- 잉여현금흐름(FCF, free cash flow)이라는 용어를 들어보지 않은 가치투자자는 없을 것이다. 잉여현금흐름이 풍부한 기업이 주주에게 이익을 가져다준다는 말도 들어보았을 것이다.

  손익계산서에 당기순이익이 나와 있는데, 왜 투자자들은 굳이 잉여현금흐름을 알아내려 하는 걸까. 이유는 당기순이익만으로는 기업이 주주에게 얼마나 많은 이익을 가져다줄지를 정확하게 알아내기 어렵기 때문이다. 예를 들어 어느 기업이 대규모 당기순이익을 기록했다고 하자. 이건 좋은 일이다. 그런데 이 기업이 향후에 새로운 시장에 진출하거나, 기존 설비를 새 것으로 대체하기로 했다고 하자. 여기에 필요한 자금을 어떻게 마련할 것인가. 당연히 당기순이익을 사용하게 될 것이다. 그러면 이 기업은 주주에게 배당을 하지 못하게 되고, 배당만으로도 모자라면 외부의 금융기관에서 돈을 차입하게 된다. 이는 부채의 증가와 이자 비용의 증가로 이어져 주주의 이익을 훼손하는 결과를 가져온다. 결국 주주에게 이익을 가져다주는 기업은 당기순이익을 많이 내는 기업이라기보다는 신규 시장 진출이나 기존 설비 교체 등에 돈을 쓰지 않는 기업이다.

이것을 확인하는 지표가 바로 잉여현금흐름이다. 기업에 잉여현금흐름이 풍부하다는 것은 설비투자를 할 필요가 없거나, 설비투자를 하고도 돈이 남아 주주에게 이익을 돌려줄 가능성이 높다. 이제 왜 잉여현금흐름이 주주에게 중요한지 이해됐을 것이다. 신기한 것은 잉여현금흐름이 무엇인지 표준화된 정의가 없다는 사실이다. 잉여현금흐름은 기업회계 기준에도 나오지 않은 용어이며, 이것을 구하는 공식도 투자자나 기관에 따라 중구난방이다. 한마디로 잉여현금흐름은 엿장수 맘이라고 해도 과언이 아니다.

워렌 버핏은 잉여현금흐름을 '당기순이익+감가상각비-자본적지출-부가적 운전자본'의 개념으로 이해하고 있다. 영업으로 창출한 현금 유입에서 자본적 지출과 부가적인 운전자본을 뺀 이익이 주주에게 의미 있는 이익이라고 생각한 것이다. 그는 이를 주주 이익(owner's earning)이라고 부르고 있다.

가치투자의 황제로 불리는 존 네프는 잉여현금흐름을 대차대조표의 이익잉여금(유보이익)에 감가상각비를 더한 값으로 정의했다. 그는 잉여현금흐름을 이렇게 간단하게 이해하는 것으로 주식투자에 성공하는 데 충분하다고 말하고 있다.

비즈니스 스쿨에서는 잉여현금흐름을 세후순영업이익(NOPAT, net operating profit after tax)에서 순영업자산의 증가분(increase in NOA)을 뺀 값으로 본다.

한국의 어느 증권사는 잉여현금흐름을 당기순이익에 감가상각비를 더한 값으로 사용하고 있고, 다른 어느 증권사는 현금흐름표의 영업활동으로 인한 현금흐름을 단순히 잉여현금으로 사용하고 있다. 또 다른 어느 증권사는 총현금흐름에서 총투자를 공제한 값으로 계산하고 있다. 이것을 실제로 계산하는 방법은 한나절이 걸릴 정도로 복잡하다.

잉여현금흐름이 그렇게 빈번하게 언급되면서도 정확한 정의가 없다는 사실을 알고 나면 놀랍다는 생각도 든다. 그렇다면 잉여현금흐름을 현실적으로 어떤 방식으로 정의를 내리고, 어떻게 사용해야 하는가.

첫째, 잉여현금흐름을 자신이 편한 방식대로 정하라. 일반적으로 잉여현금흐름은 영업활동으로 인한 현금흐름에서 자본적 지출을 뺀 값으로 계산하는 게 편리하다. 나도 이 방식으로 잉여현금흐름을 사용하고 있고, 투자에 관련된 의사 결정을 내리는 데 아무런 불편을 느끼지 못하고 있다.

잉여현금흐름(FCF) = 영업활동으로 인한 현금흐름 − 자본적 지출(CAPEX)

다음으로, 자신이 만든 잉여현금흐름의 공식을 일관되게 사용하라. 잉여현금흐름은 정확한 수치가 중요한 게 아니라 기업이 현금흐름의 추이를 관찰하거나 상대적인 비교 측정치로서 의미가 있다. 잉여현금흐름을 자기에게 편한 방식대로 한 가지를 정해 일관되게 사용한다면 문제가 없다.

왜냐하면 동일한 기준을 일관되게 사용한다면 어느 기업의 잉여현금흐름이 줄어들고 있는지 혹은 늘어나고 있는지, A 기업과 B 기업 가운데 어느 기업이 잉여현금흐름이 더 풍부한지를 알아낼 수 있기 때문이다.

주의해야 할 것은 잉여현금흐름이 우량 기업 혹은 불량 기업을 가려내는 절대적 기준은 아니라는 사실이다. 만약 어느 기업이 대규모 설비 투자를 하느라 잉여현금흐름이 마이너스를 기록하더라도 주주에게 많은 이익을 가져다줄 수 있다. 이 기업이 설비 투자를 가동해 매출을 늘려 더 많은 이익을 창출할 수 있기 때문이다.

잉여현금흐름은 기업이 저성장 혹은 고성장 산업 가운데 어디에 속해 있는지, 창업 단계에 있는지 아니면 성숙 단계에 있는지 등을 종합적으로 고려해 사용해야 한다.

008

투자자를 위한
주가의 적정 가치 계산

할인율과 복리, 시간이 가치에 미치는 영향
기업의 내재가치와 적정 주가 계산법
화폐의 미래가치와 복리의 마법
한국 기업의 분식회계, 얼마나 줄었나
알아야 피하는 한국 기업의 분식회계 유형

할인율과 복리,
시간이 가치에 미치는 영향

001

● 미국 네브라스카 주의 오마하에는 젊은 시절의 워렌 버핏에 돈을 맡겼다가 지금은 억만장자가 된 보통 사람이 10여 명 있다. 네브라스카 메디컬 센터에서 소아과 의사로 일하고 있는 캐롤 에인절(Carol Angel) 박사가 대표적이다. 에인절 박사는 2008년 현재 나이가 72세이고 재산은 4억 6,900만 달러(약 4,300억 원)를 기록하고 있다. 편안하게 인생을 즐겨도 되지만 그는 지금도 환자를 진료하고 있다.

미국의 작은 도시 오마하에서 평생을 살고 있는 그가 이런 엄청난 재산을 모은 계기는 1957년의 어느 날 작은 결정에서 비롯됐다. 지금으로부터 50여 년 전의 일이고 그의 나이는 20대 초반이었다. 당시 소아과 병원을 개업하고 있던 그는 어느 의사 동료로부터 "콜롬비아대를 막 졸업한 어느 똑똑한 젊은이가 투자자를 모집하고 있다"는 말을 듣게 됐다. 재테크에 관심이 있던 에인절 박사는 이 젊은이의 집에서 열린 투자 설명회에 참석했다.

이 젊은이의 이름은 워렌 버핏이었고 집은 오마하 시내 파르남 스트리트에 있었다. 설명회가 진행되는 동안에 버핏의 부인 수전 버핏이 커피를 가져왔다. 버핏은 수줍어하면서도 자신감에 찬 모습으로 자신에게 돈을 맡기면 투자해서 수익을 나눠줄 것이라고 말했다. 버핏의 설득에 매료된 에인절 박사는 며칠 후 버핏에게 1만 달러를 투자했다. 자신이 그간 모은 돈의 절반이었다. 우리 돈으로 약 1,000만 원이 매년 불어서 이제 4,300억 원이 된 것이다.

에인절 박사는 버핏의 어떤 설명에 매료됐을까. 버핏의 설명의 요지는 화폐의 시간가치였다. 더 정확히 말하면 복리의 마법이었다. 버핏은 설명회 도중에 주판으로 직접 계산을 하면서 지금의 작은 금액이 시간이 흐르면 복리의 마법에 따라 엄청난 액수로 불어난다는 것을 보여주었다.

화폐의 시간가치와 복리의 마법은 워렌 버핏의 성공을 이야기할 때 빠지지 않는 개념이다. 화폐의 시간가치는 회계 재무학에서 기본 중의 기본이고 재테크를 할 때도 반드시 알아둬야 할 개념이다. 화폐의 시간가치란 화폐의 가치가 시간의 경과에 따라 달라진다는 것을 말한다. 이게 무슨 뜻인지 알기 쉽게 설명하면 다음과 같다.

예를 들어, 지금 내 지갑에 현금 10만 원이 있다고 하자. 이것은 누가 봐도 10만 원이다. 그런데 나는 이것 말고도 2년 후에 채무자로부터 받게 될 약속 어음 10만 원이 있다. 어느 날 불가피한 사정으로 지갑의 현금 10만 원과 2년 후에 받게 될 약속 어음 10만 원 가운데 하나만 선택해야 한다면 어떤 것을 고를까? 당연히 지금 지갑에 들어 있는 현금 10만 원을 고를 것이다. 이처럼 인간이 현재의 현금을 미래의 현금보다 더 선호하는 것을 유동성 선호(liquidity preference)라고 한다. 왜 인간은 유동성을 선호할까?

재무 학자들은 인간이 현재의 현금을 미래의 현금보다 더 선호하는 이유를 4가지로 설명한다.

첫째, 무엇보다도 미래의 현금은 미래의 불확실성으로 인하여 떼일 위험이 존재한다. 둘째, 인간은 미래의 소비보다는 현재의 소비를 선호하는 시차선호의 성향이 있다. 즉 인간의 생명은 유한하기 때문에 지금 당장 소비하는 것을 선호하게 된다. 이를 화폐의 시차선호 이론이라고 한다. 셋째, 미래의 현금은 인플레이션에 따르는 구매력 감소의 가능성이 항상 존재한다. 즉 인플레이션하에서 미래의 현금은 동일한 금액의 현재 현금보다 구매력이 떨어지게 된다. 넷째, 현재의 현금은 새로운 투자기회가 주어질 경우 생산활동을 통하여 높은 수익을 얻을 수 있다.

할인율(discount rate)이라는 개념은 여기서 만들어졌다. 인간의 유동성 선호 심리를 반영하여 미래의 화폐를 현재의 화폐로 환원할 때 어느 정도로 깎아야 하느냐를 보여주는 개념이 할인율이다. 예를 들어 2년 후에 받게 될 10만 원은 지금 당장의 10만 원보다 가치가 떨어지므로, 만약 2년 후 10만 원을 지금 당장 받는다면 어느 정도 깎아야 하는 것이다.

화폐의 현재가치(present value of money)

미래의 화폐를 현재의 가치로 환원한 것을 화폐의 현재가치(present value)라고 하며, 이를 계산하는 공식은 다음과 같다.

$$PV = \frac{A}{(1+r)^n}$$

PV=현재가치, A=원금, r=할인율, n=기간

이것을 외울 필요는 없지만 분모에 할인율(r)과 기간(n)이 들어간다는 것은 알아둬야 한다. 분모가 커지면 현재가치(PV)는 작아진다(분모가 공식의 결과값과 반비례한다는 것은 중학교 산수 지식이다). 다시 말해 분모에 있는 기간이 길어질수록, 할인율이 높을수록 화폐의 현재가치는 작아지는 것이다.

이해를 돕기 위해 문제를 풀어보자. 당신이 4년 후에 1만 원을 받기로 했는데, 그것을 할인율 5퍼센트를 적용해 지금 받는다면 얼마가 될까.

공식에 대입해보면 8,230원이 나온다[1]. 4년 후의 10,000원을 현재가치로 환원하면 10,000원에 미치지 못하는 8,227원이 되는 것이다.

Year 0	Year 1	Year 2	Year 3	Year 4
8,227				10,000

| 4년 후 1만 원의 현재가치(할인율 5%)

나는 이 계산을 쌀집 계산기로 하지 않고 엑셀로 했다. 노트북을 열어 마이크로소프트의 엑셀 프로그램을 켠 다음에 아무 셀(cell)에나 커서를 대고 '=PV(0.05,4,0,−10000)'이라고 쳐보라. 8,227원이라고 깔끔하게 나올 것이다. PV는 현재가치, 4는 기간이다. 0은 기말이라는 뜻인데 몰라도 되며 그냥 0으로 치면 된다. −10000은 원금이며 마이너스(−) 기호를 붙여야 한다.

내가 비즈니스 스쿨에 입학할 때만 해도 이런 문제를 풀려면 무지 골치 아팠다. 4장으로 된 이자 요소표─현재가치 이자요소표, 미래가치 이자요소표, 연금의 현재가치 이자요소표, 연금의 미래가치 이자요소표─를 뒤적여 할인율 값을 찾은 다음에, 일일이 계산기를 두드려야 했기 때문이다. 엑셀이 이런 문제를 말끔하게 해결해주었다.

1. $10,000/(1.05)^4 = 8,230$.

다음은 현재가치의 특징이다.

첫째, 할인율이 높을수록 현재가치는 낮아진다. 이유는 이미 설명했다. 할인율이 분모에 있으므로 이게 커지면 당연히 현재가치가 떨어지게 된다. 둘째, 할인율이 동일하다면 기간이 길수록 현재가치는 낮아진다. 공식을 보면 기간이 분모에 있으므로, 이게 커지면 당연히 현재가치가 떨어지게 된다.

이것은 상식적으로도 이해할 수 있다. 기간이 길수록 보다 많은 투자 수익을 올릴 기회가 생기며, 그러므로 동일한 투자 수익을 올리기 위해 보다 적은 금액을 투자해도 되는 것이다. 화폐의 현재가치는 기업의 내재가치를 계산할 때 쓰이며, 실생활에서도 다양하게 적용되기 때문에 개념을 완벽하게 자기 것으로 만들어야 한다.

영구 연금의 현재가치(present value of annuity)

이번에는 현재가치의 개념을 확장해보자. 정년을 앞둔 어느 직장인이 회사로부터 연금을 해마다 500만 원씩 받게 돼 있다고 하자. 만약 평생 동안 받게 될 이 연금을 지금 당장 받는다면 얼마를 받아야 할까. 1년 후에 500만 원, 2년 후에 500만 원, 3년 후에 500만 원 … 이런 식으로 받을 것을 지금 당장 한꺼번에 받는다는 뜻이다. 할인율 8퍼센트라고 가정하자.

이처럼 영구적으로 일정한 금액을 지불하는 것을 영구 연금의 현재가치라고 한다. 이것을 구하는 공식은 다음과 같다. 연금을 영구적으로 받는 데 무한대의 값이 나오지 않고 정해진 금액이 나올 수 있다는 사실을 의아하게 생각할 수 있는데, 수학의 시그마(Σ)의 개념을 아는 분이라면 이해하기에 어렵지 않을 것이다. 이건 그냥 외우는 게 편하다.

$$P = \frac{A}{r}$$

P=영구 연금, A=원금, r=할인율

공식을 보면 원금을 할인율로 나누면 된다는 것을 알 수 있다.

앞서 말한 문제를 공식에 대입하면 6,250만 원이 나온다[2]. 다시 말해 해마다 500만 원씩 연금을 받는 사람은 6,250만 원의 재산을 갖고 있는 것이나 다름없는 것이다[3] (할인율 8%를 가정한 것이다).

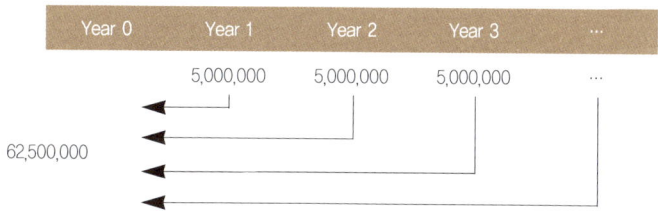

| 연금 500만 원의 현재가치(할인율 8%)

---

2. 5,000,000 / 0.08 = 62,500,000.
3. 물론 나는 이 계산도 엑셀로 했다. 엑셀에서 '=5,000,000 / 0.08' 이라고 치면 62,500,000이 나온다.

영구 연금의 현재가치는 다양하게 응용할 수 있다. 만약 당신이 회사에서 연봉 5,000만 원을 받는다면 당신은 8억 3,330만 원의 재산을 갖고 있는 셈이다. 할인율 6퍼센트를 가정했을 경우다[4]. 만약 어느 회사가 해마다 10억 원의 현금을 창출하고 있다면 이 회사의 내재가치는 166억 6,600만 원이다. 할인율 6퍼센트, 이 회사의 발행주식 수를 10만 주로 가정했을 경우다[5].

내가 방금 설명한 게 바로 기업의 내재가치와 적정 주가를 계산하는 원리다. 현실 비즈니스 세계에서의 기업의 내재가치와 적정 주가를 구하는 방법은 이렇게 간단하지 않지만 원리는 똑같다. 현재가치의 개념을 학습했으므로 이제는 이 개념을 기업의 내재가치와 적정 주가를 계산하는 데 쓰이는 배당할인모델에 응용해보자.

---

4. 50,000,000 / 0.06 = 833,333,333.
5. 10억원 / 0.06 = 166억원, 166억 6,600만원 / 10만주 = 16만 6,600원.

기업의 내재가치와 적정 주가 계산법

002

- 1929년 미국 주식시장의 붕괴는 미국인들에게 충격이었다. 그해 9월 3일 다우지수는 사상 최고치인 381.17로 마감했는데, 그로부터 7주 후 주식시장은 붕괴를 시작해 이후 34개월간의 길고 긴 암흑의 터널을 지나야 했다. 1932년 7월 8일 다우지수가 41.22에서 하락세를 멈추었을 때 주가는 최고점 대비 89퍼센트 하락한 상태였다. 우리로 치면 1만 원 짜리 주식이 1,000원으로 떨어진 것이다.

 기업의 줄도산이 이어졌고, 파산한 개인 투자가들은 강물에 몸을 던졌다. 거리로 나앉은 실업자들은 노숙과 구걸로 연명했다. 이 공포의 현장을 지켜본 인물 가운데 월스트리트의 증권 애널리스트로 일하던 존 버 윌리엄스(John Burr Williams, 1899-

1989)라는 인물이 있었다.

하버드 비즈니스 스쿨을 졸업한 그는 월스트리트의 증권사에서 일했는데, 증시 대폭락을 지켜보면서 주식의 적정 가격은 과연 얼마인가라는 의문을 갖게 됐다. 1만 원 짜리 주식이 순식간에 1,000원으로 떨어질 수 있다는 사실을 그는 받아들이기 어려웠던 것이다.

주식시장 붕괴가 진정 기미를 보이던 1932년 중순, 그는 하버드대 대학원 박사과정에 진학해 주식의 본질 가치를 주제로 논문을 준비했고 5년 후인 1939년 논문을 완성했다. 〈투자 가치 이론(The theory of investment value)〉이라는 제목을 달고 나온 이 논문의 요지는 다음과 같다.

"증권[6]의 현재가치는 그 증권이 미래에 창출해내는 모든 현금을 추정한 후에 그것을 현재가치로 할인을 한 액수이다."

이전까지만 해도 증권의 적정 가격이 얼마인지를 계산하는 방법이 사실상 없었는데, 윌리엄스가 처음으로 그 방법을 명쾌하게 정리한 것이다. 배당할인모델(DDM, dividend discount model)로 불리는 이 이론은 후대의 경제학자와 투자가들에게 커다란 영향을 미쳤는데, 특히 워렌 버핏이 이 원리를 받아들여 주식과 회사

---

6. 증권(security) 이란 주식과 채권을 말한다.

의 내재가치를 계산하는 자신만의 방법으로 발전시켰다.

버핏은 버크셔 기업의 내재가치와 적정 주가를 계산할 때 윌리엄스의 배당할인모델을 바탕으로 하고 있음을 버크셔 해서웨이 사업보고서에서 여러 차례 공개적으로 언급하고 있다. 버핏은 기업의 내재가치를 다음과 같이 정의했다.

"기업의 내재가치는 기업이 잔여기간에 벌어들일 수 있는 현금을 할인한 값이다."

다시 말해 기업의 가치를 올바르게 평가하기 위해서는 이상적인 면에서 본다면 현재부터 기업이 생명을 다하는 날까지 창출해내는 모든 현금흐름을 적절하게 할인하면 된다.

버핏은 내재가치의 정의는 이처럼 단순하지만 정확한 수치를 구하려면 어려움이 있다는 점을 밝히고 있다[7]. 내재가치는 딱 맞아떨어지는 숫자가 아니라 추정치이며 금리가 바뀌거나 사업 전망이 바뀐다면 내재가치도 바뀌어야 한다. 똑같은 기업을 평가하더라도 계산하는 사람에 따라서 내재가치가 다를 수 있다는 점도 언급하고 있다.

---

7. "내재가치 계산은 그렇게 단순하지 않다. 내재가치에 관한 우리의 정의가 암시하듯이 그것은 정확한 수치가 아니라 추정치다. 이것은 이자율이나 현금흐름 추정이 바뀐다면 수정돼야 한다. 동일한 지표를 놓고서도 두 사람의 추정치가 다를 수 있다. 찰리와 나도 동일한 지표를 놓고서 계산을 하면 약간 다른 내재가치를 내놓을 것이다. 때문에 우리는 우리의 내재가치 추정치를 공개하지 않는다."

버핏은 1988년 버크셔 해서웨이 사업보고서에서 '평가 작업을 할 때 중요한 것은 현금흐름에 대해서 어느 정도 확신을 가질 수 있는가'라고 말하고 있다. 어떤 기업들은 다른 기업들보다 현금흐름을 예측하기가 용이한데, 버핏은 예측이 용이한 기업들에게만 관심을 가진다.

배당할인모형에서 유래한 2단계 현금흐름할인법(DCF, discounted cash flow)이 버핏이 사용하는 적정 주가 계산법으로 알려지고 있다. 물론 버핏은 "나는 DCF를 하지 않는다(I don't do DCF)"고 밝히고 있기는 하다.

2단계 현금흐름할인법이란 기업의 잉여현금흐름을 예측가능기간(horizon period)과 종료연도(terminal year) 이후로 나눠서 계산하는 방법이다. 예측가능기간은 기업의 현금흐름을 확실하게 추정할 수 있는 기간이고 종료연도 이후는 불확실성의 구간이다.

예측가능기간의 잉여현금흐름은 이해하기 어렵지 않다. 종료연도 이후의 잉여현금흐름은 다음과 같다.

종료연도이후의 잉여현금흐름(FCF)=종료연도의 FCF/(할인율 – 성장률)

이는 미국의 경제학자 마이런 고든(Myron Gordon)의 이름을 따서 고든 모형이라고도 한다. 이 식은 그냥 외우는 게 낫다. 단 Disocunt rate > growth rate라는 조건이 붙는다. 그렇지 않으면 분모가 마이너스가 나오므로 계산이 불가능해진다. 고든 모형은 할인율과 성장율이 영구적으로 일정하다는 가정을 했다는 점에서 비현실적이라는 지적도 받고 있지만 주가를 설명하는 데 아직까지는 더 나은 계산법이 나타나지 않고 있으므로 유용성을 인정받고 있다.

화폐의 미래가치와 복리의 마법

003

● 화폐의 현재가치를 알았다면 화폐의 미래가치(future value of money)도 쉽게 이해할 수 있다. 화폐의 미래가치는 주식투자의 수익률을 계산할 때 반드시 필요한 개념이다. 화폐의 미래가치는 복리효과가 왜 발생하는지, 장기 투자가 왜 필요한지를 알려준다. 뿐만 아니라 화폐의 미래가치는 은행 예금 이자 계산 등 일상생활에서 광범위하게 사용되고 있으므로 알아둬야 한다.

예를 들어보자. 내가 지금 현금 1만 원을 들고 있는데, 누군가에게 빌려주고 4년 후에 받기로 한다면 4년 후에는 얼마를 받아야 할까.

상식적으로 생각해봐도 당연히 1만 원보다는 많이 받아야 할 것이다. 왜냐하면 내가 1만 원을 4년 동안 빌려주면 나는 이 기간에 돈을 불릴 기회를 포기하는 셈이므로 그 만큼을 더 받아야 하는 것이다. 이것을 화폐의 미래가치라고 한다. 화폐의 미래가치를 구하는 공식은 다음과 같다.

$$FV = A(1+r)^n$$

FV=미래가치, A=원금, r=이자율, n=기간

간단한 퀴즈를 풀어보자. 지갑에 들어 있는 현금 1만 원을 이자율 5퍼센트로 4년 후에 받는다면, 4년 후에는 얼마를 받게 될까. 공식에 대입해보면 12,155원이 나온다[8].

| 1만 원의 4년 후 미래가치(이자율 5%)

이제 화폐의 미래가치를 구하는 공식을 좀더 주의 깊게 살펴보라. 원금(A), 이자율(r), 기간(n)이 모두 분자이므로 세 가지 가운데 어느 하나가 커지면 미래가치도 커진다는 사실을 알 수 있다. 그런데 이 가운데 이자율과 기간이 배수(倍數)가 아니라 승수(乘數)의 관계에 있다는 사실을 주목하라. 이는 이자율과 기간

8. $10,000 \times (1+0.05)^4 = 12,155$.

가운데 어느 하나가 커지면 곱하기에 곱하기를 해주는 엄청난 효과가 발생한다는 것을 암시한다. 한마디로 숫자가 기하급수적으로 커지는 것이다.

이것이 바로 복리의 마법이다. 복리의 마법이란 기간이 장기일수록, 이자율이 클수록 원금이 기하급수적으로 커지는 것을 말한다. 예를 들어보자. 원금 1,000만 원을 이자율 30, 20, 10퍼센트인 은행 상품에 각각 넣어 두었다고 하자. 10년 후에 원금 1,000만 원은 어떻게 변해 있을까.

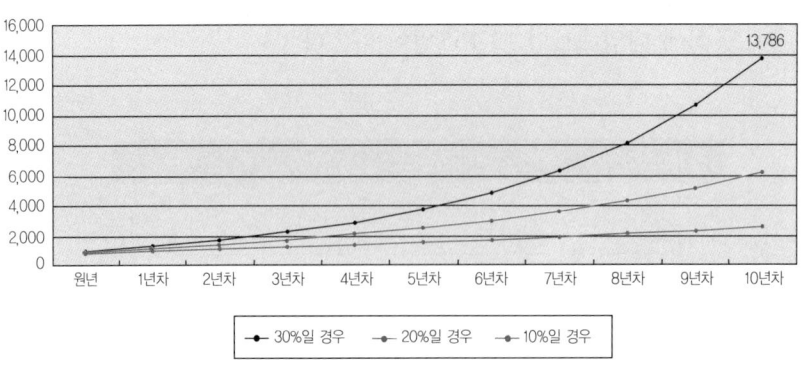

| 원금 1,000만 원의 이자율에 따른 변화(단위 : 만 원)

그래프를 보면 처음 몇 년간은 이자율이 30퍼센트이든, 20퍼센트이든, 10퍼센트이든 별 차이가 없는 것을 알 수 있다. 그런데 6년 차쯤부터 차이가 벌어지기 시작하는 것을 볼 수 있다. 10년이 됐을 때 30, 20, 10퍼센트에 투자한 결과는 1억 3,700만 원, 6,100만 원, 2,500만 원으로 엄청나게 벌어져 있다. 다시 말

해 수익률은 일직선이 아니라 급격한 우상향 패턴이다.

이것을 바로 복리의 효과라고 한다. 복리효과란 투자 수익이 산술급수가 아니라 기하급수로 늘어나는 효과를 말한다. 이제 왜 워렌 버핏이 입이 닳도록 장기 투자를 강조하는지 이해됐을 것이다.

한편, 공식을 보면 투자 효과를 누리기 위해서는 원금의 규모도 중요하다는 사실을 알 수 있다. 이번에는 이자율을 20퍼센트로 고정시키고 원금이 각각 1,000만 원, 5,000만 원, 1억 원일 경우를 가정해보자. 10년 후에는 어떤 결과를 보이게 될까.

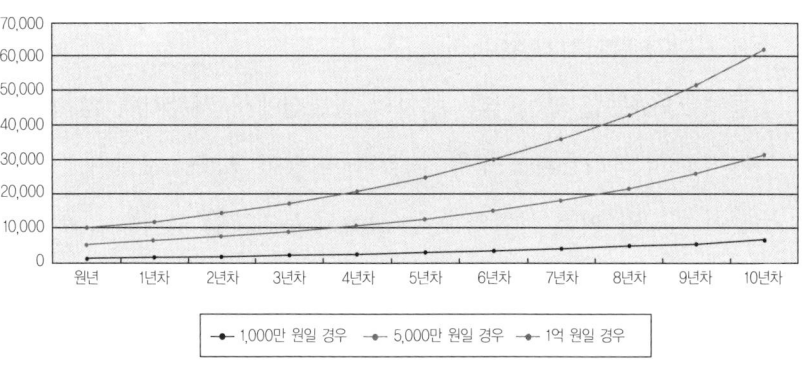

| 원금 1,000만 원, 5,000만 원, 1억 원의 기간에 따른 변화(이자율 20%, 단위 : 만 원)

원금이 클수록 시간이 지나면서 수익을 크게 내는 것을 볼 수 있다.

이자율 20퍼센트일 경우 10년 후 원금 1억 원은 6억 1,900만 원, 5,000만 원은 3억 원, 1,000만 원은 6,100만 원으로 불어나 있게 된다. 투자에 성공하기 위해서는 일단 종자돈(목돈)을 모아야 하는 이유가 이제 이해될 것이다. 결국 기간이 길수록, 원금이 클수록 복리 투자는 놀라운 성공을 가져다준다는 사실을 알 수 있다. 이 개념만 내 것으로 만들어도 성공 투자를 위한 방향은 잡은 것이다. 그러므로 주식에서 성공하기 위해서는 다음과 같은 원칙이 자연스럽게 얻어진다. 이 원칙들이 갑자기 허공에서 이유 없이 등장한 게 아니다.

첫째, 장기투자하라. 앞서 살펴보았듯이 원금 1,000만 원을 10, 20, 30퍼센트로 불릴 경우 초기에는 별다른 차이가 없다. 그런데 시간이 흐름에 따라 서서히 격차가 벌어져 10년쯤에는 엄청난 차이가 벌어지게 된다.

둘째, 종자돈을 만들어라. 투자의 출발선에서 기왕이면 많은 돈이 있어야 복리효과를 누릴 수 있다. 버핏이 초기에 자신의 돈뿐만이 아니라 여러 사람의 돈을 모아서 투자조합 형식으로 투자에 나선 이유가 여기에 있다.

셋째, 수익률이 높아야 한다. 단 1~2퍼센트의 차이가 시간이 지나면 큰 차이를 낳는다. 워렌 버핏이 단 몇 퍼센트의 수익률 차이에 촉각을 곤두세우는 이유가 여기에 있다.

한국 기업의 분식회계, 얼마나 줄었나

004

- 한국 기업의 재무제표는 어느 정도 믿을 수 있는가.

투자자라면 누구나 궁금하게 여기는 부분일 것이다. 기업이 재무제표를 조작할 수 있고, 조작이 아니더라도 합법적인 테두리에서 어느 정도 조정할 수 있는 다양한 방법이 있는 게 사실이다. 이 때문에 일부에서는 재무제표 무용론을 제기하기도 한다. 그렇지만 이는 잘못된 생각이다. 우리나라 기업들의 재무제표는 외환위기 이전에 비해 확실히 깨끗해졌다. 이것을 보여주는 지표가 한국 기업의 분식가능지수다.

다음은 분식가능지수를 구하는 공식이다.

$$\text{분식 가능 지수} = \frac{(당기순이익 - 영업활동으로 인한 현금흐름)}{(영업활동으로 인한 현금흐름)}$$

이 공식은 간단하지만 설득력이 있다. 현금흐름표에 나오는 항목인 영업활동으로 인한 현금흐름은 기업이 장사를 해서 벌어들인 실제적인 현금이며, 조작하기가 거의 불가능하다는 사실을 알 것이다. 반면 당기순이익은 기업 실적을 보여주는 대표적 수치다 보니 기업들이 가장 빈번하게 조작하는 항목 가운데 하나다.

그러므로 두 지수의 차이가 크면 클수록 기업이 분식회계를 할 가능성이 높다고 할 수 있다. 장사를 해서 들어오는 현금이 없는데 순이익이 늘어난다는 건 상식적으로 생각해도 이상하지 않은가. 두 가지의 차이를 보여주는 수치가 바로 분식가능지수다. 옆의 표는 국내의 어느 금융기관이 만든 우리나라 기업들의 분식가능지수 추이다.

이 기관은 증권거래소 상장 기업 가운데 금융업을 제외한 513개 업체를 대상으로 분식가능지수를 조사했다. 보다시피 1996년을 100점으로 놓고 봤을 때 1998년에 131점으로 최고치를 보이다가 2000년 88점, 2003년 49점으로 하락 추세를 보이고 있다.

이와 비슷한 조사는 몇 가지가 더 있는데, 예외 없이 우리나라 기업의 재무제표는 점차 깨끗해지고 있는 것으로 나타나고 있다. 정부가 기업회계 기준 강화, 내부회계관리제도법제화 등을

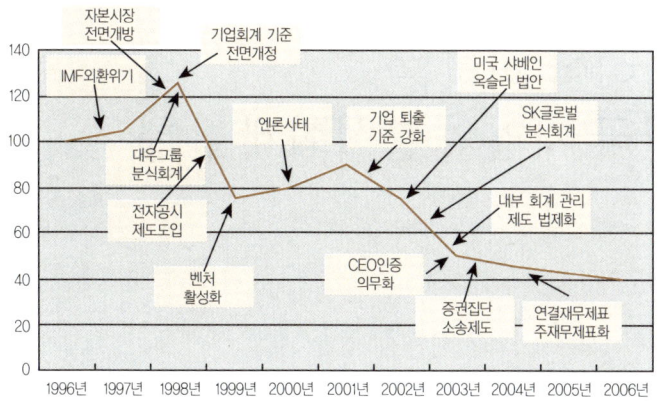

| 한국기업의 분식가능지수(1996~2006, 증권거래소 상장기업대상, 금융업 제외)

쏟아내면서 분식회계가 줄어들고 있음을 알 수 있다.

그렇다고 해서 기업의 재무제표를 액면 그대로 믿어서는 안 된다. 분식회계는 아니더라도 기업 경영자는 회계 기준을 위반하지 않으면서 매출액과 순이익을 어느 정도까지는 늘리거나 줄일 수 있다. 예를 들어 연말에 밀어붙이기식으로 물건을 외상으로 판매함으로써 매출액을 늘릴 수 있다. 다음 연도의 이익을 올해의 매출액으로 재무제표에 기록하는 것이다. 이것을 분식회계라고 하기에는 애매하다.

투자자가 이런 사안을 확인하는 방법은 재무제표를 많이 아는 수밖에 없다. 재무제표를 읽을 줄 안다는 게 중요한 이유가 여기에 있다. 아는 만큼 보이는 게 재무제표이다.

알아야 피하는
한국 기업의 분식회계 유형

005

- 금융감독원이 2002년 증권거래소와 코스닥 기업 86곳을 조사한 결과를 토대로 발표한 분식회계 유형은 다음과 같다.

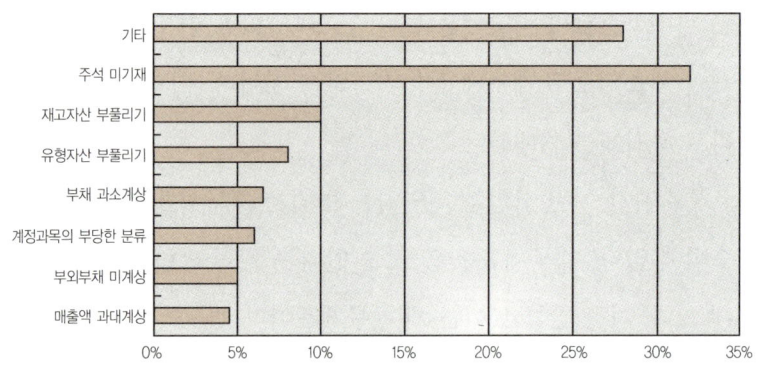

| 한국 기업의 분식회계 유형(금융감독원 2002년 발표, 단위 : %)

- 주석 미기재

분식회계의 가장 빈번한 유형이 주석(footnote) 미기재라는 사실을 알면 놀랄 것이다.

주석 미기재란 투자자의 의사 결정에 영향을 미치는 사실을 사업보고서에 아예 기재하지 않는 것을 말한다. 특히 오너, 대주주 등 특수관계자가 발생한 거래 사실을 기재하지 않는 경우가 가장 많다. 이렇게 거래 사실 자체를 기재하지 않으면 투자자로서는 사실을 확인할 방법이 없다. 주석 미기재가 분식회계의 가장 빈번한 유형이라는 사실은 우리나라 기업의 사업보고서에 나오는 주석이 충실하지 않다는 사실을 보여준다.

주석의 또 다른 문제점은 내용을 이해하기 어렵다는 사실이다. 우리나라 기업들은 재무제표 이용자들의 회계 지식이 아주 높다고 생각해서인지 복잡한 문장 구조와 전문적인 용어를 사용하는 것을 즐긴다. 기업이 주석을 알기 쉽게 풀어 쓰는 것은 어렵지 않다. 이것은 성의의 문제다.

워렌 버핏은 버크셔 해서웨이 사업보고서를 예술의 경지로 끌어 올렸다. 버크셔 해서웨이 사업보고서를 읽으면 재미가 있고 유익하다. 그렇다고 내용이 빠져 있는 것도 아니다. 우리나라 기업이 재미있고 유익한 사업보고서를 내놓는다면 기업 홍보와 이미지 재고에도 도움이 될 것이다. 현재로서는 주석 미기재의 문제점을 극복하려면 내가 회계 전문가가 되는 수밖에 없다. 그리고 궁금한 부분들을 여러 번 읽어보면서 의미를 이해하는 노력을 기울여야 한다.

• 기타

분식회계 유형으로 기타가 많다는 것은 기업이 다양한 방법으로 분식회계를 저지른다는 것을 암시한다. 기타에 속하는 분식회계 유형으로는 대손충당금 과소계상, 이자수익 과대계상, 퇴직급여충당금 과소계상, 매출채권에 대한 대손상각 미처리, 지분법 평가 오류 등이 있다.

• 재고자산 부풀리기

재고자산을 부풀리면 당기순이익이 늘어나고 자기자본이익률(ROE)이 좋아진다는 사실을 앞서 짚어봤다. 재고자산 부풀리기를 이용한 분식회계의 징후로는 매출액에 비해 재고자산이 급격히 증가한다거나, 재고자산회전기간이 전년도에 비해 증가하거나, 동종업계 평균보다 길 때 의심해볼 수 있다.

• 유형자산 부풀리기

유형자산 부풀리기를 이용한 분식회계를 확인하려면 유형자산회전율이 해마다 낮아지거나, 동종업계 평균보다 현저히 낮은지를 체크해야 한다.

- 부채 과소계상 및 부외 부채 미계상

이런 방식을 악용한 분식회계의 징후로는 매출액 영업이익률과 매출액 계속사업이익률의 차이가 크거나, 운용리스의 활용도가 높은 경우, 그리고 부채 비율이 건전한데도 영업활동으로 인한 현금흐름이 마이너스인 것 등이 있다.

- 매출액 과대계상

매출액 과대계상을 이용한 분식회계의 징후로는 매출채권이 현저히 증가하거나, 매출채권회수기간이 업계 평균보다 현저히 높은 경우, 그리고 이전 연도에 비해 급격히 높은 경우 등이 있다.

일반으로 다음의 징후를 보이는 기업을 우선 주의해야 한다. 분식회계를 저지르는 기업들에게서 쉽게 찾아볼 수 있는 징후이기 때문이다.

- 영업활동으로 인한 현금흐름이 낮다: 기업의 본원적 활동인 장사를 통해서 돈이 들어오지 않으면 분식회계의 유혹에 빠지게 된다.
- 영업이익이 적자인데 당기순이익은 간신히 흑자를 기록하고 있다: 회사 경영진이 현금이 오가지 않는 일부 비용이나 상각 시기를 조정해 장부상 흑자를 만들었을 가능성이 높다. 이것은 분식회계가 아닐 수도 있지만 장부 조정임에는 틀림없다.

- 실적 발표 때마다 전기 오류를 수정한다: 매출채권을 크게 늘렸다가 이를 수정하려면 다음 결산기에 전기 오류 수정을 할 수밖에 없다.
- 임원진이 자주 바뀐다: 임원진이 자주 바뀌는 것은 내부 경영에 문제가 있다는 징후다.

| 잠깐! |
부도예측지수 알트만 스코어

　미국에서는 기업들의 부도를 예측하는 방법으로 부도예측지수(일명 알트만 지수)가 쓰이고 있다. 미 뉴욕대학교의 에드워드 알트만 교수가 개발한 부도예측지수는 기업의 재무제표에 나오는 항목들을 조합해 만들어낸 5가지 재무비율들에 가중치를 넣어서 합산한 것이다.

　알트만 지수는 1968년에 개발됐는데 2년 내에 기업이 부도를 맞을 확률을 72~80퍼센트의 확률로 맞추어 주목을 끌었다. 알트만 지수는 지금도 무디스를 비롯한 미국 신용평가기관이 기업의 채권 가격을 매기거나 신용도를 평가할 때 참고 자료로 활용하고 있다. 알트만 지수는 현재 개정본이 사용되고 있다. 공개기업의 부도예측지수를 구하는 공식은 다음과 같다.

　　(운전자본/총자산)×1.2
　＋(이익잉여금/총자산)×1.4
　＋(EBIT/총자산)×3.3
　＋(자본의 시장가치/총 부채의 장부가치)×0.6
　＋(매출액/총 자산)/0.999

If ① Z score 3.0: 안전한 기업 (부도 가능성 사실상 없음)

② 1.8 < Z score < 3.0: 어느 정도 안전하지만 관찰이 필요한 기업 (회색 기업)

③ Z score <=1.8: 부도 가능성이 농후한 기업(1년 이내에 부도를 맞을 가능성이 95%, 2년 이내에 부도를 맞을 가능성이 70%인 기업)

한국의 기업 환경이 미국과 다르다는 점을 감안하면 알트만 지수를 우리나라에 일률적으로 적용하는 것은 무리겠지만 한 가지 확실한 것은 영업이익이 기업의 부도와 관련이 있다는 점이다. 알트만 지수를 보면 총자산 영업이익률(영업이익/총자산)에 가장 많은 가중치(3.3)가 할당돼 있다. 다시 말해 기업은 장사를 해서 벌어들이는 돈(영업 이익)이 많아야 장기적으로 살아남는다는 뜻이다. 영업 이익이 기업에게 얼마나 중요한지를 보여준다.

009

경영성과에 대한
냉철한 시각, 지표 분석법

지표 분석을 제대로 해야 투자 고수
모든 지표의 기본인 총자산이익률
기업의 내실 있는 성장을 알려주는 ROE
기업의 부채 상환능력을 파악할 수 있는 지표들
주식투자와 직접 관련이 있는 지표들

지표 분석을
제대로 해야 투자 고수

001

- 지금까지 이 책에서 다룬 내용은 대차대조표, 손익계산서, 현금흐름표의 원리였다.

대차대조표를 살펴보면 기업이 보유하고 있는 자산의 용도와 출처를 알 수 있고, 손익계산서를 보면 기업이 상품이나 서비스를 얼마나 팔아서 얼마를 남겼는지를 알 수 있다. 현금흐름표는 손익계산서가 갖고 있는 발생주의 회계의 단점을 보완해 기업이 실제로 얼마의 현금을 갖고 있는지를 보여준다.

여기까지가 공인회계사나 기업 재무 담당자의 영역이다. 사실 이것만으로도 기업에 대해 아주 많은 것을 알 수 있지만 투자자는 여기서 한걸음 더 나아가 추가로 알아야 할 게 있다.

바로 지표 분석이다. 지표 분석이란 재무제표 항목들 간의 관

유형	비율	상장, 등록법인	전체법인
안정성	유동비율	121.6	122.4
	부채비율	87.8	110.9
	차입금의존도	22.0	24.1
	자기자본비율	53.3	47.4
	고정비율	125.2	123.7
수익성	매출액영업이익률	6.7	5.9
	매출액계속사업이익률	7.6	6.2
	총자산경상이익률	7.1	7.3
	이자보상배율	501.7	460.3
	금융비용부담률	1.3	1.3
	차입금평균이자율	5.7	6.0
성장성	매출액증가율	7.1	4.3
	총자산증가율	6.2	8.3
	유형자산증가율	3.4	4.6

| 한국 기업의 평균 재무비율(한국은행 발표)
(상장, 등록법인은 2006년 9월 기준, 전체법인은 2005년 12월 기준, 단위 : %)

계를 통해 기업의 경영 성과를 분석하고 향후 전망을 추정하는 것을 말한다. 지표 분석을 제대로 할 줄 알아야 투자자로 성공할 수 있다. 성공하는 투자자가 되기란 쉽지 않다는 사실을 알 수 있다.

부채총계를 자본총계로 나눈 부채비율을 통해 기업이 부채를 감당할 능력이 있는지를 알아보는 것은 지표 분석의 한 사례다. 이를 통해 대차대조표나 손익계산서만 봐서는 알기 어려운 기업의 상태를 파악할 수 있다.

유동비율, 이자보상배율, 주가수익비율(PER), 주가순자산배수(PBR) 등 이런저런 지표는 수도 없이 개발된 상태다. 투자자로 성공하기 위해서는 이런 지표가 갖는 의미를 충분히 이해하고 있어야 한다. 주의할 점은 지표는 그 자체로는 의미가 없고 비교 대상이 있어야 한다는 것이다. 비교 대상은 다음과 같은 것들이 있다.

먼저, 기업의 과거 지표와 현재 지표를 비교하는 역사적 분석(historical analysis)이 있다. 역사적 분석은 가장 흔히 사용되는 비율 분석 방법이다. 예를 들어 어느 기업의 유동비율이 2006년에 90퍼센트였다가 2007년에 120퍼센트가 됐다면 유동성이 개선됐다고 해석할 수 있다.

둘째, 경쟁 기업이나 벤처마킹하려는 회사를 기준으로 삼아 분석하는 방법이 있다. 예를 들어 제과회사 오리온의 요즘 자기자본이익률(ROE)은 25.7퍼센트인데, 경쟁 업체인 롯데제과의 ROE는 18.7퍼센트이다. 왜 그런지를 추적해가다 보면 투자의 힌트가 보일 수 있다.

셋째, 기업이 속한 산업의 평균 비율을 기준으로 분석하는 방법이 있다.

한국은행은 해마다 기업경영분석이라는 자료를 발표하는데, 여기에는 우리나라의 산업을 제조업, 건설업, 서비스업, 통신업 등 30여 가지로 분류해 각각의 산업에 속해 있는 기업들의 평균 재무비율을 발표한다. 이밖에 신용분석기관이나 금융기관도 평균 재무비율을 발표한다. 어느 기업의 지표가 동종 산업 평균에 미달한다면 왜 그런지를 추적해볼 필요가 있다. 이제 주식시장에서 쓰이는 대표적인 지표들을 살펴보자.

모든 지표의 기본인 총자산이익률

002

- 기업은 자신이 보유하고 있는 자산을 활용해 이익을 얻기 위한 조직이다. 그리고 자산 대비 이익은 많을수록 좋다. 이것을 알아보는 지표가 총자산이익률(ROA, return on asset)이다. ROA는 모든 지표의 가장 기본이 된다.

총자산이익률(ROA) = 당기순이익(NI) / 자산총계(total asset)

총자산이익률은 두 가지로 나눌 수 있다.

총자산이익률 = 매출액순이익률 × 자산회전율
매출액순이익률 = 당기순이익 / 매출액

자산회전율＝매출액/자산

결국 ROA를 높이는 방법으로는 제품에 높은 이익을 매기는 방법(매출액 순이익률 높이기) 혹은 자산을 빨리 회전시키는 방법(자산회전율 높이기)의 두 가지가 있다는 사실을 알 수 있다.

두 가지 가운데 어디에 집중해야 하느냐는 업종의 특성에 따라 다르다. 신세계이마트를 비롯한 할인점은 제품당 순이익을 낮추는 대신에 제품을 많이 파는 것(자산회전율 높이기)에 주력해야 한다. 쉽게 말해 신세계이마트는 흔히 말하는 박리다매 전략으로 승부를 걸어야 하는 업종이다. 레스토랑 등 대중 요식업체도 객단가를 높이기보다는 고객회전율에 승부를 걸어야 한다.

그렇지만 백화점, 귀금속점 등 고가의 제품을 판매하는 업종은 자산회전율보다는 매출액 순이익률로 승부를 걸어야 한다. 제품을 많이 팔지는 못하는 대신에 제품당 마진을 높게 매겨야 한다는 뜻이다.

기업의 내실 있는 성장을 알려주는 ROE

003

- ROA는 기업의 자산 효율성을 판단할 수 있는 훌륭한 지표지만 자산에 부채가 포함돼 있다는 점에서 주주의 이익을 얼마나 효율적으로 대변하는지를 알아내기 어렵다. 이 문제를 해결하기 위해 만들어진 지표가 자기자본이익률(ROE, return on equity)이다.

자기자본이익률=당기순이익/자본총계

자기자본이익률은 기업이 주주의 돈으로 얼마나 많은 돈을 벌어 들였느냐를 보여준다는 점에서 주식투자자들이 각별히 주의를 기울여야 할 지표다(주식투자자가 어느 기업의 주식을 매입하면 그는 회사의 주주가 된다).

ROE는 워렌 버핏이 중요하게 여기는 지표다. 버핏은 어느 기업이 경쟁 기업보다 지속적으로 우위에 있는지를 평가할 때 ROE를 주목하며 기업의 1년간 ROE가 아니라 5~10년간의 ROE를 들여다본다.

ROE를 세밀하게 나눠보면 총영업마진, 영업비용마진, 매입채무회전율, 재고자산회전율, 장기영업자산회전율, 매출채권회전율, 순운전자본회전율 등 7가지로 구분할 수 있다. 하나씩 따져보자.

- 총영업마진(GPM) = 매출총이익/매출액

매출총이익이란 매출액(sales)에서 매출원가(COGS)를 뺀 값이며, 기업이 제품이나 서비스를 판매한 가격에서 얼마의 이윤(markup)을 붙였느냐를 보여준다. 기업의 총영업마진은 높을수록 좋다. 총영업마진이 높은 기업은 제품이나 서비스의 판매 가격을 정하는 데 유연해진다.

총영업마진이 높은 기업은 제품 경쟁력을 가진 기업이다. 기업이 시장에서 경쟁력을 확보하지 못했거나 대체제가 존재하면 기업은 제품 가격을 높이기가 어려워진다. 이는 총영업마진의 감소로 나타난다. 기업이 총영업마진이 낮다면 제품이 시장에서 경쟁력을 갖추지 못하고 있다는 신호이기 때문에 투자자는 왜 그런지를 따져봐야 한다. 원인은 제품의 품질, 스타일, 기술력 등에 찾을 수 있다.

- 영업비용마진(OEM) = 영업비용/매출액

영업비용마진은 매출액에서 광고, 연구개발비 등 영업비용이 얼마나 차지하는지를 보여주는 지표다. 영업비용마진은 낮다고 해서 무조건 좋은 게 아니며 적당해야 한다. 단기적인 성과에 집착하는 최고경영자(CEO)는 기업의 광고나 연구개발비를 줄임으로써 영업비용마진을 줄일 수 있다. 이는 순이익의 증가로 나타난다. 그렇지만 이런 비용을 지속적으로 줄이면 제품이 시장에서 경쟁력을 잃고 성과를 내지 못하게 될 위험이 있다. 광고나 연구개발비는 재무제표에는 비용으로 분류되지만 일종의 투자라는 점을 잊지 말아야 한다.

- 매출채권회전율(ART) = 매출액/평균 매출채권

매출채권은 물건으로 외상으로 판매하고 받는 어음이나 채권을 말한다. 매출채권은 현금이 들어오지 않는다는 단점이 있지만 매출이 상승한다는 장점을 갖고 있어 기업에게는 필요악이다. 매출채권이 얼마나 원활하게 현금으로 회전되는지를 알려주는 지표가 매출채권회전율이다. 매출채권회전율이 높다는 것은 기업에 현금이 원활하고 들어오고 있으며 수익이 높다는 것을 의미한다.

- 재고자산회전율(INVT) = 매출원가 / 평균 재고액

  재고자산이 얼마나 빠르게 회전되고 있는지를 보여주는 지표이다. 재고자산회전율은 높을수록 좋다. 기업의 재고자산회전율이 지속적으로 감소한다면 위험신호다. 이는 제품이 시장에서 경쟁력이 떨어지고 있음을 암시한다. 또 재고자산회전율이 높아지면 재고를 보관하기 위한 인건비, 보험료 등의 비용이 늘어나고, 도난이나 파손의 위험도 커지게 된다.

- 장기영업자산회전율(LTOAT) = 매출 / 평균 장기 영업자산

  장기영업자산이란 건물, 창고, 부동산 등 기업의 장기적인 영업에 필요한 자산을 말한다. 장기영업자산회전율은 높을수록 좋다. 일반적으로 제조업은 장기영업자산이 많기 때문에 서비스업에 비해 장기영업자산회전율이 낮다.

- 매입채무회전율(APT) = 매출원가 / 평균 매입채무

  매입채무란 기업이 거래처와의 관계에서 원재료 등을 구입하고 나서 장래의 정해진 날짜에 지급할 것을 약속한 부채다. 매입채무는 이자가 붙지 않는 유일한 부채다. 그러므로 기업은 가능하면 매입채무를 늘리고 싶은 유혹에 빠진다. 매입채무회전율은 기업이 거래처와의 관계에서 얼마나 효율적인 경영을 하고 있는지를 보여준다.

- 순운전자본회전율(NOWCT) = 매출액/평균순운전자본

순운전자본이란 유동자산에서 유동부채를 차감한 것을 말하는데, 편의상 매출채권과 재고자산을 더하고 매입채무를 뺀 것으로 이해해도 무방하다. 순운전자본회전율이 낮다는 것은 매출에 필요한 순운전자본이 많다는 의미여서 좋을 게 없다.

ROE의 특징은 다음과 같다.

- 유상증자, 전환사채, 신주인수권부사채 발행 등으로 신주 발행 물량이 늘었다면 ROE는 떨어진다. 분모인 자기 자본이 커지는 점을 감안하면 쉽게 이해할 수 있다. 유상증자, 전환사채, 신주인수권부사채 발행 등이 주가에는 악재임을 보여준다.
- 성장률이 높은 기업은 일반적으로 ROE가 높게 나타난다.
- 기업의 ROE를 5~10년가량 평균해보면 그 기업의 역사적 성장 추이를 추정해볼 수 있다.
- 어느 기업이든 ROE는 적어도 은행금리보다는 높아야 한다. 우리나라의 시중 은행금리는 5퍼센트 안팎이다. 만약 어느 기업의 ROE가 은행금리보다 낮다면 주주 입장에서는 이 기업에 투자하기보다는 차라리 은행에 돈을 넣어두는 게 남는 장사다.

기업의 부채 상환능력을
파악할 수 있는 지표들

004

- • 유동비율(current ratio)

유동비율＝유동자산/유동부채

기업이 단기 채무를 갚을 능력이 있는지를 알아볼 때 사용하는 지표다.

예를 들어 유동비율이 1 이하라면—유동비율을 백분율로 표시하는 경우는 많지 않다—1년 이내에 현금화할 수 있는 자산이 1년 이내에 만기가 도래하는 부채보다 적다는 뜻으로, 기업이 지급 불능 상황에 빠질 수 있음을 암시한다.

이는 기업이 자금을 꾸든가 주식시장에서 증자를 해야 한다는 것을 의미하며 두 가지가 있지만 어느 쪽을 택하든 주주에게 좋을 게 없다. 외부에서 부채를 끌어오면 이자 비용이 증가하게 되고 이는 기업의 수익성 악화로 이어지며, 증자를 하면 발행주식 수가 늘어 주주 이익이 줄어든다. 유동비율은 일반적으로 2 이상은 돼야 안심이 되는 수준이라고 할 수 있다.

- 당좌비율(quick ratio)

당좌비율＝당좌자산/유동부채

당좌비율을 산성시험비율(acid test ratio)라고도 하며, 기업의 단기 채무 상환능력이 있는지를 좀더 엄격하게 평가할 때 사용한다. 당좌비율은 앞서 설명한 유동비율의 단점을 보완하기 위해 만들어졌다. 유동자산은 당좌자산과 재고자산으로 이뤄지는데, 이 가운데 재고자산이 장부상의 금액에 미치지 못하는 경우가 적지 않다. 예를 들어 의류 업체의 재고자산인 의류 제품은 계절이 바뀌면 사실상 제 값을 받고 팔기가 불가능해진다. 컴퓨터 제조업체의 재고자산인 컴퓨터도 기술 발전 속도가 빠르기 때문에 시간이 흐르면 진부화의 문제가 생긴다.

이 같은 유동자산의 문제점을 보완해주는 지표가 당좌비율이다. 이것은 유동자산에서 재고자산을 뺀 금액을 유동부채로 나눈 값이다. 당좌비율은 유동비율보다 당연히 더 작은 값을 갖게 된다. 유동비율과 당좌비율의 차이가 크게 난다면 이는 유동자산 가운데 재고가 차지하는 비중이 크다는 것을 의미하며 재고가 문제를 불러일으킬 수 있음을 보여준다.

일반적으로 당좌비율이 1.0이 넘는다면 기업이 재무적으로 건전하다고 볼 수 있다.

- 현금비율(cash ratio)

현금비율＝현금및현금성자산／유동부채

기업의 단기지급능력을 가장 보수적으로 평가하는 지표다. 다시 말해 기업에 대해 "지금 당장 부채를 갚을 수 있느냐"를 묻는 것과 마찬가지다. 현금비율은 주로 초단기로 기업에 돈을 빌려준 채권자들이 기업의 지급능력을 평가할 때 사용한다. 현금비율은 적어도 10퍼센트를 넘어야 하고 20퍼센트를 넘으면 양호하다고 평가된다.

- 이자보상배율(interest coverage ratio)

이자보상배율＝영업이익／이자비용

기업이 이자를 지급할 능력이 있는지를 확인하는 지표다.

이자보상배율이 높을수록 기업은 갑자기 떨어져도 곤경에 처할 가능성이 줄어든다. 예를 들어 이자보상배율이 1이라면 영업활동으로 번 돈을 이자를 갚는 데 전액 쓰고 있는 뜻이고, 1미만이라면 기업이 장사를 해서 벌어들인 돈으로 이자 비용조차 감당하지 못하고 있다는 뜻이다. 이는 기업이 이자 상환 능력에 심각한 문제가 있음을 암시한다. 이자보상배율이 2년 이상 1에 미치지 못하는 기업이 있다면 장기적으로 생존할 수 있는지를 의심해봐야 한다. 반대로 어느 회사의 이자보상배율이 10이 나왔다면 이 회사는 이자를 10번 지불할 수 있을 정도의 돈을 벌고 있으며, 안전하다고 볼 수 있다.

- 현금보상비율(cash coverage ratio)

현금보상비율＝(영업이익＋감가상각)/이자비용

이자보상배율의 단점을 보완하게 위해 만들어진 지표다. 감가상각은 건물이나 기계장치가 마모된다는 점을 감안해 장부상으로만 차감한 돈이므로 실제로 돈이 기업 바깥으로 나간 것은 아니다. 그러므로 기업의 이자지급능력을 좀더 정확히 따지려면 영업이익에서 감가상각을 더해줘야 합리적이다. 참고로, 감가상각은 기업의 현금흐름에 관련된 문제를 계산할 때 항상 감안해야 하는 항목이다. 현금보상비율은 이자보상배율보다 수치가 크게 나오기 마련이다.

- 부채비율(debt ratio)

부채비율＝부채총계/자본총계

부채비율은 기업이 부채를 신중하게 사용하고 있는지를 나타내는 지표다. 부채비율은 100퍼센트 이하가 바람직하다. 부채비율이 지나치게 높으면 이자 비용이 높다는 뜻이고 기업 수익성을 악화시킨다.

한국은행이 발표한 기업경영분석에 따르면 2006년 9월 현재 우리나라의 상장·등록법인의 평균 부채비율은 87.76퍼센트인데, 업종에 따라 차이가 있기 때문에 해당 기업이 어느 업종에 속해 있는지를 살펴봐야 한다. 의류업(91.37%), 가죽신발(91.09%)은 설비 투자 부담이 적어서 부채비율이 100퍼센트 이하를 유지하고 있고 건설업(149.47%), 석유정제업(142.2%)은 설비투자에 막대한 자금이 들어가기 때문에 부채비율이 높은 편이다. 금융감독원은 국내 기업들에게 부채비율을 200퍼센트 이하로 낮출 것을 권장하고 있다.

주식투자와 직접 관련이 있는 지표들

005

- 시가총액(market capitalization)

> 시가총액＝발행주식 수 × 주가

　시가총액은 기업의 매매가격이다. 예를 들어 어느 기업의 시가총액이 100억 원이라고 하면 시장에서 이 기업을 100억 원을 주면 매입할 수 있다는 뜻이다. 시가총액은 주식시장에서 기업의 가치를 파악하는 데 유용한 지표다. 예를 들어 GS홈쇼핑의 역대 시장 점유율은 35퍼센트로 경쟁기업인 CJ홈쇼핑의 시장 점유율 28퍼센트를 항상 앞서왔다. 그런데 요즘 GS홈쇼핑의 시가총액 3,900억 원은 CJ홈쇼핑의 시가총액 6,200억 원의 절반가량에 불과하다. 시장 점유율이 앞서는 GS홈쇼핑의 시가총액이 CJ홈쇼핑의 시가총액에 미치지 못하는 것이다. 왜 그런지를 분석하다 보면 투자의 실마리를 잡을 수 있다.

- 장부가치 혹은 주당순자산(per-share book value)

주당순자산=(자산-부채)/발행주식 수=순자산/발행주식 수

워렌 버핏이 버크셔 해서웨이 사업보고서에서 해마다 실적을 밝힐 때 가장 먼저 언급하는 지표다. 장부가치로도 불리는 주당순자산은 순자산(자산-부채)을 발행주식 수로 나눈 값이다. 주주의 입장에서 봤을 때 기업의 자산가치가 얼마나 늘었느냐를 평가하기에 적합하다. 워렌 버핏이 장부가치를 가장 먼저 언급하는 이유는 버크셔 해서웨이가 지주회사이기 때문에 순자산의 대부분이 현금, 유가증권 등으로 실제의 가치와 차이가 나지 않기 때문이다. 제조업체라면 장부가치가 실제의 가치를 대변하지 못하는 경우가 많다. 장부상에 100억 원으로 기재된 기계가 시중에 내다 팔면 100억 원에 훨씬 못 미칠 수 있기 때문이다.

- 주가수익비율(PER, price earnings-ratio)

주가수익비율은 투자자에게 매우 중요하기 때문에 증권사에서 발표하는 기업 보고서에서 빠짐없이 언급된다.

주가수익비율=시가총액/당기순이익=주가/주당순이익

예를 들어 2008년 1월 삼성전자의 주가수익비율(PER)은 10.66인데, 이는 이 회사의 주가 56만 3,000원을 주당순이익 5만 2,816원으로 나눈 값이다. 이 회사의 PER은 한때 20배를 훌쩍 넘기도 했다는 사실을 감안하면 현재의 PER은 상당히 낮은 것이다. 왜 이렇게 PER이 낮아졌는지, 향후에 개선될 가능성이 있는지를 분석해볼 필요가 있다.

- 배당수익률(dividend yield)

배당수익률=주당 배당금/주가

주식투자로 돈을 벌 수 있는 방법은 크게 두 가지다. 하나는 주가가 오를 경우 얻게 되는 시세 차익이고 다른 하나는 기업이 주주에게 지급하는 배당금이다. 배당금이 어느 정도인가를 나타내는 대표적인 지표가 배당수익률이다. 배당수익률이 높은 기업은 대개 새로운 성장 기회가 많지 않은 오래된 기업들인 경우가 많다. 이런 회사들은 미래 성장을 위한 전도 유망한 기회를 찾아내기 어렵기 때문에 순이익의 상당 부분을 배당금으로 주주에게 지급한다. 배당을 별것 아니라고 생각하지 말라. 장기 투자에서 배당수익률은 주식투자 수익의 성패에 영향을 미친다.

* 《워렌 버핏처럼 재무제표 읽는 법》은
2007년 삼성언론재단 저술지원 도서로 선정되었습니다

워렌 버핏처럼 재무제표 읽는 법

펴낸날	초판 1쇄 2008년 5월 28일
	초판 17쇄 2020년 2월 17일

지은이	이민주
펴낸이	심만수
펴낸곳	(주)살림출판사
출판등록	1989년 11월 1일 제9-210호

주소	경기도 파주시 광인사길 30
전화	031-955-1350 팩스 031-624-1356
홈페이지	http://www.sallimbooks.com
이메일	book@sallimbooks.com

ISBN	978-89-522-0894-1 03320

※ 값은 뒤표지에 있습니다.
※ 잘못 만들어진 책은 구입하신 서점에서 바꾸어 드립니다.